ペネロピとフィンへ

プロローグ
経済学者で2児の母が膨大なデータを見て語る子育て

うちの子どもたちは、赤ん坊の頃おくるみが大好きだった。おくるみできっちり巻くとよく眠った。わが家のお気に入りは「ミラクルブランケット」という商品。巻き方は複雑で、脱出はほぼ不可能。わが家ではこれを9枚用意していた。洗濯が間に合わず、うんちで汚れたおくるみを使うのが心配だったからだ。

おくるみは効果抜群だ。赤ちゃんの寝かしつけに役立つ。**難点は、いつまでも使えないこと**。赤ちゃんが大きくなったら、ある時点でやめなくてはならない。

子育てが初めての親には、それが問題とは思えないかもしれないが、おくるみを卒業するのは簡単ではない。

第1子のペネロピは、おくるみ卒業で安眠の習慣がくずれ、長い間「ロックンプレイ・スリーパー」という製品に頼るはめになった。これは今思い出しても悪夢でしかない。ほかの親に訊いてみると、大きなサイズのおくるみをネットでこっそり探した人もいた。ハンドメイド品販売サイトの「エッツィー」では1歳半用のおくるみを作ってくれる女性がいるそうだ。いくらネットで買えるといっても、これはお勧めできない。

2番目の子どもができたら、前回の失敗をやり直せるチャンスだ。「経験者」として、悔いが残っていることは絶対に軌道修正したい——少なくとも、私はそう思った。

おくるみ卒業は、最優先課題だった。こんどこそうまくやるつもりだった。

「いつものおくるみ」がないのにどうしてぐっすり?

第2子のフィンが生後4~5か月になる頃、計画を立てた。

まず、数日間は今まで通りおくるみを使うが、片腕だけ外に出す。その状態に慣れたら、もう一方の腕もおくるみから出す。次に両足を出す。最後におくるみをすっかり外す。インターネットによると、この方法なら赤ちゃんは自分で寝つく力を失わずに、おくるみを卒業できるという。

準備は整った。カレンダーに開始日を入力し、夫のジェシーにも知らせた。

ところが開始予定日の直前、猛暑で停電が発生し、エアコンが止まった。フィンの部屋は35度。就寝時間が迫っている。もうパニックだ。おくるみを巻くと布地を何枚も重ねることになり、フィンは蒸し焼きになってしまう。

復旧を期待してフィンを寝かさないでおくほうがいいのだろうか？　でも停電は何日も続くかもしれない。それなら暑いのを承知で、おくるみで巻いておくべき？　無責任だし、かわいそうだ。眠っているフィンをベッドに置かず、涼しくなるまで抱っこする？　それも暑そうだし、フィンは私が抱っこしていると長時間寝ない。

練りに練ったおくるみ卒業プランはひとまず置き、フィンをおむつとロンパースだけでベッドに寝かせることにした。おくるみはしない。授乳して眠らせようと汗だくになりながら、フィンにこう言い聞かせた。

「フィン、ごめんね、でもすごく暑いの。おくるみは使えないけれど、眠れるからね、安心して。フィンならできる！　ほら、指をしゃぶれるよ。いいでしょ？」

満面の笑みを浮かべ、私はおくるみなしのフィンをベッドに寝かせ、部屋を出ていった。最悪の事態を覚悟していた。ペネロピならすさまじい勢いで泣きわめいただろう。

だがフィンは、驚いたような声を数回上げただけで、眠ってしまった。

子育ては「予想外」がよく起きる

停電は1時間後に復旧した。フィンはずっと眠っていた。

私は夫のジェシーに、今から部屋に入っておくるみを巻いたほうがいいかしらと尋ねたが、ジェシーは、きみはバカかと言い、ミラクルブランケットを全部かき集め、リサイクル品回収ボックスに放り込んでしまった。

その晩、私はベッドに入ってからも思い悩んでいた。フィンはぐっすり眠れているだろうか、おくるみを取り戻して巻いてあげたほうがいいのではないか？　思わずパソコンで、おくるみが原因の睡眠の劣化とか睡眠不足という記事を読み漁りたくなったが、さすがに暑すぎてあきらめ、結局おくるみは卒業できた。

誰でも親として望むのは、「何より子どもにとって間違いのないことをしたい」「最善の選択をしたい」ということだ。

それでも、何が最善の選択かわからないこともある。第2子であっても、おそらくは第5子であっても、思いがけないことは起きる。世の中で起きることも、わが子の行動も、予想外のことばかりだ。

おくるみ卒業はもちろんささいな出来事だが、子育ての大きな課題がどのようなものかを端的に物語っている。**子育ては自分で思っているよりずっと、コントロールができない**ということだ。

ではなぜこの乳幼児期の子育てガイドを書いたのだろうか。それは、**コントロールがで**

きなくても、選択肢はあるから。そして選択することが重要だからだ。問題は、今の子育て環境では、親が主体的に選べるように選択肢が明示されていないことなのだ。

私たちにはもっとできることがある。

そして、それには**データと経済学が意外と役に立つ。**

みんなが「違うアドバイス」をくれる

この本は、乳幼児期の子育てについて質のよい情報と、自分の家族にとって最善の決定をするための方法を提供し、親のストレスを少しでも解消することを目的としている。

また、親になってから最初の3年間で遭遇する大きな問題についての、データに基づいたガイドブックにもしたい。自分の経験から、そうした情報は得がたいものだったからだ。

私たちが親になる年齢は、自分の親よりも遅くなっている。今までのどの世代よりも、自立してから親になるまでの期間がずっと長い。これは単なる人口統計学的な事実ではない。私たちは、自主性を持つのが当然だと思っている。テクノロジーのおかげで、意思決定にはほぼ無限の情報を得られて当然だと思っている。

だが**その姿勢で子育てに臨むと、決定すべき事項があまりに多く、情報過多になってしまう**。とりわけ乳児期には毎日のように新しい課題が発生し、アドバイスを求めればみんなが違う答えを言う。しかもみんな、自分より育児に詳しそうなのだ。

それだけでもくじけそうになるのに、産後で疲弊しきり、家にはおっぱいをうまく飲めず、眠ってくれない、泣きわめいてばかりの小さな住人がいる。

決めるべき重大な問題はたくさんある。

「母乳育児」にすべきか。

寝かしつけの「ねんねトレーニング」をすべきか、するならどのメソッドを選ぶのか。

「アレルギー問題」もある。ピーナッツは避けるべきだという人がいれば、できるだけ早く与えたほうがいいという人もいる。どちらが正しいのだろう。

「予防接種」は受けるべきか、受けるならいつ？

もう少し小さな問題もある。おくるみは本当にお勧めなのか、赤ちゃんに「1日の生活スケジュール」は必要なのか。

問題は子どもの年齢が上がってもなくならない。睡眠と食事が安定し始めたと思うと、かんしゃくが始まる。いったいどう対処すればいいのか。叱ってお仕置きをすべきだろうか。どうやって？　まさか厄払いをしてもらう？　そう思えるときだってある。悩むより少し休んだほうがいいかもしれない。

テレビは見せてもいいの？　昔ネットではテレビを見せると子どもが連続殺人犯になるという話があった。詳細は覚えていないけど、本当にリスクはないの？

親は子どもが「標準かどうか」が気になる

こういう疑問に加えて、**「うちの子は標準なのか」**という心配が絶えることはない。

生後数週間は、おしっこの回数、泣き方、体重の増え方が「標準」なのかどうかが気になる。

そのうち、何時間寝ているか、寝返りはできるか、笑うかが気になり、はいはい、あんよ、そしていつ走り出すか、しゃべり始めるか、どのくらいの言葉が話せるかが気になる。


答えはどうすれば得られるのだろう。育児の「正しい」方法はどうやって知ればいいのだろう。そんなものが存在するのだろうか。小児科の先生は相談相手になるが、当然医学的な内容が中心だ。

うちの娘は生後15か月になっても歩かなかったが、医師は18か月になって歩かなかったら発達検査をしましょうと告げただけだ。

だが、「早期介入が必要なほど発達が遅い」のと、「平均より少し遅いだけ」なのは違う。それに発達の遅れが何かに影響を及ぼすのかどうかもわからない。

ブロガーは「添い寝はいい」といい、公式勧告は「絶対だめ」という

そもそも医師にいつでも相談できるわけではない。

たとえば、午前3時に生後3週間のわが子が親のそばでしか眠ってくれない場合。親のベッドで寝かせても大丈夫だろうか。今どきの親はネットで調べるだろう。赤ちゃんを抱っこしながら、寝ぼけ眼で、パートナーがいびきをかいているのを尻目に（こうなったのはこのクソ野郎のせいなのに）、子育てサイトを検索し、フェイスブックの投稿に目を通す。

これではかえって眠れなくなる。ネットにはいろいろな意見があふれ、多くは、友人やママブロガー、専門家と称する人など、信頼できそうな人々が発信している。

でも、みんなが違うことを主張している。添い寝は大賛成、自然なことだし、親が喫煙や飲酒をしなければ危険はない、と言う人もいる。リスクがあるなんて添い寝の「正しい方法」をわかっていないだけだと考えているのだ。

一方で、**「添い寝は絶対にしないように」**という公式勧告も出ている。赤ちゃんが死亡する危険があるという。添い寝はどんな方法でも安全ではない。アメリカ小児科学会は、親のベッドの横に乳児用ベッドを置くように勧めている。

この種のコメントは冷静に発言されることがあまりないので、荒れた展開になってしまう。フェイスブックのグループ内で議論が白熱すると、寝かせ方の選択が「いい親かどうか」の評価にまで行きつくのを、何度も目撃している。

添い寝を選ぶと、単にまずい選択だと言われるだけでなく、「赤ちゃんのことをまったく考えない親のすることだ」と言われてしまうのだ。

こうした真逆の情報を前に、赤ちゃんやあなた自身だけでなく、家族全体にとっていいことをどうやって決めればいいのだろうか。

経済学者の「夫婦」はこう育てる

私は経済学者で、医療経済学を専門とする大学教授だ。本業ではデータを分析し、ものごとの関係の中から「因果関係」を見出そうとしている。そのデータを何かしらの経済学の枠組み（コストと利益を検討する手法）の中で意思決定に活かせないかと考えている。

私は研究でこの作業を行い、講義でも教えている。
私はこうした意思決定の方法を、研究室や教室以外でも利用することにしている。夫のジェシーも経済学者だから好都合だ。夫婦で同じ専門用語を使えるので、家庭内の決定を一緒にできる基盤がある。**家庭では何かと経済学を活用することが多く、子育てもその例に漏れなかった**。

たとえば、ペネロピが生まれる前は私がほとんど夕食を作っていた。夕食作りは楽しく、仕事後の気分転換になっていた。2人で夜7時半から8時という遅い時間に夕食を摂り、少しのんびりしてから就寝するのが習慣だった。

ペネロピが生まれた当初、私たちはその習慣にこだわっていた。だが、娘が一緒に食事をするようになると、習慣はガタガタになった。娘は6時に夕食なのに、私たちが帰宅するのは（早くて）5時45分だ。一緒に食事をしたいが、15分で何が作れるというのか。

仕事帰りに一から料理を作るのは不可能だ。私は別の選択肢を検討した。

テイクアウトを頼む。料理を2種類作り、ペネロピにはさっと作ったもの、彼女が寝た後にもう少し手の込んだものを出す。さらにミールキットという案があることを知った。決まった献立用に食材が準備されているので、火を通すだけでＯＫ。宅配で届き、ベジタリアン用のキットまである。

これらの選択肢からどのように選べばいいのだろうか。

経済学者流に考えるなら、まずデータが必要だ。この場合、**一番重要な問いは、これらの選択肢の「コスト」は、自分で献立を考え、準備をするのと比べてどうなのかということ**だ。

テイクアウトはコストが高い。ペネロピにチキンナゲットを与え、夫婦は自分で料理したものを食べる案も同じだ。ミールキットはその中間だ。同じ材料を自分で購入し、料理するよりも多少高いが、テイクアウトよりは安くつく。

ただ、これだけではすまない。私の時間価値、つまり経済学でいう**「機会費用」**が考慮されていないからだ。

私は食材の準備に時間を使っていた（毎日15～30分、早朝が多い）。その時間を別なことに使うこともできた（たとえば、本の原稿を早く書き終えるとか、論文をもっと書くとか）。この時間はまさに価値があり、計算に含めないわけにはいかなかった。

この時間を計算に入れると、ミールキットが一番だと思えた。テイクアウトも魅力的になった。金額の差は小さく、私の時間コストはその差を十分に埋めていた。

一方、2種類の夕食を作るのはもっと時間がかかり、不利だと思えた。

経済学で「何を、どう選べばベストか」をわかりやすく

これでもまだ完全ではない。**「好み」**が考慮されていないからだ。

私は献立を考え、料理するのが好きなのかもしれない（そういう人はたくさんいる）。そうすると、コスト面で別の選択肢が有利でも、料理をすることが大事なのかもしれない。基本的に、私は料理の選択をすることで、何かの「支払い」（経済学的な意味で）をしてもよいと思っているのかもしれない。

時間の面ではテイクアウトが最も手軽かもしれないが、手作りの食事に価値を置く家庭もある。2種類の夕食に関しては、毎晩親子で食卓を囲みたいと思う家庭もあれば、子どもの夕食と大人の夕食を分けて、ゆっくりパートナーと語らう機会がほしいと思う家庭もあるだろう。選択肢を組み合わせたい人もいるかもしれない。

ここでは好みが非常に重要になる。食費と時間価値と選択肢とが同じ家庭であっても、好みが異なれば、違う選択をする可能性がある。

経済学によるこの意思決定方法は、選択をしてくれるわけではない。**選択の仕組み**を教えてくれるのだ。

子を想った「厳しい選択」は有効?

たとえば、料理がどの程度好きなら、選択肢としてふさわしいのかを自問すればいい。私たちはペネロピと一緒に食事をしたいし、利用できるテイクアウトは気に入らなかった。私は料理が好きだが、自分ですべての作業をしたいと思うほどではない。そこでベジタリアン向けミールキットを試してみた。

この例は、たとえば母乳育児の選択とはかけ離れていると思えるかもしれないが、意思決定方法としては、それほど異なるわけではない。必要なのはデータ（母乳のメリットに関する質の高い情報）であり、家庭の好みも考慮に入れるべきだ。

ペネロピの妊娠中は、この手法で妊娠を乗り切り、本を書いた。『お医者さんは教えてくれない　妊娠・出産の常識ウソ・ホント』（東洋経済新報社）は妊娠に関わる様々なルールとその背景にある統計データを分析したものだ。

出産後も、意思決定は続いた——**もっと大変になった**。世話をしなければならない人間が目の前にいて、しかも赤ん坊なりに意見を持っていた。親はわが子にいつでも機嫌よくしていてほしいものだ。それでも、ときには子どもにとって厳しい選択も必要だという認識との間で、バランスを取る必要がある。

たとえば、ペネロピは「ロックンプレイ・スリーパー」というゆりかご式の簡易ベッドが大好きだった。おくるみ卒業後はこれを自分の寝場所と決めた。どう考えても不便だった。数か月間、どこにでも（スペイン旅行にも）これを持ち歩くことになったのだ。おまけに頭が扁平になる危険性もあった。

それでも、やめるには私たちの意思だけでなく、娘の同意も必要だった。もう使わないと決めた日、娘は丸一日一睡もせずにむずかって、ナニー［継続的に保育を依頼するベビーシッター］もお手上げ状態になった。結局勝ったのはペネロピで、翌日また使うことにした。

ようやくあきらめさせたのは、制限体重を超えたときだった。

高学歴・高収入の女性が「母乳育児」を選ぶ

譲歩したと思うかもしれないが、実際には、育児書の勧める時期に本格的なベビーベッドに移すよりも、家庭内の平和を優先させるという決定をしたのだ。小さな子どもに対しては超えてはいけない一線があるが、グレーゾーンも多い。**コストと利益の点から選択肢を考えてみれば、決定のストレスを少しは軽減できるはず**だ。

こうした決定を考えてみると、妊娠中と同じように、やはりデータから始めるのが楽だと感じた。母乳や寝かしつけトレーニング、アレルギーといった大きなテーマに関しては研究論文があった。

問題は、すべてが信頼できる研究とは限らないことだ。「母乳育児」を例に挙げよう。実践するのは大変だが、母乳のメリットは絶えず耳に入ってくる。医学界も、ネットも、もちろん友人や親戚も、母乳育児を絶対視している。だが、いわれているメリットは本当なのだろうか。

その疑問に答えるのは、実はそれほど簡単ではない。

母乳育児研究の目標は、母乳で育った子どもとそうでない子どもとで、後に違いが（健康面や頭脳面で）生じるのかどうかを知ることだ。

だが基本的な問題がある。**大部分の人は何も考えずに母乳育児を選ばない**。むしろ母乳育児については真剣に検討する人が多く、あえて選択する人と選択しない人には違いがある。アメリカの最近のデータでは、**母乳育児を選ぶのは高学歴、高収入の女性が多い**。

理由は、こうした女性は、母乳育児に対する支援（産休・育休を含む）が充実していること、また、子どもの健康と成功のために母乳育児が推奨されているのをより意識していることなどが挙げられる。

母乳そのものの「子どものIQ」への影響はわずか

ここがデータから学ぶ場合の問題点だ。

母乳育児の研究では、母乳育児と子どものよりよい成果との関連が繰り返し示されている――学校の成績がよくなり、肥満度が少ないなど。

だが、**こうした結果には、母親の教育や収入、配偶者の有無なども関係する。**学校の成績がよく、肥満度が低い原因は、母乳育児なのか、それとも別の特徴なのかはどうすればわかるだろう?

1つの答えは、「質のよいデータを選ぶ」ことだ。

私は自分が学んだ経済学の手法(とくにデータから因果関係を見出そうとする方法)を用いて質のよい研究とそうでない情報を切り分け、意思決定に役立てようとした。

因果関係というのは単純ではない。2つのことがらの間に強い関係があるように見えても、少し深掘りするとまったく関係がないと判明することがある。

たとえば、クリフバー[オーガニックのエナジーバー]を食べる人は、食べない人より健康である可能性が高い。これはおそらくクリフバーのおかげというよりも、クリフバーを選ぶ人はほかにも健康によい行動をしているためである。

私が主に行ったのは、数百件におよぶ母乳育児の研究の中から、最も信頼できるデータを提供しているものを見きわめることだ。

その過程では、すぐれた研究が、ある因果関係（たとえば母乳育児は一貫して乳児の下痢を減らす）を裏づけることがある一方で、すぐれた研究でも裏づけられない効果もあった。

たとえば、**母乳育児が子どものＩＱに劇的効果を及ぼすことは証明されなかった。**

メリットと同時に「コスト」を意識する

母乳育児の場合は、すべてではないが、信頼できる研究はある。だが、ほかのテーマではそうはいかないことがある。

子どもたちが少し大きくなると、デジタル機器の視聴時間の影響が気になったが、私の疑問に答えてくれるデータはほとんど皆無だった。３歳児向けに文字を教えるｉＰａｄアプリが登場したばかりで、研究論文が出揃う時間がなかったのだ。

わが家の食事の例のように、データはパズルの１ピースに過ぎず、それだけですませるわけにはいかない。私はデータを調べて選択肢を提示するが、同じデータからみんなが同じ決定をすることはない。データは1つの判断材料だが、好みも同じだ。

母乳育児をするかどうかの選択では、メリットを知ると役立つが、コストについて検討することも重要だ。母乳育児は嫌だと思うかもしれないし、復職して搾乳するのは嫌だと思うかもしれない。それは母乳育児をしない理由になる。

それに、コストを考えずにメリットばかりに注目することが多いが、メリットは誇張されているかもしれない。そして、コストは甚大であるかもしれない。

こうした好みについては、**赤ちゃんだけでなく、親のことも考慮するべき**だといっておきたい。子どもの世話をどうするか（どちらかの親が家で育児をするか、保育園に預けるか、ナニーを手配するか）の決定には、データも役立つが、家族にとって都合のいい方法を考えることも欠かせない。

私の場合、仕事に復帰することに決めていた。子どもたちは私に家にいてほしいと思ったかもしれない。だが、それでは私に不都合だった。決定の判断材料としてデータを集めはしたが、最終的には私の好みが大きく物を言った。

私は情報を得たうえで選択したが、その選択は自分にとって都合のいい選択でもあった。

「下した選択は完璧」と思いたくなる

「選択には、親が必要とすること・望むことが物を言う」という考え方は、認めづらいかもしれない。ある意味で、子育てをめぐる母親同士の意見の対立の多くは、この点が核心にあるのだと思う。

私たちはみんな、いい親になりたいと思っている。自分の選択が正しいものであってほしい。だから**選択をした後で、完璧な選択ができたと思い込みたい誘惑に駆られる。**心理学では「認知的不協和の回避」という。

母乳育児をしないと決めたら、母乳育児に少しでもメリットがあることさえ認めたくない。だから母乳育児は時間の無駄だと声高に主張したりする。一方で、もし2年の間、3時間ごとに母乳を与えていたら、これだけしたのだからうちの子の人生は成功だ、と思い込みたくなる。

いかにも人間らしい誘惑だが、まったく不毛な反応でもある。あなたの選択はあなたにとって正しくても、他人にとって必ずしもベストな選択ではないかもしれない。なぜかといえば、あなたは他人とは違うからだ。

自分を取り巻く状況は1人ひとり違う。好みも違う。経済学用語でいえば、「制約」が違うのだ。

経済学では、人が「最適な選択」をするのは、**「制約付き最適化問題」**を解決することだと考える。

サリーはリンゴとバナナが好きだ。リンゴは3ドルで、バナナは5ドル。サリーには、それぞれをどれだけ買うかを教える前に、予算を与える。これが制約だ。そうでなければサリーは際限なくリンゴとバナナを買ってしまうだろう（経済学者は、人は常にもっと欲しがると考える）。

子育てで選択をするときは、誰もが制約を抱えている。お金はもちろん、時間やエネルギーの制約もある。

授乳による睡眠不足の代償は無視できない。睡眠時間を削ったら、十分な安眠から得られるメリットを手放すことになる。

職場の授乳室で搾乳している時間は、仕事に使えたかもしれない。

一方で、睡眠時間が短くていい人や昼寝をする時間がある人、あるいは搾乳しながら仕事ができる人なら、別の選択ができるかもしれない。

子育てはとにかく大変だ。意思決定のストレスは少しでもなくそう。

本書では、あなたが子どものために何を決定すべきかを教えるのではなく、必要なデータと意思決定の仕組みを提供したいと思う。データはみんなにとって同じだが、決定はあなただけのものだ。

生後数年間の大きな選択を取り上げてみると、寝かしつけからデジタル機器の視聴まで、驚くようなデータもあると思う。安心できる数字もあるはずだ。子どもが寝つくまで「泣かせておく」のは問題ないとデータで確認できれば、もっと安心して実践できるかもしれない。

「出産直後」から「幼児教育」「第2子」にいたる信頼できるデータを分析

妊娠についての本を執筆したときは、コーヒーやアルコール、出生前検査、硬膜外麻酔についてなど、データは豊富にあった。好みが物を言う場合もあったが、多くの場合、データは明快だった。たとえば、「妊婦はベッドで安静にしないほうがいい」などだ。

本書では、データからすべきこと、避けるべきことを明示できる場面は少なくなっている。家庭の好みのほうが選択の決め手となる。

それはデータが役に立たないという意味ではなく（役立つことは多い！）、**データから**

出せる結論は、妊娠期よりもずっと多様になるということだ。

本書は、分娩室からスタートする。

第1部で扱うのは、**出産直後の問題**について。割礼、新生児に施される検査、新生児の体重減少など、多くは医学的な問題だ。退院後数週間の生活では、おくるみは必要か、雑菌を避けたほうがいいか、などを取り上げる。また産褥期のママの体の回復や、産後の精神的な問題についても述べていく。

第2部は、**乳児期の子育ての課題**が中心となる。母乳育児（すべきなのか、どうすればいいのか）、予防接種、寝かしつけの姿勢、ねんねトレーニング、専業主婦か仕事に出るか、保育園かナニーかなど（ママ同士の意見がぶつかるテーマ）だ。

第3部は**赤ちゃんからトドラー［よちよち歩きを始める1歳〜3歳くらい］への移行期の問題**を、いくつか取り上げる。デジタル機器の視聴（いいか、悪いか）、トイレトレーニング、しつけ、幼児教育の選択肢などだ。歩き始めの時期や言葉の量（その重要度）についてもデータを提示する。

最後に第4部では、**親の話**をする。赤ちゃん誕生で、私たちは必然的に親となり、多くのことが変化する。子育てがパートナーとの関係に影響するストレスについて、次の子どもの問題（その時期も含めて）についても取り上げる。

親になるとたくさんの助言をもらうが、なぜそれが正しいのか、間違っているのかの説明はほぼないと言っていい。しかもどの程度正しいのかさえ不明だ。

理由が説明されないと、選択肢について自分の好みを考慮に入れつつ自分で考える能力が奪われてしまう。親も人間であり、もっと自由に考えていいはずだ。

本書の目的は、何かのアドバイスに反対することではなく、理由を説明しないという考え方に反対することにある。エビデンス［科学的根拠］と意思決定の考え方を武器にすれば、あなたの家族に合った選択ができる。

自分の選択に満足できれば、もっと幸せでもっと肩の力を抜いた子育てにつながるはずだ。もしかしたら、睡眠時間をちょっと増やせるかもしれない。

※日本のみなさんへ。

本書には欧米の医療制度や子育てアイテム、また医薬品名などが登場するが、基本的な子育ての考え方や選択の仕方は国境を超えて共通するのでぜひ参考にしてほしい。

米国最強経済学者にして2児の母が読み解く子どもの育て方ベスト

contents

プロローグ　経済学者で2児の母が膨大なデータを見て語る子育て

第1部 出産直後
「小さな人間」の誕生。まず起きること

1章 最初の3日間
母子同室は思ったほど「メリット」がない

2章 自宅へ

新生児は「泣きやまない」の？

3章

産後のママ

「産む前」とこんなに変わる

第2部 1歳まで

意見が割れる「子育て初期」、経済学者のベストアンサー

4章 「母乳育児」神話

母乳で「賢さ」は決まらない

5章 母乳で育てるハウツー
最もいいあげ方は？

6章

赤ちゃんを寝かせる
どこで、どんな姿勢がいい？

7章

赤ちゃんのスケジュール

彼らに「リズム」はある？

8章

「予防接種」は必ず受けて！

リスクは無視していいレベル

9章 「家」にいる？「仕事」に行く？

専業主婦か仕事復帰か

10章

お世話は誰がする？

「親以外」が保育することのデータ

11章

寝かしつける

最高の「ねんねトレーニング」は？

12章

「おっぱい」を卒業する

「離乳食」へのスムーズなシフト

第3部 赤ちゃんからトドラーへ

「意思」を持ち始め、歩き、話し、悪さする時期

13章 歩きはじめの早い遅い

「うちの子の成長は平均？」

14章

ベイビーアインシュタインVSテレビの視聴

「知育教材」は本当に効果がある？

15 章

言葉の早い遅い
いつからしゃべるのが普通？

16章

トイレトレーニング

「ごほうび」はシール or M&M'Sのチョコ?

17章

しつける

「悪いことをした」「ぐずった」ときのベストな対応

18章

幼児教育

するとしないで全然違う

第4部

家庭生活

最も円満な家族生活を送るエビデンス

19章

最良の「夫婦関係」

よき「パートナー」でいつづけるには？

20章

次の子ども
いつ産むのがベスト？

21章

最高の「子育てアドバイス」を選ぶとしたら？
母として、経済学者として

装丁　秦 浩司
本文デザイン　荒井雅美（トモエキコウ）
DTP　山中 央
編集協力　株式会社鷗来堂
編集　梅田直希（サンマーク出版）

本文中の［ ］は訳注を表す。
［1］などの数字は原注を表す。

第 1 部 出産直後

「小さな人間」の誕生。まず起きること

あなたの出産は思い描いた通りに終わったかもしれないし、「最後はちょっとパニクった」かもしれない。ともかく、数時間後には回復室にいるはずだ。たぶん陣痛・分娩室によく似た部屋だろうが、同室の人数は1人増えている。

赤ちゃん誕生の前と後がどれほど違うかは、いくら強調しても足りない。第1子の場合はなおさらだ。ペネロピの出産後、私たち母子は数日間入院していた。私はバスローブ姿で、授乳してみたり、抱っこしたり、娘が各種検査を受けて部屋に戻るのを待ったり、そろそろと歩いてみたりした。当時の記憶には、鮮明で具体的なものもある（ジェーンとデイヴが紫のクマのぬいぐるみを持ってきて、オードはバゲットを差し入れてくれた）が、夢を見ていたようでもある。

ペネロピが生まれてから数日間のジェシーの記録には、「エミリーはずっと赤ちゃんを見つめていたいと言う」とあった。本当だ。眠ろうと目を閉じてもペネロピが見えていた。産後の入院期間、それに退院後の数週間はぼんやりしがちだ（睡眠不足のせいかもしれない）。他人に会うことは少なく、外出もあまりなく、睡眠も食事も不足しがちなうえ、以前はいなかったわがままな人間が突然、存在し始めている。

だが赤ちゃんを見つめている間にも、病院のスタッフが部屋にきて、決断を迫るかもしれない。頭がまともに働いていないはずだから、前もって考えておいたほうがいい。産褥期はただでさえ混乱しているのに、医療従事者や家族、友人、ネット社会から正反対のアドバイスをもらって、もっと混乱するからだ。

第1部の1章では、病院で経験するかもしれない問題（処置や症状など）を取り上げる。2章では退院後の最初の数週間について述べる。

生後間もなく、場合によっては出産前に決めておきたい大きな問題（母乳育児、予防接種、赤ちゃんを寝かせる場所など）はたくさんあるが、後まで影響することなので、第2部にまわすことにする。

1章

最初の3日間

母子同室は思ったほど「メリット」がない

経膣分娩の場合の入院期間は［アメリカでは］おそらく2泊3日、帝王切開や分娩時の異常などがある場合は3泊4日から4泊5日だ。

かつては産後の母体の回復のため、1週間から10日間入院したが、そういう時代は終わっている。保険の制約が厳しくなったためで、出産を午前零時過ぎまで待てば、入院を1泊分増やせると勧める友人がいたくらいだ（そんなコントロールは私にはとうてい無理だったが、医師がそのためにわざわざ遅い時間に患者を受け入れることもある）。

あなたの気質（と病院）によって、病院での出産は子育てのスタートにふさわしくもあり、多少もどかしくもある。病院の大きなメリットは、ケアをしてもらえること、赤ちゃんのことを教えてくれる人がいることだ。母乳育児を希望するなら母乳コンサルタントに相談できる。出血量や赤ちゃんの状態をチェックしてくれる看護師もいる。

病院のデメリットは、自分の家ではないことだ。自分の物は何もないから不自由だし、食事はまずいと決まっている。ペネロピのときは、シカゴの大病院に規定通り2日間入院した。

入院中は何もすることがなく、赤ちゃんの顔を眺め、フェイスブックで近況をアップデートするくらいだ。ときどき誰かが赤ちゃんに何かをしにやってくる。大きな機械を持ち込んで聴覚検査。赤ちゃんのかかとに注射針を刺して血液検査。

そして、あなたの意向を尋ねることもある。

「入院中に割礼［ペニスの包皮切除手術］をしますか？」

そんなことをどうやって決めろというの？　多くの人にとってはよくわからないことだ。医学的にも法的にも必要な手続きではない。あなた次第なのだ。

こうした状況で選択をする方法はいろいろある。友人の言うこと、医師の勧めに従うこともできる。ネットで体験談やその理由を調べることもできる。

もちろん、割礼のような場合は役に立たないだろう。全米の男の赤ちゃんのおよそ半数は割礼を受け、半数は受けていない。ということは、どちらの側の人も大勢いるというわけだ（なぜ半々なのかはわからない。宗教的な理由や、医学的な理由で行う人もいる。父親が割礼をしているから、両親が息子のペニスを同じようにしたいと思う人もいる）。

「産む前」に知っておいたほうがいいこと

本書では、この種の選択をするための体系的な手法を紹介する。

まず、データを入手する。選択肢にはリスクがあるのか、あればどういうリスクなのかという問いに、偏見を持たずに、正面から向き合う。メリットはあるのか。どういうメリットで、どの程度なのか。メリットがあっても、ほとんどないくらい小さく、考慮する意味がない場合もある。同様に、リスクがあっても、日常経験するほかのリスクと比べるとごくわずかな場合もある。

次にこのエビデンスをあなたの好みと組み合わせる。親族は強く賛成か反対をしているか。息子のペニスが父親と同じ形状であることがあなたには大事なのか。こうした問いに答えてくれるデータはないが、結論には欠かせない情報だ。

こうした好みがあるから、ネット上でアドバイスをする女性には本心から頼れないのだ。あなたの家族と暮らしているわけではないし、正直、あなたの子どものペニスに最適なことなどわかりはしない。

自分で決められることなら、事前によく考えておいたほうがいい。**産後の入院期間中は圧倒されるばかりで、意思決定にはふさわしくない**（せめて退院まで待とう）。事前に準備しておけば、「新生活」に慣れるまでに何が起きるのかがわかる。

通常は、順調に行くと出産後2〜3日で赤ちゃんと退院できる。だが、この時期には新生児にありがちな問題（黄疸（おうだん）や過度の体重減少など）が進行し、対処が必要な場合もある。

これも事前に知っておくと、何かを決定しなくてはいけなくなった場合に積極的に関与することができる。

「産後すぐ」によく起きる問題

「新生児の沐浴」は反対されている

赤ちゃんは、全身いろいろなものにまみれて生まれてくる。あまり生々しい描写はしないが、その多くは血液だ。羊水もあれば、子宮で赤ちゃんの全身を覆って感染症を防止する、胎脂（たいし）というロウのようなものもある。

出産後、赤ちゃんの体を洗うよう勧める人がいるかもしれない。

ペネロピの生後1日あたりで、看護師がベビーバスで沐浴の方法を教えようとしたことを思い出す。夫婦で真剣に見て、こんなことはできないから、娘が自分でできるまで待とうとうなずき合った。2週間後、握ったこぶしの中でミルクが腐っているのを見つけ、私たちはようやく観念した。

それはさておき、かつては生まれた直後に赤ちゃんを洗うのが一般的だった。生まれて数分の後、ママに手渡される前であっても産湯につけていた。

現在は2つの理由から反対されている。

できるだけ早く「肌」を触れ合わせて

1つ目は、早期の肌のふれあい（「カンガルーケア」、後述）がますます重視され、出生直後の2時間は母子を2人きりにしておく傾向が強まっていることだ。

母子接触のメリットには、**母乳育児の成功率が向上する**こともあるようだ。初めての沐浴を数時間後まで遅らせると、母乳育児の成功例が増えると考えられているのも、おそらくそのためだろう[1]。

産湯を使うべき理由が実際にはないことから、沐浴を遅らせるのはまったく賢明だと思う。

スポンジやタオルで拭くと「体温」が変わる

早期沐浴でもう1つ懸念されるのは、赤ちゃんの体温への影響だ。

出生直後の新生児は、体温維持に問題が生じることがある。沐浴させること（とくに体が濡れたままお湯から出すこと）が体温維持に悪影響を及ぼすという説がある。これについては十分なデータの裏づけはないことがわかった。**出生直後の沐浴に注目した研究では、赤ちゃんの体温に対する一貫した結果は得られなかった**。[2]

ベビーバスを使わず、濡らしたスポンジやタオルで体を拭いた赤ちゃんのほうが、短期間（入浴中と入浴直後）に、より体温の変化が見られるというエビデンスはあるようだ。[3]

裸で濡れた状態で空気にさらされる時間が増えるためだ。体温の変化自体は大きな問題ではないが、感染の兆候と誤解される可能性があり、不要な処置が行われる恐れもある。

そのため、大部分の病院ではベビーバスでの沐浴が選ばれている。

つまり、**沐浴は悪いことではないが、見た目が悪いという以外に赤ちゃんを沐浴させるべき理由はない**ともいえる。

血はガーゼなどでほとんど拭きとれる。これは書かないほうがいいかもしれないが、フィンは病院でまったく沐浴せず、帰宅後もわが家のルールにのっとり、2週間待ってから沐浴させた。その結果何も悪影響はなく、沐浴させたときのフィンの反応を見たジェシーは、もっと長く待つべきだったといまだに思っている。

「割礼」はこのタイミングですべき？

割礼とは、ペニスの包皮を外科的に切除する処置だ。古代エジプトに記録があり、多くの社会で広く慣習として実施されている。なぜこの風習が生まれたのかには諸説あり（ある王が生まれたときから包皮がなかったので、全員に切除させたという説がある）、地域によって違う理由で始まったのかもしれない。

原則として、**赤ちゃんのペニスが正常に機能することを確認できたら（初めておしっこをしたら）すぐにでも手術が可能**だ。

とはいえ、割礼は任意の処置だ。どこでも普通にするわけではなく、たとえば、ヨーロッパでは行わない。アメリカでは歴史的にかなり一般的だったが、年々、実施率は下がっている。１９７９年には出生男児の65％と推定されていたのが、２０１０年には58％になった。

伝統的に割礼を行う宗教に属しているのなら、おそらく割礼をすることになるだろう。それ以外の人の間では、**「割礼はいいことなのか？」**というごく健全な議論がある。体を損傷して危険だと強硬に反対する人もいれば、健康上のメリットがあるからと賛成する人もいる。激論になる可能性もあるので、データを見てみよう。

割礼のリスクは「感染症」と「再手術」

割礼のリスクは、ほかの外科的処置と同様に、主に感染症だ。

病院で行われる赤ちゃんの割礼のリスクはごく小さい。最も広範なデータによる推定値で、**軽度の合併症を起こした赤ちゃんは1・5%程度**だとされる。[4] この研究には開発途上国も含まれているので、アメリカでは軽微な悪影響でさえもっと少ないと考えられる。

また、「整容性不良」とも呼ばれる、**包皮が残り、再手術が必要になるリスク**がある。どの程度の頻度で発生するかの推定値はないが、合併症の発症率よりはやや高いようだ。[5]

尿道口狭窄といって尿管が圧迫され、排尿しづらくなる病気になる赤ちゃんもいる。割礼した子のほうが多く、明らかに割礼との関連があるとされるが、全体としてまれだし、[6] 再手術で治療は可能だ。赤ちゃんが生後6か月になるまでペニスにワセリン（またはアクアフォー軟膏）をたっぷり塗ることで予防できるという限られたエビデンスもある。[7]

とくに反対派の間では、割礼をするとペニスの感度が失われるという議論もある。その是非については何のエビデンスもない。ペニスの感度に関する小規模な研究（ペニスを何かでつついた）では、割礼した男性とそうでない男性に違いがあるという確実な結果は得られなかった。[8] 研究者は、包皮があるないにかかわらず誰でもペニスをつつかれるのは嫌だろうとも述べている。

割礼はメリットがそこまでない

ここまでがリスクだ。割礼にはメリットがある可能性もある。

１つ目は**尿路感染症（ＵＴＩ）の予防**だ。割礼をした子の発症率は少ない。子どもの間にＵＴＩにかかる子は、割礼していない男児が１％、割礼した子は０・１３％だ[9]。かなり有意な差であり、予防効果は本物であると一般に認められている。だが、全体的に見ればメリットは小さい。割礼した子ども１００人に１人の予防効果なのだ。

また割礼していない男児は、包皮をむけない包茎になる可能性もある。これには治療が必要（ステロイド軟膏を使用）で、のちに手術を受ける必要がある場合もある。手術が必要となる全体的なリスクは１～２％で、まれであるが、聞かない話ではない[10]。

最後の２つのメリットは、ＨＩＶとそのほかの性感染症（ＳＴＩ）のリスク低減と、陰茎がんのリスク低減だ。ＨＩＶとＳＴＩについては、アフリカ諸国で割礼をしている男性のリスク低減を示唆する十分なエビデンスがある。これはＨＩＶのほとんどが異性間の感染である国々の場合だ。アメリカでのＨＩＶ感染は、ほとんどが男性同士の性行為か静注薬物の使用による。データからは、割礼の予防効果が男性同士のセックスによる感染まで及ぶかどうかはわからない。静注薬物による感染に効果がないことは確かだ[11]。

陰茎がんはきわめてまれだ。発症は10万人の男性に１人と推定される。浸潤性の陰茎がんは、割礼をせず、とくに子どもの頃包茎だった男の子でリスクが高くなる。[12]とはいえ、ここでもリスクが上昇するとはいえ、症例としてはごくまれだ。

アメリカ小児科学会は、**割礼の健康上のメリットはコストを上回るとしながらも、メリットもコストもかなり小さいことを指摘している**。

割礼の選択は個人の好みや文化的なつながり、あるいは息子のペニスの形状へのこだわりといった問題に帰着する。どれも正当な理由になる。

赤ちゃんは「痛み」をちゃんと記憶する

もし割礼を選んだなら、痛みの緩和を考える必要がある。

昔は、小さな赤ちゃんは大人のようには痛みを感じないと信じられていたので、鎮痛処置なしに（あるいは砂糖水ぐらいで）割礼が行われていた。

これは間違っている。むしろ、**割礼で痛みを味わった赤ちゃんは、4～6か月後の予防接種でも痛みにより反応する**ようだ。[13]

こうしたことから、手術中に何らかの痛み止めの処置をすることが推奨されている。最も効果的と思われるのは、陰茎背神経ブロック（DPNB）で、割礼手術前にペニスの根元に鎮痛剤を注射する。医師によっては局所麻酔を併用する。[14]

赤ちゃんが受ける「血液検査」と「聴覚検査」

入院中は赤ちゃんに少なくとも2種類の検査が行われる。血液検査と聴覚検査だ。

血液検査で「母乳が飲める子」か判断

新生児血液スクリーニング検査は、様々な病気を発見するための検査だ。州によって対象となる病気の数は異なる。たとえば、最先端を行くカリフォルニア州は61種類だ。対象となる病気の多くは代謝に関係し、特定のタンパク質を消化できない、酵素を生成できないといった病気が検査で発見できる。

その一例（おそらく最も多い疾患）がフェニルケトン尿症（ＰＫＵ）だ。出生する1万人中1人に現れる遺伝性疾患で、アミノ酸であるフェニルアラニンを別のアミノ酸に分解する特定の酵素が欠けている病気だ。タンパク質にはフェニルアラニンが豊富に含まれるので、ＰＫＵの患者は低タンパク食が欠かせない。タンパク質が脳など体内に蓄積されると、深刻な知的発達障害や死に至る深刻な合併症の原因となる。

ＰＫＵが発見されれば、食事療法で対処でき、予後は良好だ。出生時に発見できないと、脳へのダメージが早期に生じる可能性がある。**母乳にも調合乳にもタンパク質は大量に含まれるから**だ。検査しないでいると、わかったときには遅すぎるということになる。

出生時のこうした病気の検査はとても重要だ。赤ちゃんのかかとに1回針を刺すだけで終わり、何のリスクもない。

何も病気が見つからなければ（ほとんどの場合がそうだが）、通知は来ない。

聴覚検査で引っかかっても「偽陽性」のことも

病院では赤ちゃんの聴覚検査もしてくれる。操作の難しそうな大きな機器を病室に運び込んだり、検査室に出向いたりする。

難聴はそれほど珍しいことではなく、1000人に1〜3人発生するようだ。難聴の発見には早期検査の必要性が強調されている。早期の介入（たとえば補聴器や人工内耳）で言語能力を向上させ、後の治療を軽減することもできる。

新生児には成人と同じ聴力検査を受けさせることはできない（赤ちゃんはピーという音が聴こえても手を上げないし、たぶん眠っている）。実際には頭にセンサーを取り付けるか、耳にプローブ（探針）を入れる。このセンサーやプローブで、内耳と中耳が音に予測通りに反応するかどうかを検知できる。[15]

検査は難聴を発見するのに有効だ（85〜100％を検知する）が、偽陽性のケースも多数発生する。ある計算では、**新生児の4％はこの検査で要精密検査とされるが、実際の難聴児の割合は0・1〜0・3％**だという。要精密検査だと、専門の施設を紹介される。聴覚の問題は早期に発見する必要があるからだ。

ただ、検査をパスしなくても、ほとんどの赤ちゃんは聴覚に問題がない。入院中に再検査をしてもらうといいかもしれない。偽陽性と判明することもある。

「母子同室」はいいこと？

入院中は赤ちゃんと過ごせる時間がたくさんある。ただ、24時間一緒にいたいかというと問題がある。

出産は体力を消耗するし、多くの女性にとって、赤ちゃんと同室で休むのは難しい。病院の新生児室には歴史的に、女性を赤ちゃんから離し、数時間をゆっくり回復と休憩に充てさせる目的があった。

だが、現在は状況が変わっている。ここ数十年で、**「赤ちゃんにやさしい病院」**が増えてきたのだ。もちろん、どの病院も赤ちゃんにやさしくあってほしいが、「赤ちゃんにやさしい病院」に認定されるには、特定の条件がある。なかでも「母乳育児を成功させるための10か条」を遵守しなければならない。

10か条には、「医学的な指示がなければ人工乳を与えない」とか、「おしゃぶりを与えない」「すべての妊婦に母乳育児のメリットを知らせる」などの項目がある。

赤ちゃんにやさしい病院の認定には、人工乳を避けるだけでなく、**「母子同室」**も必要だ。つまり、赤ちゃんが医学的理由で別室になる場合をのぞき、母子は1日24時間同室で過ごすべきだということだ。

これは素晴らしい！　赤ちゃんから離れたいなんてありえない、と思うかもしれない。確かに素敵な経験になることもある。

フィンを産んだとき、私は大きなベッドのある出産室に入り、丸一日、みんなで一緒にいられた。ベッドは、フィンを真ん中にしてジェシーと私が一緒に横になれる大きさで、交代で眠ることができた。今思い出してもフィンの人生の最初の24時間のスタートとしては最高だった。

ただこれは、いささか珍しいケースだ。普通は、ママは回復室のベッド、赤ちゃんはすぐ横の小さなベッドという、それほどくつろげない環境が用意される。赤ちゃんはおかしな音をたくさん立てるから、ずっと一緒にいるとちっとも眠れないかもしれない。

ペネロピが生まれる前、複数のママ友だちから、とにかく赤ちゃんは（数時間でもいいから）新生児室で預かってもらい、少しでも寝なさいと言われた（実際私はそうした。シカゴのプレンティス病院は当時、「赤ちゃんにやさしい病院」と認定されていなかった）。

母子同室だと「睡眠時間」が少なくなる

母子同室を方針として推奨することの妥当性には異論もある。親の選択を実質的に奪うようなルールを伴う方針は、慎重に検討すべきだ。

一方で、母子同室が有効な女性がいるというエビデンスもある（妊娠中にオピオイド鎮痛剤を服用した結果、子どもに新生児薬物離脱症候群が生じている場合など）。つまり、母親にも病院にも母子同室が推奨される理由があることになる。

本書の立場からは、この方針にコメントするよりも、選択肢を与えられたときにどうすべきかについて、データからいえることを紹介したい。選択肢とは、「赤ちゃんにやさしい病院」以外に入院しているなら、母子同室にするかしないかの選択であるかもしれない。また、そもそもの病院選びであるかもしれない。

この場合、明白なトレードオフが存在する。**母子同室は、睡眠時間が少なくなるが、おそらく赤ちゃんのためにはなる**のだろう。母親には最初の睡眠の試練だ。産後の数日間に犠牲にした睡眠時間を補うだけのメリットが母子同室にはあるのだろうか。

答えを出すには、メリットの大きさを知る必要がある。それには、データが必要だ。

「母乳育児」したいから一緒にいたがる

母子同室の一番のメリットとされているのは、母乳育児が成功しやすいということだ。この裏づけとなるエビデンスはあまりないが、明らかな相関関係はある。赤ちゃんをそばに置いた女性のほうが母乳育児をする傾向にあるのだ。

ただ、因果関係があるとは解釈しづらい。この女性たちには別の特徴があるからだ。なかでも、**母乳育児を望む女性のほうが、赤ちゃんをそばに置き、母乳育児を試そうとする傾向がある**と思われる。母子同室が母乳育児の原因となるより、むしろ母乳育児が母子同室の原因だといえるのかもしれない。

何かしらのエビデンスがある場合でも、はっきりした結果は得られていない。スイスで実施された大規模な研究では、赤ちゃんにやさしい病院で生まれた赤ちゃんと、それ以外の場所で生まれた赤ちゃんを比較し、赤ちゃんにやさしい病院で生まれた子のほうが母乳で育てられていることがわかった。その一方で、これが母子同室の結果なのか、別の結果なのかは、判断しきれない[16]。

赤ちゃんにやさしい病院は多くの点でほかの病院と異なっていた。この研究では、どういう人がその種の病院を選んでいるのかという点を制御できていない。おそらくその点が母乳育児の意向と関連しているのだ。

「母乳をあげる時間」への影響はない

こうした研究で結論を出す決め手となるのは、**「ランダム化比較試験」**だ。母子同室のケースで説明してみよう。

まず、研究対象の女性の半数をランダムに選んで母子同室にし、残りの半数は同室にしない。それ以外は、同じ待遇にする。２つのグループは無作為に選んでいるので、比較すれば信頼できる結論が出せる。同室グループのほうが高い母乳育児率であれば、その原因を母子同室に帰することができる。一方、母乳育児率が変わらなければ、母子同室と母乳育児の間に関係がない可能性が示唆されることになる。

母子同室については、１７６人の女性に対してランダム化比較試験を行った研究が１件ある。あまり芳しいものではない。**６か月後の母乳育児にも、母乳育児時間の中央値にも影響は見られなかった**[17]。

母子同室に母乳育児を促すメリットがあることをデータが強力に裏づけているとはいいづらいだろう。だが、母子同室を提唱する病院からは、同室にするべきでない理由がないのだから、メリットが不確実でもそうすべきだといわれそうだ。

赤ちゃんと「同じベッド」で寝るのは危ない

ところが、それがまったく正しいわけではない。**母子同室を選ぶべきでない正当な理由**

があるかもしれないのだ。

出産直後の女性は疲労困憊していることが多い。入院中は家にいるよりもサポートを受けられるから、赤ちゃんを新生児室に預けることで、母子ともに専門家のケアを利用できる。データが母子同室を明白に支持しているわけではないと知れば、別室の選択肢を選びやすくなる母親もいるだろう。

加えて、**母子同室には実際に小さなリスクがある**。授乳中に居眠りをする母親は多い。疲れが溜まるとよけいに眠くなる。体を休めることができないと、疲れきったママが赤ちゃんと眠ってしまい、その結果、赤ちゃんが重傷を負うリスクが生じる。[18] また、**病院か自宅かを問わず、母親が赤ちゃんと同じベッドで寝るのは、安全上の問題がある**。

この問題に関して2014年のある論文では、病院で母子が同じベッドを共有した結果、乳児が死亡または瀕死の状態になった18の事例を報告している。[19] この研究は総合的なリスクレベルについて論評できるほどのデータがなく、単に事例報告を集め、問題の可能性を示すことを目的としている。

赤ちゃんがベッドから転落するリスクを取り上げた別の研究は、「赤ちゃんにやさしい病院」で生まれた赤ちゃんの14％が、主に母親の授乳中の居眠りが原因で、ベッドから転落する「危険性があった」と報告している。[20] 誤解のないように書くと、14％という数字は転落する赤ちゃんの割合ではなく、看護師が転落の「危険があった」と感じた赤ちゃんの割合ということだ。

私の意見では、一番重要なのは、もし出産後の数時間、新生児室で預かってもらう選択肢があり、あなたがそれを望むなら、罪悪感を抱くことなくそうすべきだということ。**母乳育児が阻害されるという十分なエビデンスはないので、その点は気にしなくていい。**

もし、ベッドで赤ちゃんと一緒に居眠りしてしまうなら、スタッフに助けてもらおう。

あらかじめ予想しにくい問題

新生児は「体重」が減る

多くの新米ママパパが意外に思うのは、医師や病院のスタッフがかなり赤ちゃんの体重増加や減少を気にすることだ。分娩が無事に終わり、健康な赤ちゃんが生まれたとなると、以後の病院での会話は、授乳と体重を中心にめぐることになる。

当然、赤ちゃんは元気に育ってほしいし、その重要な指標となるのが体重だ。ただ、出産直後ではじめて母乳を与えようとしていると、不安だらけになることもある。自分がしくじっている気になるかもしれない――自分のお腹ではちゃんと育てられたのに、赤ちゃんが外に出た途端にダメママになった気がするのだ（実際は違うのに！）。

「初乳」はわずかしか出ない

病院では、赤ちゃんの体重がかなり入念にチェックされる。12時間ごとに体重を量り、変化があると報告されることもある。

出産から2日後の午前2時、私のもとにペネロピが連れてこられ、体重が11％減ったので、すぐにミルクを追加しなくてはいけないと言われた。

私はひとりで、疲れ果ててどうしたらいいかわからず、この件で意思決定する準備はできていなかった。

体重が重視されるのであれば、予習しておこう。

まず知っておくべきなのは、**赤ちゃんはほぼ全員が、出生後に体重を減らす**ということ。とくに**母乳育児の赤ちゃんは減少量が多い**。

メカニズムはよくわかっている。子宮にいる赤ちゃんは臍帯(さいたい)から栄養を摂取し、カロリーを吸収しているが、生まれた後は、自分で栄養を摂らなければならない。簡単なことではないし、生後数日は母乳も少ない。初乳は母乳コンサルタントが絶賛するような魔法の物質であるかどうかはわからないが、量はわずかだ（初産の場合はとくに）。

体重減少は予想されることだから、注意は必要だが、同時に体の仕組みに過剰反応しないようにしたい。

体重チェックには正当な理由がある。体重の減少自体が問題ではなく、過度な減少があると、たとえば母乳が足りていないなど栄養摂取に問題のある可能性がわかる。体重減少から、新生児が水分不足で、脱水の危険があるとわかる場合もある。脱水状態になると赤ちゃんはますます授乳を求め、ママは悪循環に陥る。

体重チェックの目的は、起こりうる問題を早期に、対処可能なうちに見つけることだ。効果的に行うには、標準的な体重減少量を知る必要がある。一般には、標準範囲から外れたときが問題とされる。生物学的には、たとえば「赤ちゃんの体重が出生時から10％減少すると問題が起きる」とはいえない。もし大多数の赤ちゃんの体重が10％減るのであれば、そうなっても心配しなくていいことになる。

どれくらい減るのは「普通」？

新生児の体重減少の標準範囲を算定するのに必要なデータは、最近まで入手が難しかった。だが２０１５年、アメリカ小児科学会の『ペディアトリックス』誌にまさに役立つ論文が発表された。病院の記録から16万人の新生児のデータを使い、母乳栄養児の出生後の時間ごとの体重減少をグラフ化したのだ[21]。

次に挙げるのが、母乳栄養児のグラフだ。経膣分娩と、帝王切開の赤ちゃんは区別されている。横軸は出生後の時間、縦軸は体重減少率を示し、曲線は減少率の変化を表す。た

経膣分娩

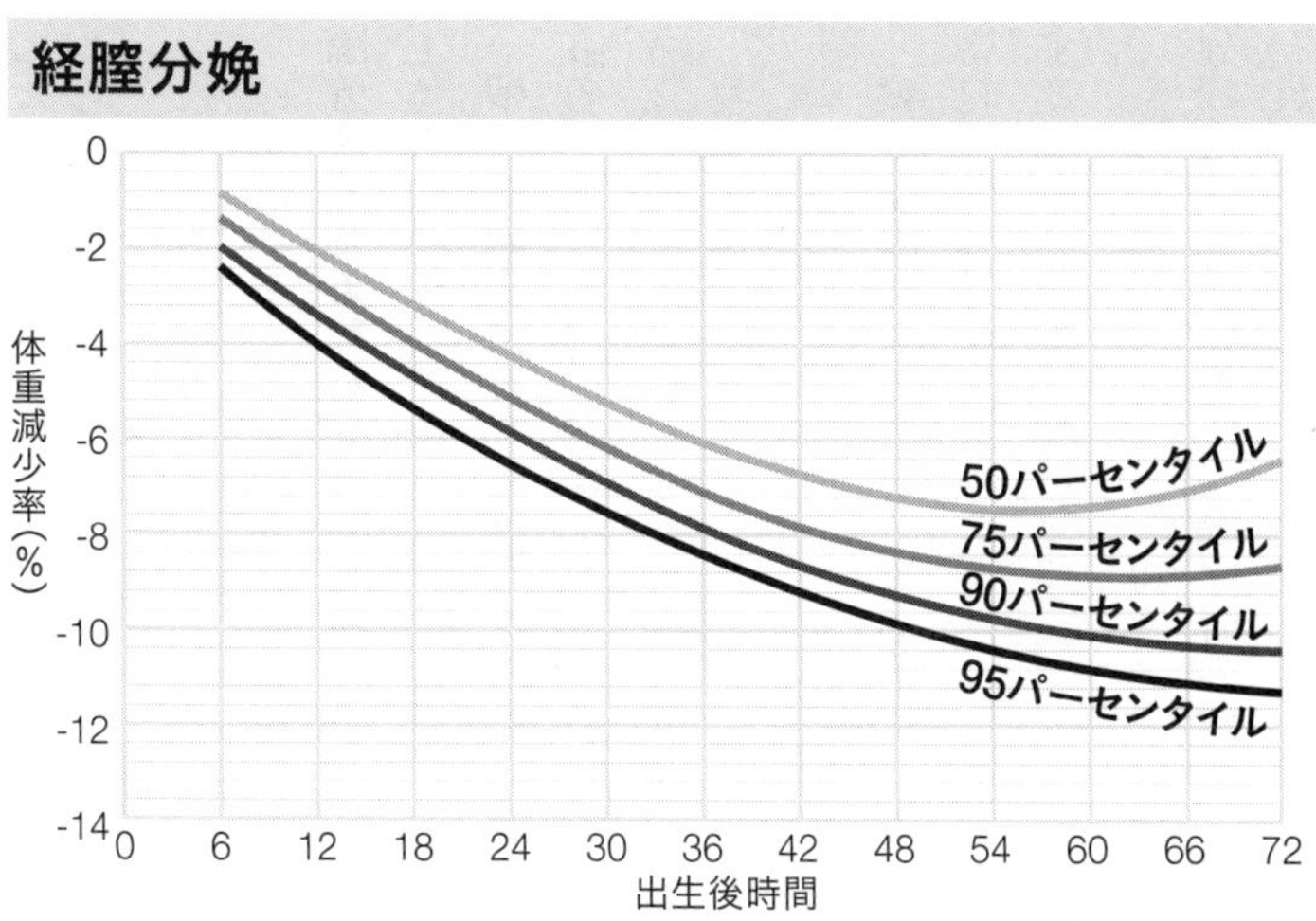

帝王切開

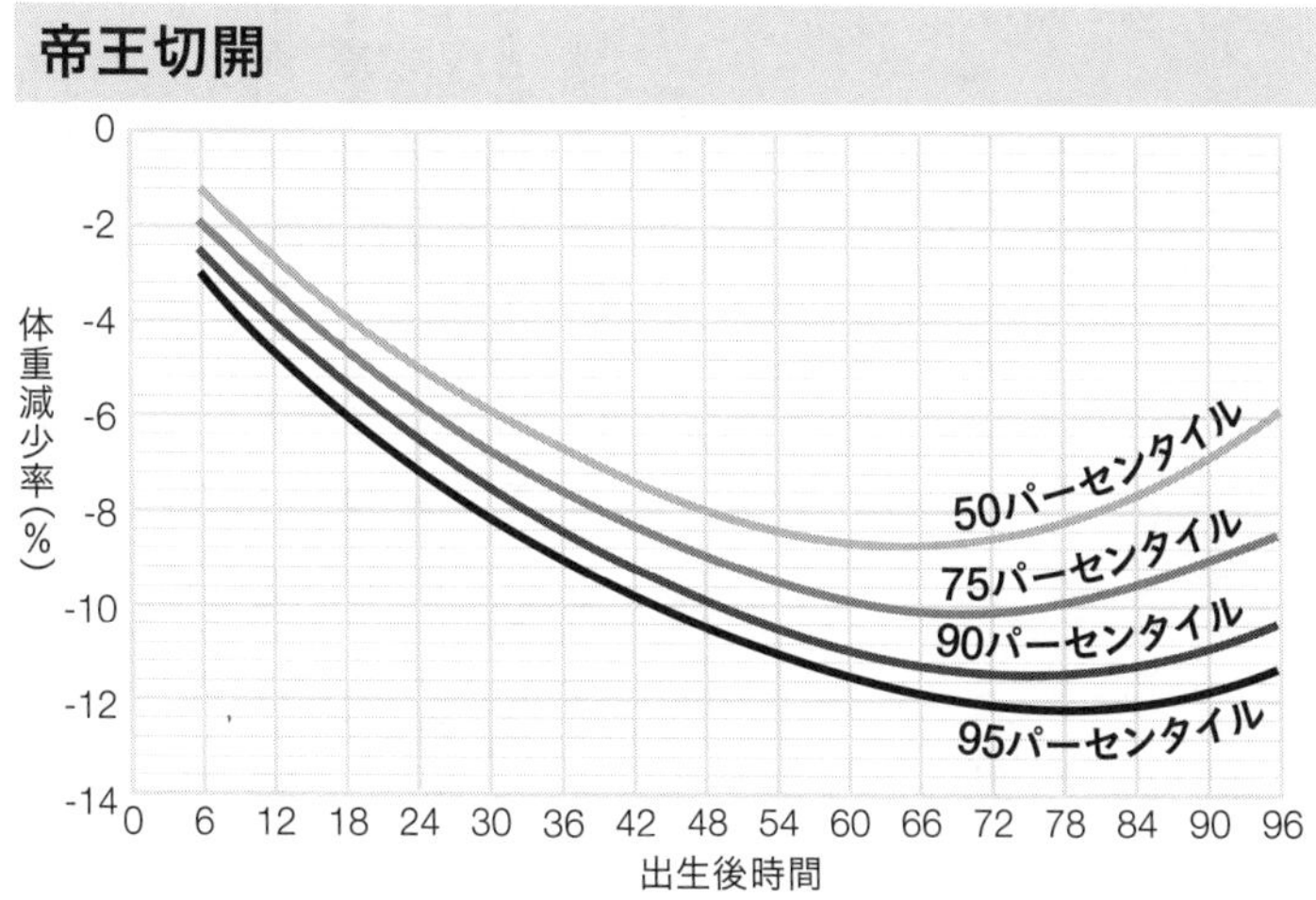

※パーセンタイルとは、データを大きさ順で100個に分け、小さいほうからどの位置にあるかを数える手法。50パーセンタイルなら下から50/100にあたる位置。

とえば一番上の線は、体重減少が50パーセンタイルの赤ちゃんの体重減少の傾向を示している。

グラフから、平均的な体重減少率とその範囲がわかる。たとえば、**生後48時間では、経膣分娩で生まれた平均的な赤ちゃんは7%体重が減少**している。5%の赤ちゃんは10%以上体重が減少している。一部の赤ちゃんは、生後72時間でもまだ体重減少が続いている。**帝王切開で生まれた赤ちゃんは、平均すると当初の体重減少がやや大きい**ようだ。こちらのグラフは、経膣分娩のグラフよりも長い時間軸を設定していることに注意してほしい。帝王切開で生まれた赤ちゃんのほうが一般に入院期間が長いからだ（母親の回復のため）。

これらのグラフは何に役立つのだろうか？

おもに医師（と原則として両親）が、赤ちゃんの体重減少が平均に対してどの程度、標準範囲から外れているかどうかを評価できる。帝王切開で生まれた場合、より体重が減少することが予想されるので、減少しても必ず治療が行われるわけではない。

論文の著者らはウェブサイトを開設している（www.newbornweight.org）。出生日時と分娩方法、授乳方法、出生時の体重、現在の体重を入力すると、分布図のどのあたりにいるかがわかる。

▼「人工乳」だと体重があまり減らない

ペネロピを出産した病院のルールでは、赤ちゃんの体重が10％減少したら、ミルクを足すことになっていた。だがグラフを見ると、合理的な許容範囲は、体重測定のタイミングと赤ちゃんの出生状況で決まることがわかる。生後72時間では、10％の体重減少は標準範囲に収まっている。生後12時間では、かなり異常な値だ。

どちらのグラフも母乳栄養の赤ちゃんを対象としている。人工栄養の赤ちゃんの体重減少はもっと少ない（母乳は「出がよくなる」まで時間がかかるが、ミルクはそれがない）。比較すると、生後48時間の母乳栄養児の体重減少は平均7％だが、**人工栄養児の平均は3％にとどまっている**。人工栄養児では7～8％以上の体重減少はめったに見られない。

私のように赤ちゃんが体重減少の許容範囲を超えてしまった場合、どうすればいいのだろうか。病院は通例、人工乳か、可能であれば「ドナーミルク」で補うことを勧める。以前は水や砂糖水が普通だったが、もうお勧めできない。

こうした場合、母乳育児は無理なのではと不安になるかもしれない――私はまさにそうだった。この点についてエビデンスはあまりない。少量のミルクを追加した場合の影響を厳密に切り離すことは難しいからだ。だから何もわかっていない前提でいえば、**ミルクを短期間足したことで、母乳育児を長期間続けること（それをめざすならだが）に影響が出**

ると考える理由はまったくない[22]。

生後48時間あるいは72時間より前に人工栄養の追加を勧められることはめったにないので、それまでの体重減少に注意することは有用だ。急激に体重が減少したら、理由を探すことが必要になるかもしれない。

舌が乾いていないなら「脱水」ではない

最後に、体重減少で一番心配なのは、脱水の兆候である場合だ。ただ、脱水は赤ちゃんの様子から直接チェックすることができる。**赤ちゃんが一定の頻度でおしっこをしていて、舌が乾いていなければ、おそらく脱水ではない**。逆にこうした兆候が見られれば、著しい体重減少がなくても、ミルクを足したほうがいいかもしれない。

体重と授乳については徹底してチェックされるので、新米のママパパはかなり怖い思いをするだろう。ここで挙げたデータは２つの意味で安心材料になるはずだ。かなりの体重減少でもまったく正常であり、想定内であること。だからうろたえなくてもいい。それにミルクを足すことになっても、うろたえなくていいのだ。

肌が黄色くなる「黄疸」

初産では、多少なりとも驚くことの連続だろうとみんな覚悟している。とにかく初めての経験なのだ。恐ろしく神経質で抜かりのないこの私でも、予想外のことが起きるだろうと身構えていた。たとえばわが家では、おへそ部分が開いていて、へその緒を乾燥させる肌着というものを買っていなかった。大型ディスカウントチェーンの「ターゲット」に駆け込むのは日常茶飯事だった。

2番目の子どもになると、何が起きるかはわかっているという気になる。フィンが生まれる前は、準備万端の気分だった。必要な衣類はちゃんと揃えた。新生児用のベッドもある。万一に備えて、体重減少のデータまで用意した。医療面そのほか、準備のないまま予想外の問題に直面することはない、つもりだった。

もちろんそんなにうまくいくわけがない。帰宅して2日後、医師から電話があった。フィンは「黄疸」だと言う。あわてて病院に戻り、翌日まで入院した。これで自信過剰は何の役にも立たないこと、これからも足をすくわれるだろうということが証明された。

出生直後に「赤血球」がたくさん分解される

黄疸は、赤血球が分解されてできるビリルビンという副生成物を肝臓が完全に処理できない状態をいう。

人は肝臓でビリルビンを処理するので、原則的には誰でも黄疸になる可能性があるが、新生児が黄疸になるリスクが高いのにはいくつか理由がある。**出生直後は多くの赤血球が**

分解されるため、肝臓に運ばれるビリルビンの量が増える。出生時の肝臓は未熟で、大量のビリルビンを腸へ排出するのが難しい。そのうえ、生後数日の赤ちゃんはあまり栄養を摂れないので、ビリルビンは腸内にとどまり、血中に再吸収されてしまうのだ。

高濃度のビリルビンは神経毒性がある（つまり脳に損傷が及ぶ可能性がある）ため、黄疸は重症化すると深刻な影響を残す可能性があり、治療しなければ、「核黄疸」（ビリルビン脳症）という慢性的な脳障害を発症する危険がある。

これは怖いし、新生児の黄疸が深刻にとらえられる理由でもあるが、実質的には**ほぼすべての黄疸は、たとえ治療しなくても核黄疸に進行することはない**といっていい。

黄疸は、非常に多く見られる症状でもあり、**とくに母乳栄養の新生児には多い**。約50％の新生児がある程度の黄疸症状を見せる。注目してほしいのが、脳への影響は阻止される場合があることだ。ビリルビンは、低・中濃度では血液脳関門を通過せず、脳にダメージを与えない。

相対的なリスクを考えてみよう。アメリカでは毎年2～4件の核黄疸の症例がある。ただし、黄疸で治療を受ける赤ちゃんは毎週数万人いる。多くの黄疸の赤ちゃんは、自然と回復するにもかかわらず、医師は1件の脳損傷を避けるために積極的に治療する。

だから、**ガイドラインに従い治療を受けるのはいいことだが、最悪の場合を心配する必**

要はほぼないのだ。

「オレンジ色」の黄疸もある

黄疸の最初の兆候は、皮膚が黄色くなることだ（オレンジ色に見えることもある）。皮膚が黄色くなっても、必ずしも治療は必要なく、**色自体で病気の診断はできない**。ペネロピの生後4日の健診で、小児科医のリー先生はこう教えてくれた。「まわりから黄色いと言われると思うけど、気にしなくて大丈夫」

赤ちゃんは栄養を摂り、成長すればいつのまにか黄疸が治ることが多い。黄疸が問題のあるレベルに達したかどうかを知るには、検査が必要だ。多くの病院では、皮膚に特殊な光を当ててビリルビン濃度を推定するスクリーニング検査を行い、その結果によって、血液検査で血中ビリルビン濃度を測る。

初めから血液検査をする病院もある。この検査は少量の血液ですむので、通常はかかとから血を1～2滴採る。検査結果は数値（たとえば11・4とか16・1など）で報告される。

体重減少と同様に、検査結果は赤ちゃんの日齢によって解釈が違う。一般にビリルビン濃度は出生後数日間、上昇するので、検査結果は出生後の経過時間ごとの標準範囲と比較する。

ビリルビン濃度が高いと、「光線療法」を院内で受ける。赤ちゃんを裸のまま（おむつとアイマスクは着ける）、青い蛍光を発する保育器にしばらく入れるという療法だ。この光が当たるとビリルビンは別の物質になり、尿と一緒に体外へ排泄される。

治療時間は、重症度と赤ちゃんの反応により、ほんの数時間から数日（その間も赤ちゃんを保育器から出して授乳できる）に及ぶ。毎日（または1日に数回）の血液検査で、経過がチェックされる。

▼「治療」が必要になる目安

一般に、ビリルビン濃度は高いほど懸念されるが、治療が必要な濃度はどのくらいなのか。これは赤ちゃんが正確に生後何時間なのかとそのほかの特徴で決まる。

具体的には、まず赤ちゃんが低リスク（在胎39週以上でほかの状態は健康）か、中リスク（在胎36〜38週で健康、または38週以上で別の症状がある）、高リスク（在胎36〜38週で別の症状がある）かを見る。

次にグラフから、光線療法が必要かどうかを判断する。ビリルビン濃度の値が基準値を超えれば、光線療法を開始する。次のグラフは低リスクの赤ちゃんのグラフだ。たとえば、生後72時間の赤ちゃんでは、17を超える数値だと治療が必要になる。[23] 高リスクの赤ちゃんでは、基準値は低くなり、もっと積極的に治療が行われる。

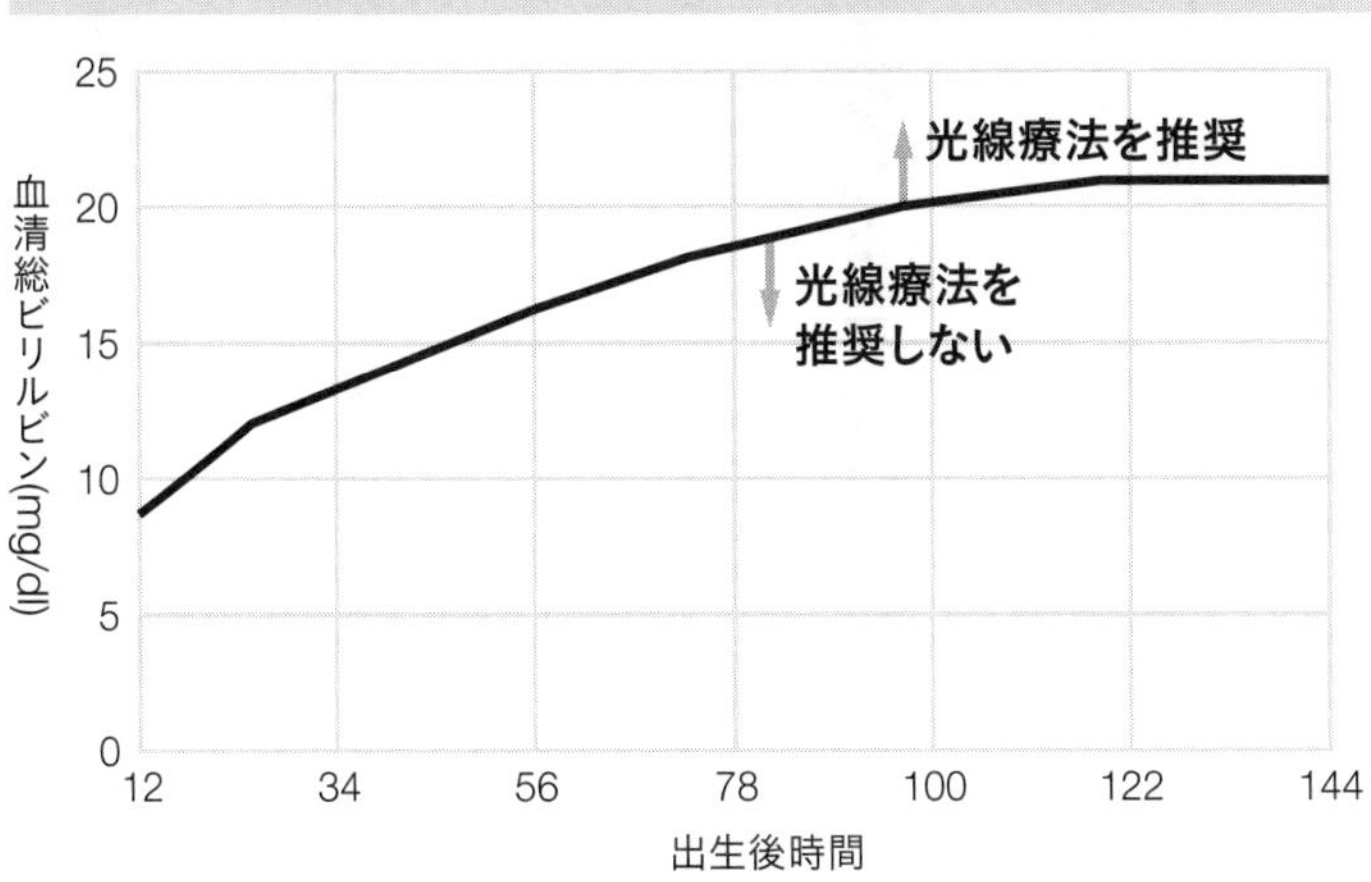

母子で「血液型」が違うと黄疸がでやすい

注意してほしいのは、こうしたガイドラインは常に進化していくということだ。本書の執筆時点でも、基準をもっと緩和し、黄疸治療をここまで積極的に行わないようにしようとする動きもある。

実際にこういう状況になったら、医師にどのようなガイドラインを用いているのかを尋ねてもいいだろう。

非常にまれだが、黄疸が極度に重症である場合や、治療しなかった場合には、光線療法以上の治療が必要になることもある。

最終的な選択肢には、「交換輸血」がある。これは赤ちゃんから血液を抜き取ると同時に輸血し、血液を入れ換えるという療法だ。生命を救うのに有効だが、検査技術が進歩しているため、必要とされる場面はごくまれだ。

赤ちゃんによって黄疸が起こりやすい場合がある。**完全母乳育児の赤ちゃん、アジア系の赤ちゃん、母子の血液型が違う場合**だ。まれだが、潜在的な血液疾患が新生児黄疸を悪化させることもある。

新生児の過度な体重減少も、出生時の皮下出血も黄疸のリスク因子だ。フィンの黄疸には驚いたが、思い返せば予想できたことかもしれない。分娩時に大暴れして、生まれてきたときにはぺしゃんこで紫色だったからだ。

「分娩室」で母子に行われること

赤ちゃんが生まれた直後に（多くは分娩室で）行われる処置がいくつかある。

知っておいたほうがいい処置は、「臍帯切断」、止血作用を促進するための「ビタミンK投与」、母親の未治療の性感染症からの合併症発症を防ぐための「点眼薬」だ。

早産なら「へその緒」はすぐ切らない

子宮内の赤ちゃんは臍帯（へその緒）でお母さんとつながっている。生まれたらへその緒は切るが、具体的にいつ切るべきかが議論されている。

一般的な処置のように、生まれてすぐ切るべきか。それとも、赤ちゃんがへその緒から血液を再吸収するまで数分間待ってから切るべきか。後者は「臍帯遅延結紮（さいたいちえんけっさつ）」といわれる。遅延賛成派は、胎盤から再吸収される血液が有益だと主張している。

早産児は、臍帯結紮を遅らせるべきだという十分なエビデンスがある。[24] ランダム化比較試験で、血液量が増加し、貧血が減少し、その結果輸血の必要性も低下したことが示されている。

正期産の赤ちゃんでも、遅延結紮を支持するエビデンスが多いが、多少のデメリットはある。[25] とくに、遅延によって後の貧血のリスクが減り、鉄分の貯蔵量が増えるが、同時に黄疸のリスクもわずかに高まるのだ。

全体として、なるべく遅延を推奨したいという意見はますます増えている。

「ビタミンK」が投与される

数十年前から、赤ちゃんが生まれて数時間以内のビタミンK投与が標準的に行われている。目的は、出血性疾患の予防だ。

ビタミンKの欠乏は、生後1週間以内で1・5％の赤ちゃんに起きる突然の出血の原因にもなり、その後にまれに発症することのある、もっと重篤な出血性疾患とも関連があるとされている。ビタミンKを補うことで、出血は予防できる。[26]

１９９０年代に、この投与で小児がんの症例が増える可能性について、短期間だが議論が起きた。問題を提起したのは小規模の研究で、研究方法に疑問の余地があり、フォローアップ研究で関連は否定された。[27]

したがって、**ビタミンK投与には既知のリスクはなく、メリットははっきりしている**（私の有能な医療編集者のアダムは、ぜひ投与してほしいと強調している）。

抗生物質入りの「目薬」が点眼される

母親が性感染症（とくに淋病）に感染し未治療であると、経膣分娩で生まれてくる赤ちゃんには、感染による失明のリスクが高くなる。その結果、予防措置として抗生物質入りの目薬を赤ちゃんに点眼するという治療方針ができている。これで**85〜95％の赤ちゃんの感染を予防でき、デメリットは認められていない**。

現在では、妊婦は全員、性感染症の検査と治療を受けるので、点眼治療の理由は次第に失われている。自分にはリスクがないと断言できれば、抗生剤の投与は不要だ。アメリカでは多くの州で、この治療を拒否することができる。

結論

- 新生児の沐浴は不要だが、害はない。タオルやスポンジで体を拭くだけよりも、ベビーバスの沐浴のほうがいい。
- 割礼にはメリットが多少あるが、同時にリスクも多少ある。選択は好みによるところが大きい。
- 母子同室は母乳育児の成否に決定的な影響は及ぼさない。赤ちゃんと24時間一緒に過ごすなら、一緒に眠ってしまわないよう注意したほうがいい。
- 新生児の体重減少はチェックし、予測値と比較する。
- 黄疸は血液検査でチェックできる。基準範囲から外れれば治療が必要となる。
- 臍帯結紮の遅延は、とくに早産児の場合、推奨できるといえそうだ。ビタミンKの投与はお勧めする。抗生物質の点眼はほとんどの赤ちゃんには不要といえそうだが、デメリットはない。

2章

自宅へ
新生児は「泣きやまない」の？

ペネロピを自宅に迎えた最初の数週間で、強烈に私の記憶に焼きついていることが２つある。

１つは生後3週間の頃。地下室のソファで、よく休めたという感覚はもう二度と味わえないだろうと思って号泣したときだ。

もう1つ、最初の記憶は退院したときだ。ペネロピは途中で眠っていた。裏口から、ベビーシートのまま運び、シートを下ろしながら、こう思っていた。

「この子、もう目を覚ましちゃう。どうすればいいの？」

現状も先行きもまったく見えないから、頭の中がささいな心配事でいっぱいになるのかもしれない。疲れているし、経験したこともない難題に向き合っている。

たとえば退院のとき、医師からはペネロピが顔を引っ掻かないように、ミトンをしておきなさいと言われた。だが、私の母はうちに来るなり、「こんなことをしたら、手の使い方を覚えられないわよ」と言い出した。

今思い返してみても、私がなぜ手袋問題で大騒ぎしたのかはわからない。ただ、当時のメモを読み返してみると、「新生児のミトンによる外傷——安易に見落としがちな問題の例外的な紹介と文献レビュー」と題する論文があった[1]。

ミトンによるけがに関して見つかったのは、これだけだ。論文は、ミトンがけがを予防するというより、ミトンでけがをする可能性を示唆している。1960年代以来20件の症例を報告しているが、それならけがをするのはまれだと言ってかまわないと思う。ミトンが原因で赤ちゃんが手の使い方を覚えないと示す研究はいっさいなかった。

発達上の懸念とけがのリスクがあっても、私たちはミトンにこだわったのを覚えている。母は、それより少し前に（主治医のアドバイスとは逆に）産婦は階段の上り下りを制限すべきだと言い張り、すでに多少の信用を失っていた。

本書では、それぞれの家庭で持ち上がる突拍子もない心配事に漏れなく答えることはできない。私では回答できない問題もある。たとえば、真っ白のロンパースからうんちのしみを取る方法などだ。おなじみの問題だが、ここではお答えできない。

この章では、退院後すぐに持ち上がる心配事を取り上げる。雑菌との接触、コリック（よく泣く子）、そしてデータ収集の意義（あるいは無駄）だ。

どれもありふれて、重要でないと思えるかもしれない。だが、新米ママパパの目には大きな壁と映ることもある。

まずは囚人のジレンマともいえる、「おくるみ」について取り上げよう。

普通のブランケットは「おくるみ」にならない

病院で看護師が赤ちゃんをどこかに連れて行くと、帰ってくるときには必ず小さなブランケットにきつく巻かれていた。まるでブリトーだ。病院レベルの巻き方は、どんな赤ちゃんでも脱出不能だ。

退院時には、病院のブランケットを2枚くらいもらえるかもしれない。退院前には、看護師がおくるみの巻き方を教えてくれるだろう。簡単そうだ！　たたんで、たたんで、折り込んで、たたんで、折り込んで、微分方程式を解いて、また折り込んで、ほら完成！

家でやってみると、再現は不可能だと気づく。赤ちゃんを包み込むことはできても、3分後には、腕が飛び出し、ぶんぶん回りだす。

ええと、どうだったたっけ？　たたんで、たたんで、折り込んでだっけ、たたんで、折り込んで、たたんで？　それとも折り込んで、たたんで、たたんで、折り込んで？　待って、途中で方程式がなかった？　それって私の妄想？

どうか私たち先輩の間違いから学んでほしい。**おくるみを使いたいなら、普通のブランケットを使ってはいけない**。病院の看護師なら使えるけれど、普通の人には無理だ。

幸い、マーケットがこの問題を解決している。赤ちゃんが抜け出せないようにきっちりくるめる、おくるみブランケットが揃っているのだ。どれも赤ちゃんをきっちり巻いておく何かしらの方法（布地を何メートル分も使っているとか、マジックテープ付きなど）を採用している。私たちは「ミラクルブランケット」という製品を使っていた。

そもそも「おくるみ」は必要？

当然、質問があると思う。なぜおくるみなの？　何か理由があるの？　それとも単にかわいいから？

おくるみは寝つきをよくして、夜泣きを減らすと考えられている。それが本当なら、活用しない手はない。赤ちゃんの得意技は泣くことと、寝ないことだからだ。

幸い、睡眠については短期間で結果を得られるので、研究はそれほど難しくない。同じ赤ちゃんでおくるみを使った場合、使わなかった場合を比較できる。親によって赤ちゃんの扱い方が違うという懸念が不要になるのだ。

1つ例を挙げよう。ある研究では、生後3か月未満の26人の赤ちゃんを調査した。[2] 睡眠用の実験室で、おくるみを使ったときと使わないときを観察したのだ。おくるみは、体の動きを検知できる特殊なものを使った。要はジッパー付き寝袋。睡眠の研究者でも上手にくるめなかったということだ。センサーに加えて、睡眠中の赤ちゃんの様子も録画した。

くるまれると長く眠る

研究結果は、おくるみが睡眠に役立つことを強く裏づけた。**おくるみを使った赤ちゃんは、全体的により長時間眠り、レム睡眠も長かった**。

そのメカニズムも明らかにされた。おくるみが睡眠を改善するのは、覚醒を抑制するからだという。[3] おくるみの赤ちゃんは、覚醒の第1段階（赤ちゃんの「ため息」で測定する）を同程度に経験するが、そこから第2段階（「びくっとする」）や第3段階（「完全に覚醒」）には進みにくい。おくるみの何かが、第2、第3段階への移行を抑制するのだ。

その効果は大きい。研究でおくるみを使わなかった場合、ため息からびくっとする段階に進む割合は50％だった。**おくるみを使うと20％だけ**だ。

おくるみは赤ちゃんが泣きだすのを抑える可能性もある。とくに早産や神経疾患の新生児には効果があるようだ。

いくつかの小規模な研究は、脳損傷や新生児薬物離脱症候群の赤ちゃんに継続的におくるみをした結果、泣くことが減ったと明らかにしている。[4] この結果がよく泣く健康な赤ちゃんにも当てはまるかどうかはわからないが、確かに見込みはあるだろう。

巻くときは「足」が動くように

おくるみには懸念材料と注意点がある。
まず、赤ちゃんを常時きつく巻く（赤ちゃんをクレイドルボードと呼ばれる板にくくりつけるなど）習慣があると、発育性股関節形成不全となるリスクがある。[5]
この病気では、骨盤（寛骨（かんこつ））のソケット部分がゆるみ、治療しないと長期にわたって痛みと歩行困難に苦しむことがある。股関節形成不全は装具やギプスで治療できるが、軽微な病気ではない。このリスクは、足が股関節で曲がらないと生じるので、**おくるみは赤ちゃんが足を動かせるように巻くことが絶対に必要**だ。市販のおくるみ用ブランケットの大半はそのようにデザインされている。
また、おくるみが乳幼児突然死症候群（ＳＩＤＳ）のリスクを高めるのでは、と取りざたされることがある。入手できるデータでは、**赤ちゃんを仰向けに寝かせている限り、そ**

の懸念には根拠がないといえそうだ（そもそも仰向けに寝かせるべきだ）[6]。**おくるみで巻いてうつぶせ寝にした場合は、うつぶせ寝のみの場合よりもＳＩＤＳのリスクは高くなる**。ただ絶対に避けるべきなのは、おくるみではなく、うつぶせ寝だ。

おくるみで赤ちゃんの体が熱くなりすぎることを心配する人もいる。理論的にはあり得ることだ（暑い部屋で、重たい生地のおくるみで赤ちゃんの頭を覆った場合、とくに赤ちゃんが病気の場合）。だが、ごく普通の状況では、大きなリスクはない。

もちろん、いつかはおくるみを卒業しなければならない。**寝返りができるようになったら、うつぶせ寝になる危険があるので、使用はやめたほうがいい**。

寝返りが苦手でも、赤ちゃんは大きくなって力がついてくると、おくるみから抜け出そうともがき始める。メーカーが脱出不可能をうたっていても、朝になったら赤ちゃんがおくるみから抜け出ていた、ということはあるかもしれない。

そうなったら、おくるみは卒業しよう。赤ちゃんが慣れるまで数日間は泣かれるかもしれない。ただ、フィンは停電でおくるみを手放したとき、ほんの少しぐずっただけだった。

だから私個人はおくるみ賛成派だ。

「揺らす」では泣きやまない

うちの子はよく泣く、とたいていの親は思う。とくに第1子はよく泣く。私も実感していた。

ペネロピは初めの数か月、午後5時から8時にとくに神経質になり、どうあやしても泣きやまないことがよくあった。私は抱っこして揺らしながら廊下を行ったり来たりした。いくらゆらゆら揺らしてもペネロピは絶叫していた。

今思い出すと、疲労困憊した（抱っこで筋肉を酷使した）と同時に、挫折感でいっぱいだった。どうしてうまくできないのだろう。まわりの人はありとあらゆるアドバイスをくれた。「おっぱいをあげればいいのよ」「もっとこまめに揺らしたら」「もっとゆっくり揺らしたら」「もっと大きく揺らしたら」「揺らしちゃダメ」「上下左右に揺らしたら」

義母と母は、ジェシーも私もそうだったと口を揃えた。義母のジョイスは退院のとき、看護師から「せいぜいがんばってね」と言われたという。だから遺伝なのかもしれないし、世代を超えて繰り返される現象なのかもしれない。

ペネロピを産んだとき、私は31歳になっていた。それまでの人生では、がんばって克服できない問題は、ほとんどなかった。経済学の一般均衡理論が思い浮かぶが、一生懸命努力することで、問題が少しでもましにならなかったことは、まずなかった。

だがいくら努力しても、所詮、泣く子には勝てない。一瞬ならうまくいくこともあるかもしれないが、それでも赤ちゃんは泣く。何も打つ手がないこともよくある。

ある意味一番知っておいてほしいのは、**あなただけではないということ、赤ちゃんはおかしくなっていないこと**だ。「自分だけじゃないなんて言えるの？」と思ったら、データを見ればいい。

こうなったら「黄昏泣き」

よく泣く赤ちゃんは、**「コリック」**だといわれる。

赤ちゃんのコリックは、連鎖球菌性咽頭炎のように生物学的な検査で診断できる病気ではなく、特定できない理由でよく泣く赤ちゃんの状態をさす言葉だ（**「黄昏泣き」**ともいう）。一般的な定義は3のルールとされ、**1日3時間以上、週に3日以上、3週間以上、説明のつかない理由から赤ちゃんが泣く**こととされる。

この定義に従うと、コリックはかなり珍しい状態だといえる。**3300人の赤ちゃんを対象としたある研究では、生後1か月でコリックの「3のルール」に該当したのは2・2%の赤ちゃん**だという。生後3か月でも結果は同じだ。[7]

少し定義を緩めると、その割合はもっと高くなる。たとえば、1日3時間以上、週に3日以上、1週間以上泣く赤ちゃんを対象とすれば（いわば3－3－1ルール）、生後1か月で9％が該当する。

親が「よく泣く」と報告した赤ちゃんなら、20％近くいる。厳密な判断方法ではないが、赤ちゃんが泣きやまないことを親がどう感じているかがこれで伝わってくる。

3のルールに該当するかどうかは別として、コリックのように泣かれると、新米の親は疲弊し、精神的に落ち込んでしまう。コリックの定義の中には、「何をしても泣きやまない」というものがある。つまり、空腹だとか、おむつが濡れた、疲れたせいで泣くのではない。背中をのけぞらせたり、両足をお腹に届くほど上げたり、痛そうだったり、苦しそうに泣いたりすることもよくある。

正式の定義に該当するかどうかは関係なく、自分の子がよく泣くのなら、何よりまず親であるあなた自身を大事にしてほしい。産後うつ病や不安につながることもあるから、ママもパパも休息が必要だ。

意識して少しでも休んでほしい。**あなたがシャワーを浴びる間のほんの数分、赤ちゃんをベッドで泣きっぱなしにしていてもいい**のだ。赤ちゃんは大丈夫。いや、本当に大丈夫だから、シャワーを浴びてほしい。

う。

「生後3か月」でおさまる

もう１つ書いておきたいのは、**コリックは「自然に治る」**ということだ。一般には**生後3か月前後でコリックはなくなる**。一気にとはいかないが、少しずつおさまっていくだろう。

コリックの対処法はいくつかあるが、原因がはっきりしないため、解決策は考えにくい。**原因は消化に関係するという説が多く、腸内フローラの未発達とか、乳タンパク質アレルギーなどが挙げられている**。どれも仮説だが、関連した対処法が考えられている。

よく挙げられる対策は、ネット情報ではあるが、「シメチコン」という胃腸のガスを軽減する薬だ（ガーバーが液剤を販売）。実際に効くかどうかはエビデンスがない。試験数は少なく、２件の小規模な試験でこの薬と偽薬を比較したところ、コリックには何の影響も見られなかったという。ハーブ療法やグライプウォーター［赤ちゃんの腹痛用シロップ］なども同様だ。[8]

今のところコリックに効果があったとされる治療法は２つある。

１つは「プロバイオティクス」（健康効果のある生きた微生物）の摂取で、泣くことが減ったという研究が多数ある。**効果があるのは母乳栄養の赤ちゃんだけ**のようだ。[9]プロバイオティクスは液状で、ガーバーなどのメーカー製のものが処方箋なしで入手できる。今のところデメリットは認められていないので、試してみる価値はあるだろう。
もう1つの療法は、赤ちゃんの栄養管理だ。ミルクなら種類を変え、母乳なら母親の食事を変える。ミルクを変えるのは比較的簡単だが、コリック対策のミルクは多少高価だ。お勧めできるとしたら豆乳ベースの育児ミルクか、「加水分解乳」（育児用ミルクの大手メーカーが製造している）だ。[10]
ミルクの切り替えに関するエビデンスはほとんどがメーカーの資金提供を受けている。どう考えるかは自由だが、試してみる価値はあるかもしれない。

「母親の食事」で泣き具合が変わる可能性

母乳育児の場合、赤ちゃんの栄養を変えるのは、ママの食事を変えることになるので、なかなか大変だ。
母親の「低アレルゲン」食のエビデンスは多少ある。ランダム化比較試験で、母親が低アレルゲン食を採用した場合、赤ちゃんの啼泣（ていきゅう）と苦痛の軽減が見られたのだ。[11]
標準的には、すべての乳製品、小麦、卵、ナッツ類を除去することが勧められるので、食事を抜本的に変えなくてはならなくなる。残念ながら、これらの食品のうち関係があるのが1種類なのか、全種類なのか、いくつかの組み合わせなのかはわかっていない。エビデンスも全体的に限られたものでしかない（つまり誰にでも当てはまるとはいえない）。

もし食品の除去で効果があるなら、その効果はすぐに表れる――除去してから数日以内という早さだ。だから試してみることはできる。[12]

明らかなデメリットは、お母さんにとって食事を変えるのはつらいことであり、十分なカロリーを摂取できなくなる可能性があることだ。また時期的に、今まで作ってこなかったレシピに挑戦する余裕はないかもしれない。それでもほかに選択肢がなければ、試してみてもいい。

何をしても、赤ちゃんは泣くかもしれない。何の理由も考えられないときもあるだろう。そのときは信じられないだろうが、泣かなくなる日は必ず来る。そして子どもが大きくなるにつれ、親は忘れてしまうだろう（だから次の子がほしくなるのかもしれない）。

赤ちゃんは大きくなっても泣くが、泣く理由はたいていわかるだろうし、せめて区別はつくだろう。あなた自身のストレスレベルに合わせた対応をすることが、泣きやまない赤ちゃんに対応するのと同じくらい、いやそれ以上に大切なのだ。

「どっちのおっぱいで授乳したか」をたいてい忘れる

ペネロピと退院するとき、病院からはうんちとおしっこの回数を記録するよう勧められ

ペネロピの授乳とおむつ

日付	1日の通し回数	時刻	左	右	大	小
2011/4/12	1	1:53:00	10	10	1	1
2011/4/12	2	3:50:00	20	10	1	1
2011/4/12	4	7:45:00		15	1	1
2011/4/12	5	10:00:00		10	1	1
2011/4/12	6	12:10:00	15	18		
2011/4/12	8	16:55:00	8	11	1	1
2011/4/12	9	17:55:00	15	6	1	1
2011/4/12	10	20:04:00	16	31	1	1

た。おしっこが出ないのは脱水症状だから、チェックする必要がある。これは役に立つし、それほど大変なことでもない。

ただ、「スプレッドシートにデータを入力しなさい」とは言われなかった（ジェシーがこだわった）。ジェシーはペネロピの授乳とおむつに関することはすべて記録するつもりだった。

生後4日目のペネロピの1日はこうだった。

授乳時間の入力が、正確なときとそうでないときがあることに気づくだろう。正確でないのは私が入力したときだ。

この頃ジェシーが書いたメモにはこうあった。「パパは授乳とうんちの記録のため、綿密なデータ入力システムを用意した。ママは、時間を分単位で記録するのがパパほど得意ではなかった。ママは端数を四捨五入して丸めたがった」

生後2週間健診でこの表を小児科医に見せたら、やめなさいと言われた。

それでも、私たちはほかの親と比べれば素人の部類でしかない。友人のヒラリーとジョンの夫妻は、食事と睡眠時間との相関について完璧な統計モデルを作り、グラフ化した。データ好きの人間が数字を見ると、白か黒かに単純化したい誘惑に駆られる。パターンを探すこともある。たとえばある日、赤ちゃんが7時間眠ったとすれば、こう思ってしまうのだ――どうしてだろう？　その前に23分間授乳したから？　もう一度まったく同じ時間、授乳したほうがいいの？

データ収集には（最低限の）理由がある。授乳の時間を記録すれば、初めの頃は役に立つことがある。最後にいつ授乳したか、忘れがちだからだ。最後に授乳したのは左右どちらのおっぱいだったかを記録できるアプリもある。

「忘れちゃうなんて、ありえない」と思われるのはわかっている。**でもあなただって、絶対に忘れるはず**だ。私はTシャツに安全ピンをつけて、次回の授乳ではどちらのおっぱいから始めるべきかがわかるようにした。この方法はお勧めしない。しょっちゅう、自分の胸を刺していたから。

もし赤ちゃんの体重の増え方が心配なら、授乳の頻度と量を記録する（極端な例では、授乳前後の体重を測定する）と、とても役立つ。ただ、ほとんどの赤ちゃんについてはそこまでする必要はないし、無駄だ。

赤ちゃんの月齢が進めば、授乳時間の記録は規則正しい生活スケジュールに役立つかもしれない。だが、生後数週間のスケジュールづくりは絵空事でしかない。データを収集してグラフを作りたいならそうすればいい。ただ、**何かをコントロールしているつもりでも、錯覚でしかない**ことはお忘れなく。

生後2か月までは「雑菌」に注意

「衛生仮説」をご存じだろうか。わかりやすくいえば、最近のアレルギーなど自己免疫疾患の増加は、幼少時に細菌に触れることが減った結果であるという内容だ。子どもの頃に細菌やウイルスにさらされるほど、免疫系は察知した病原菌を正しく識別し、過剰反応しなくなるという[13]。

この説が正しいという決定的な証拠はないが、実験室での特定の細胞の研究と、異文化間の様々な疾患の発生率の比較で、衛生仮説を裏づけるある程度のエビデンスは存在している。

　これはつまり、**子どもの成長とともに（トドラー以降は）、除菌剤や消毒液であらゆるものを拭いたり、レストランに使い捨てランチョンマットを持ち込んだりすることは必ずしも勧められない**ということだ。うちの子どもたちのように、空港で床をなめるのはやめさせたほうがいいが、雑菌にもう少し触れさせる方向に進んだほうが賢明なようだ。

　こうした理由から、多くの医師は子どもが雑菌に触れることをあえて咎めたりはしない。ただし、**生後2か月くらいまでは赤ちゃんが病気に感染しないように注意したほうがいい**と全員が言うだろう。

　1つには、単に赤ちゃんは月齢が小さいほど弱く、重篤な病気を起こしやすいためだ。ただ2番目の理由として、診療ガイドラインで「新生児（生後4週間以内の赤ちゃん）の病気には積極的な治療介入をする」と示されていることがある。

■生後2週間なら「微熱」でも受診する

　どういう意味だろうか。基本的には、生後6か月の普段は健康な赤ちゃんが発熱した場合に受診すると、（かなり高熱でも）ウイルスに感染しているから、帰宅してタイレノール［アセトアミノフェン解熱鎮痛剤］と水分を摂るように指示されるだろう。実際には、よほど心配でなければ、受診の必要はないと言われる場合が多い。

逆に、**生後2週間の赤ちゃんであれば、微熱でも病院に連れて行くべき**だ。病院では臨床検査を受け（腰椎穿刺の場合もある）、抗生剤を処方され、入院となるだろう。新生児のほうが、発熱のリスクを判断しにくいのだ。

新生児は細菌性感染症にかかりやすい。なかでも髄膜炎はきわめて重篤な病気だ。発熱で受診する生後1か月未満の新生児のうち3〜20％は細菌性の感染症にかかっている。[14] 大多数は尿路感染症だが、もちろん早めの治療が必要だ。

感染症のリスクが高く、しかも検出が難しいことから、積極的な介入が適切とされるが、実際にはほとんどの赤ちゃんは発熱しても大事に至らない。

新生児のうちは「2歳児」から離す

新生児よりも月齢の高い赤ちゃん（生後28日〜2、3か月）が発熱した場合、治療方針はもっと曖昧だ。医師によっては、型通りの腰椎穿刺を行う人もいるが、メリットがあるというエビデンスは少ない。[15] この月齢（とそれ以下）の乳児への対応は様々で、多くの段階がある。

ポイントは2つある。赤ちゃんの具合が悪そうに見えるかどうか（熱があるのだから、具合が悪いに決まっていると親は思うが、小児科医には重要だ）と、明らかなウイルスとの接触があるかどうかだ。風邪で微熱はあるが元気な様子の生後45日の赤ちゃんと保育園で風邪を引いた2歳のきょうだいを一緒に受診させる場合と、同じ赤ちゃんでも元気がなく、きょうだいが一緒でない場合とでは、医師の対応は違うだろう。

これが雑菌との接触の問題とどう関係するのだろうか。

月齢の小さな赤ちゃんが細菌やウイルス（もっといえば病気の子ども）に接触する大きなデメリットは、医療処置を次々と施される可能性だ。本当に病気であれば処置は意味のあることだが、雑菌だらけの2歳児にべたべた触られて風邪を引いただけなら、無駄にたくさんの処置を受けることになる。

だから**新生児は、できればだが、雑菌だらけの2歳児からは離しておいたほうがいい**。

生後3か月を過ぎれば、とくに最初の予防接種を終えたら、発熱に対する対処は普通の子どもと一緒になる。基本的には、鎮痛解熱剤を与え、水分を十分に摂らせて安静にするのだ。

生後3か月以降の雑菌との接触のデメリットは、心身の負担となる検査を立て続けに受けることではなくなり、単に子どもの具合が悪くなるだけになる。

結論

- おくるみで、赤ちゃんが泣くことが減り、安眠しやすいことがわかっている。赤ちゃんが足と股関節を動かせるようにおくるみを巻くことが絶対に必要だ。
- コリックは赤ちゃんが度を越して泣き続けることとされているが、「自然に治る」もの、つまりいつかは終わるものである。粉ミルクの変更またはお母さんの食事療法、プロバイオティクスによる治療で効果がある場合もある。
- 赤ちゃんのデータを集めるのは楽しい！　ただ、必要でもなければ、とくに役に立つわけではない。
- 生後2か月までの赤ちゃんを雑菌にさらすと病気のリスクがある。発熱すると積極的な医療処置が施され、腰椎穿刺が行われるのが一般的だ。こうした介入を避けるためにも、雑菌への接触を抑えたほうがいいかもしれない。

３章 産後のママ

「産む前」とこんなに変わる

ペネロピを妊娠中、ジェシーと私は病院の両親学級に参加した。講座の終わる頃、出産後にもらえるグッズの入ったバッグが見本として順番に回された。入っていたのは、冷却剤のパックに巨大な生理用パッド、ありえないくらい大きなメッシュショーツだった。

「これは役に立ちます！」と司会者は熱く語った。「絶対に、家に持って帰ってくださいね」

私はよく見てみた。まるでパラシュートだ。「私の体もお尻もどんどん大きくなるのは間違いないにしても、本当にこれをはくの？」と思った。出産の決心が揺らぎかけたが、この時点ではもう遅かった。

このメッシュショーツがそれほど大きいのは（当然持ち帰るべきだとわかる）、病院からの支給品をすべて支えるためだった。まず、ショーツをはき、それから巨大なパッドを4枚当て、最後にアイスパックを入れる。即席の冷却おむつのようなものだ。

この話が「育児書」には欠けている

世の中に育児書は山ほどあり、赤ちゃんがどう育つかを教えてくれる。妊娠中の経過を細かく解説する妊娠関係の本もたくさんある。

それなのに**出産後のママの体に何が起きるのかという説明はなぜか少ない**。出産前は赤ちゃんがお腹の中にいるからと大切にされ、保護されるのに、出産後は母乳最優先の赤ちゃんの付属品に成り下がるのだ。

こういう抜けがあるのは問題だ。待ち望んでいた出産のその後に何が待ち受けているのか、女性は十分に知らされないからだ。出産後の体の回復は単純ではない。どんなにうまくいっても、汚れて不快だ。

この章では、産後の数日、数週間の体がどうなるのかについて少し話したいと思う。ここで取り上げるのは、一般的な回復だということをはっきり書いておきたい。これよりも状態が悪化することもあるので、何かしら心配なことがあれば、必ず医師に相談しよう。

産後の体の変化についてあまり説明がないと、自分の経験していることは何も問題ないと思ってしまうかもしれないが、そんなことはない。相談するのは何も恥ずかしいことではないのだ（ここで、友人トリシアのアドバイスに従い、注意を加えておこう。これから書くことをあなたがすでに経験済みで、生々しい追体験はごめんだと思うなら、この章を飛ばして次章に進んでほしい）。

分娩室でママは「修復」される

赤ちゃんは生まれてきた。分娩は終わった。胎盤も出た。出産が（経膣分娩でも帝王切開でも）予定通りだったたら、たぶん赤ちゃんを抱っこさせてもらい、病院によっては授乳を勧められるかもしれない。

同時に、医師は修復作業をする。帝王切開なら、切開部分を縫合し、傷の手当てをする。これはおおむね単純明快なプロセスで、誰でも同じだ。

経膣分娩の場合は、もっとばらつきがある。分娩途中には会陰裂傷があるのが普通だ。裂傷は、会陰部（膣と肛門の間の部分）に一番できやすいが、尿道方向に生じる場合もある。

裂傷の程度は人により様々だ。裂傷がない人もいる（少なくとも初産ではほとんどの人に多少ある）。

裂傷は、第1度から第4度まで分類される。第1度は軽度で、縫合しなくても自然に治る。第2度は会陰筋層の裂傷を伴うが、肛門までは及ばない。第3・4度は膣から肛門まで裂傷が及び、その深さが違う。第4度では、裂傷が直腸に及ぶ。第3・4度の裂傷は縫合しなければならない。縫合糸は数週間で自然に溶ける。

大部分の女性は1度か2度の裂傷で済むが、約1～5%の女性に第3・4度の重度の裂傷が起きる。[1] 重度の裂傷は、器械分娩（鉗子分娩か吸引分娩）のほうが生じやすい。分娩中いきむ段階で会陰部を温める温罨法が重度の裂傷を予防できるというエビデンスがある。

子宮に「マッサージ」を受ける

裂傷の程度によっては、修復にかなり時間がかかる場合がある。硬膜外麻酔を受けていたら縫合の感覚はないはずだ。それ以外の人には局所麻酔をすることが多い。

分娩室とその後の数時間で経験することに、**お腹のマッサージ**がある。産後数時間で子宮は妊娠前のサイズまで収縮するが、そうでないと出血のリスクが高まる。「子宮底マッサージ」は収縮を助け、出血リスクを低下させることがわかっている。ときたま、力の強そうな看護師がやってきて、お腹をぐいぐい押していく。

フィンのときは、マッサージ担当の看護師から「私は嫌われる役目なの」と言われた。帝王切開を受けたら、このマッサージは尋常でない苦痛になりそうだが、出産後12〜24時間は必要ないのが救いだ。

分娩後は「まったく違う自分」になる

分娩後の処置が済むと、回復室に移り、日常生活（ただし赤ちゃんつき）に戻る練習を始める。もちろん、以前の自分とはまったく違った自分になっている。

■出血――「こぶし」より大きな塊に注意

分娩方法に関係なく、産後の2日ほどは「かなりの量」の出血がある。ペネロピを産む前は、出血は外傷のせいだろうと思い込んでいたが、そうではなかった（少なくとも、外傷がなくても出血する）。**実際には子宮の粘膜などが排出されている。**

産後1〜2日目の出血（とくに血の塊）には少し怖じけづくかもしれない。トイレの後や、ベッドから立ち上がったときのパッドに巨大な血の塊が出ているのだ。医師からは「こぶし大以上」の塊に注意するよう言われる（医師によってはプラムとか、小さなオレンジとか果物のサイズをいうかもしれない）。拡大解釈すれば、それより小さな塊は（あまり小さすぎることはないが）、一般的だということだ。出てくるときはとくに痛くはないが、不快感はある。

出血がひどいこともある。分娩後異常出血は産後の疾患の1つだ。産後に出血があると知っていても、どの程度が大量なのかはわかりづらい。わからなければ、聞こう。血の塊を見て、「これはこぶし大なの、それとも少し小さめ？」と思ったら、自分で測ったりせず、さっさとナースコールをしよう。

2～3日すると血の塊は出なくなるが、出血は数週間続く。初めは生理の重い日のようで、そのうち軽い日のようになっていく。帰宅したら、出血量はだんだん少なくなる。突然、また出血量が増えたら、それも鮮血の色であれば、すぐに病院に連絡しよう。

排尿と排便――痛んだらこう対処

出産中に尿道カテーテルを入れる（尿道にチューブを入れて採尿バッグに出す）ことは珍しくない。帝王切開なら確実に入れるし、硬膜外麻酔の場合もかなり多い。産後数時間でカテーテルは外され、自分で排尿、排便をしなければならなくなる。

ここからは分娩方法によって違ってくる。

脱水時は尿が濃くなり、より痛む

経膣分娩なら、排尿は痛い。ごく安産でも、膣はまだ傷だらけなので、多少ひりひりするだろう。**脱水状態があると尿が濃くなるので、もっと痛くなる。**

多くの病院では、水の入ったスクイズボトル［握ると水が出てくるボトル］を渡される。おしっこが出ている間に水をかけると、尿が薄まり、しみにくくなるという。これは確かに効くのだが、冷たすぎる水は絶対に使ってはいけない。

排便もつらい。これも出産でどの程度傷を負ったかによる。産後の便通をよくするために、便を軟らかくする薬がよく処方される。実際に便通があるのは、2〜3日後かもしれないが、それでいい。

それに、思っていたほどつらくはない場合もある。いずれにせよ、避けては通れないことに変わりはない。

帝王切開後は「排便」に数日かかることも

帝王切開の場合は話が違ってくる。

まず、手術後に膀胱が「目覚める」のを待っている間はおしっこを溜めるのが大変なので、カテーテルの留置が長引くかもしれない。排尿痛があるかどうかは、陣痛と分娩の状態によって変わってくる。陣痛が長時間に及んで緊急帝王切開となった場合は、不快感や腫れで排尿がつらいかもしれない。予定帝王切開なら痛みはないだろう。

帝王切開後は、一般に入院中に、排便か少なくともガスが出るといいとされる。大きな開腹手術後の便通を確認するためだ。数日かかるのも珍しいことではない。そのため、便を軟らかくする薬が処方される。

膣の外傷がないので、排便自体は不快ではないはずだが、傷口があるから、腰を下ろすのは苦痛かもしれない。

「産後の影響」は長く続く

数日後に帰宅だ。出産直後の身体への影響（多量の出血、最初の不快な排尿など）はなくなる。

ただ、自分がまともでないと感じるだろう。

何よりもまず、**見かけがまだ妊婦**だ。この状態は、数日か数週間続く。その後はお腹の皮膚がたるんだ状態になる。最終的には解消するものの（数週間か数か月後であって、数日後ではない）、見下ろしてみると気持ちのいいものではない。

たるんだ皮膚がようやく消えても、多くの女性は気がつくと「ぽっこりお腹」になっていて、元に戻る見込みがなさそうに思える。これに関する文献は見つからなかったが、どんなにピラティスに励んでも解消できない代物だということは断言できる（「どんなに励んでも」とは具体的にいうと週1時間のピラティスで、講師のラリーのクラスの生徒はほとんどが年配の女性だ)。

経膣分娩の場合、長引く影響として無視できないのは、何よりも膣への影響だ。ある医療関係者向けの文章では、「出産後の膣は容量が大きくなる」とある。[2]

何もかも以前のようにはいかなくなる。縫合していれば、全体が痛く、なんだか変な感じだ。慣れ親しんだ膣とは全然違う。

変化は「40週」かけて起こる

この不調は治るものだ。ただ、時間がかかるし、大部分の女性は出産前の状態に戻った感じがしない(単に前と違うということ)。

膣は2週間経っても絶対に正常には戻らない。ほかの部分は2週間経てばかなり正常に戻ったと感じられるかもしれないが(丸いお腹と倦怠感と巨大化したおっぱいを除く)、もっと時間がかかる場合もある。なにせ**40週かけて広がってきたものなのだから、急いで元に戻すことは難しい**のだ。

帝王切開なら、膣に外傷はほとんど、あるいはまったく残らない場合もあるが、陣痛がかなり進んでから帝王切開が必要となったのなら、経膣分娩の女性とそれほど変わらない回復が必要になる。それに帝王切開は、予定された場合でも、緊急手術であっても、開腹を伴う大手術であり、術後は、腹筋が関わる動きに痛みを伴うことになる。歩く、階段を上る、座る、物を拾い上げる、寝返りなど、何をやっても痛いのだ。

例を挙げよう。ベッドに寝ていて真夜中に喉が渇いたとする。鎮痛剤が切れた状態で、水に手を伸ばした。もうそれだけで痛さの極みなのだ。

痛みと不快感はそのうちよくなる。だが**（平均して）日常生活に戻るのは、経膣分娩の場合よりも時間がかかる**。

分娩方法がどうあれ、誰かに手伝いを頼んだほうがいいが、帝王切開の場合はとくに助けが必要だ。起き上がったり、トイレに行ったり、日常生活を送るうえで、そばにいて手伝ってくれる人が必要になる。

赤ちゃんの世話は自分でできても、あなたの世話をする人が要るのだ。回復状況によっては、最初の1～2週間は赤ちゃんを抱き上げることさえ大変かもしれない。複雑な帝王切開の場合（経膣分娩でも難産であれば）、数週間かけてようやく起き上がり、1人でシャワーを浴びられるようになるかもしれない。

「尿漏れ」は少しずつよくなる

どちらの分娩方法でも、ほかにも長引く影響はある。

たとえば痔や尿漏れ。多くの女性は出産後、咳をしたり、笑ったり、あるいは何の理由も見当たらないのに少し尿が漏れることに気づく。これも時間とともによくなっていく。回復期に女性が経験することは様々だ。私は2回の出産ともとてもラッキーだったと思う。フィンのときは、12時間後にチャイルドシートに入れて、歩いて退院した。これは普通ではないが、そのときでさえマラソンをすぐに走れるような状態ではなかった（今もだが）。

何を経験するかはほとんどが運で決まり、一部は骨盤の構造で決まる。たぶん一番重要なのは必要なときに助けを求めることであり、同時に多くを期待しないことだろう。世界では多くの文化圏で、産後1か月までの女性には基本的に何もさせず、身内の年上の女性たちが世話をするという伝統がある。アメリカにはない習慣だが、そこからこの時期がどういうものかがわかる。妊婦のフィットネスブロガーが、出産後10日でクロスフィットのジムに戻ったからといって、彼女の回復のしかたが普通だということではない。

産後の「発熱」には注意して

分娩後に、まれなものもあるが、重度の合併症が生じる可能性がある。大量出血、重度の高血圧、感染症などだ。

リスクは女性によって異なる。たとえば、**感染症は帝王切開のほうがリスクは高い**。主治医は、出産の状況とそこから考えられる病気から、どういう症状に注意が必要かを教えてくれる。

注意すべき危険な症状をいくつか挙げておく。

- 発熱
- 激しい腹痛
- 出血量の増加、とくに鮮血色の出血
- 異臭のする悪露（おろ）
- 胸の痛み、息切れ

さらに、視野の変化、激しい頭痛、むくみ（たとえば足首）にも気をつけたい。とりわけ、妊娠高血圧腎症の既往歴がある人、またはそのリスクのあった人の場合は注意が必要だ。

ただこうした注意は、初めての育児に手探り状態であればいちいち覚えてはいられないかもしれない。何かおかしいと感じたら、医師に相談してほしい。

産後、いつから体を動かしていい？

ベッドで水を飲みたくて寝返りを打つのにも一苦労、今までで一番量が多い経血量に対処しながら、しょっちゅう泣いている人間の世話もしていると、エクササイズやセックスは最優先事項ではないかもしれない。

一方で、この２つが出産前に日常的に励んでいたことなら、自分らしい生活に戻るためにも、再開したいと思うかもしれない。

そこで、壁はあっても、「いつになったら、トレッドミルあるいはベッドに戻れるのだろう」と思う人が多いのだ。

運動で「産後うつ」が抑えられる

エクササイズの場合、再開時期の具体的なエビデンスは比較的少ない。

アメリカ産科婦人科学会は、**正常な経膣分娩後「数日以内」にエクササイズを再開しても安全**だとしている。これは、１週間後にはインターバルトレーニングができるというのではなく、ウォーキング程度なら許されるという意味だ。

同時に学会では、帝王切開や大きな膣裂傷を経験した人は別であると注意している。帝王切開の場合、標準的に推奨されているのは、最初の2週間には軽いウォーキング、3週目には腹筋や関連するエクササイズが可能、6週目前後に「通常の」活動が再開できるとしている。[3] ただ、治癒の早さは人により異なるので、ここに挙げたのは平均でしかない。

経膣分娩の場合、問題は裂傷なので、適切なケアをして自分で大丈夫だと思えば、エクササイズへの復帰はもっと早くできそうだ。一流アスリートだけでなく、一般アスリート、それに健康のためにウォーキングやランニングをしている私たちも含めて、**ほぼ全員が産後6週間で妊娠前のレベルの運動を再開でき、それ以前には多少プログラムを変更して行うことも可能**だ。

一流アスリートなら、トレーニングできない期間が2週間でも長すぎると思うかもしれない。状況によっては、主治医と相談の上、早期にトレーニングに戻ることも可能だろう。

だが正直にいって、こうしたグループを除いては、エクササイズできる身体能力が戻ってきても、それを受け入れる精神的余裕ができるのは、おそらくずっと後になるかもしれない。

エクササイズができるようになっても、その時間を見つけることが難しいかもしれない。でも自分にとって重要だと思うなら、やるべきだ。**エクササイズで産後うつ病を抑え**

られるし、そもそも気分が晴れる。そう、いろいろと時間を取られることはあるが、あなた自身をケアすることも大切なのだ。

「セックス」はいつからOK？

出産後のセックスについては、一般に広く認められたルールがある。産後6週間で健診を受けるまではセックスはなし、というもの。よく引用されるので、当然エビデンスに基づくルールで、何か生物学的理由があって決められていると思っていた。

ところが、**まったくのでっち上げ**なのだ。

出産後のセックス再開までの待機時間は決まっていない。6週間ルールは、夫から求められないように医師が作ったものらしい。

だが、セックス再開のガイドラインはまったくないわけではない。身体的には、会陰裂傷があれば、それが治癒するまで待ったほうがいい。裂傷の重傷度によっては、治癒まで6週間かからない場合もあれば、それ以上かかる場合もある。医師は最初の産後健診（6週間前後）でチェックするはずだ。

だが、それ以前に治っているかどうかは自分でわかる。

▼「産後3週間」で妊娠する人がいる

考えるべきことは他に2つある。

まずは避妊だ。**母乳育児をしていて、3週間前に出産していても、妊娠することはある。**ほとんどの人は10か月でまた出産するつもりはないだろう。それなら、何かしらの避妊をすべきだ（方法はよく考えるべきだ。避妊用のピルの中には母乳分泌を妨げるものもある）。

もう1つ考慮すべきなのは、診療ガイドラインにあるように「心理的に準備ができている」かどうかだ。つまり、自分でセックスをしたいと思うことが大事なのだ。産後、セックス再開の準備ができていると感じるのは、女性によって（そのパートナーによっても）まったく違う。2人とも準備ができている必要がある。

出産はかなり肉体的にきびしい試練だ――安産であっても、産後数週間は体に影響が残る。それに、出産後3～4週間では家族みんなが疲れきっているはずだ。赤ちゃんはまだ2～3時間おきに授乳が必要だ。授乳の合間に、眠ったり、シャワーを浴びたり、食事をするのではなく、セックスをするなんて笑っちゃう、と思うかもしれない。

もちろんそれは標準的な話だ。中には数週間でセックスをしたいと思う人がいるのは確かだし、それは出産をしていない人だけでないのは言っておいたほうがいい。すっかり身体が元気になり、セックスをしたいなら、すればいい。

データを見れば（といっても、この場合はあまり役立たないだろう。問題はあなたがいつセックスをしたいと思うかだから）ほとんどのカップルは産後8週間で何らかの性的行為を再開している。順調な経膣分娩だった人は平均5週間、帝王切開は6週間、重度の会陰裂傷の人は7週間だ。[4]

そうはいっても、妊娠前のセックスの頻度に戻るには平均して約1年かかり、多くの人は以前の回数には戻ることがないという。

最後に、出産後のセックスは痛みを伴う可能性がある。授乳で膣内の乾燥が進み、性欲も減退する。加えて、出産中の傷の影響が長引くこともある。

多くの女性は、小さい子どもに四六時中くっつかれていると、もう触れられたくないと心底思ってしまう。出産後初めてのセックスでは、大多数の女性が何らかの潤滑剤が必要になり、ゆっくり始めてほしいと思う。

もちろん、これは通常のセックスの話だ。オーラルセックスなどは再開しやすく、初めのうちはそちらのほうが楽しめるかもしれない。

産後は「感情」が激しくなる

ここまでは出産の身体的な影響について見てきた。

だが、精神的にも重大な影響が及ぶことがままある。産後うつ病、産後不安、そして産後精神病も、程度はいろいろだが、珍しくはない。あまりに多くの女性が人知れず悩んでいる。そんなことは終わりにしたい。

赤ちゃんが生まれて数日間、数週間は、ホルモンが大きく変化する。この間、ほとんどの女性は感情の揺れが激しくなる。この時期には、たとえば『カールじいさんの空飛ぶ家』の冒頭15分間は観ないほうがいい。

私はペネロピが生後1週間で初めてお出かけをしたことを思い出す。友人宅にブランチに行ったのだが、私は2時間、ゲストルームに隠れて授乳しながら泣いていた。何か問題があったのではない。ただ、泣くのをやめられなかったのだ。

きっかけはたぶん、ペネロピのために丹誠込めて編んだ帽子が大きすぎると気づいたことだと思う。サイズがちょうどよくなる頃には、暑すぎてかぶれないと気づいたのだ。それだけで、何時間も涙が止まらなくなった。

友人がいい人たちでよかったと思う。トレーにブランチを載せて持ってきてくれた。もちろん、それでよけいに泣けたけれど。

■産後うつは「妊娠中」出ることも

この産後すぐの状態は、「ベビーブルーズ」とか「マタニティブルー」と呼ばれることがある。ホルモンの変動が出産後数日で一番急激に起こり、数週間後には落ち着くことから、自然に治っていくといえる。

だが、本格的な産後うつ病などの産後の精神症状が生じるのはこの頃だ。また数か月後に表れることもある。産後うつ病は出産直後にだけ表れると思い、後に発生するうつ病を見くびる女性は多い。それは誤解だ。

産後うつ病の発病率は、診断のついた場合に限っても高い。推定で、**出産した女性の10～15％が経験する**という[5]。

大部分の産科医は妊娠中のうつ病に注意する訓練を受けているが、データでは、**産後うつ病の女性の約半数が実は妊娠中にうつ病を発症している**ことが示されている。あまり認められていないことだから、これを知って驚く人は多いだろう。

そのほかの女性は一般に（例外はあるが）産後４か月以内に産後うつ病と診断される。

産後うつ病にはいくつかの重大なリスク因子があり、素因と状況の2つに分けられる。素因、つまり**うつ病の既往歴は、圧倒的に産後うつ病の最大のリスク因子**である。メンタルヘルスは意外とよく理解されていないが、明らかに、遺伝的あるいはエピジェネティックな要因［環境などの影響により遺伝的形質が発現すること］が影響を与えている。以前にうつ病を発症していると、妊娠中か産後に再発する可能性がある。兆候に注意して、症状が出たら相談してほしい。

もう1つのリスク因子はおそらく状況に関するものだ。変更できる因子もあれば、できないものもある。うつ病にかかりやすいのは、社会的な支援を受けにくかったり、同時期に大変なできごとを経験したり、赤ちゃんが病気などの問題を抱えている場合だ。

赤ちゃん自身も原因となることがある。**なかなか寝ない赤ちゃんを抱えた人は、うつ病になるリスクが高い**。おそらくは自分も睡眠不足になるためだろう。

「とにかく寝る」のが一番効く

産後うつ病の診断はどのように行うのだろうか。産後6か月の健診時に簡単なアンケートでスクリーニングを行うのが理想的だ。一般的な調査票はいくつかあるが、最も広く利用されているのは、「エジンバラ産後うつ病調査票」だろう。

この調査票にはオンラインでアクセスできる。質問項目はわかりやすい。「物事の面白い面がわかりましたか」「物事が悪くいったとき、自分を不必要に責めましたか」「不安になりましたか」「心配しましたか」などだ。答えは点数化され、合計点が高いほどうつ病の可能性が高いとされる。

エビデンスはこのスクリーニング方法がきわめて効果的だと示している。研究では、この調査票を使うことで多数の女性の中から産後うつ病をより多く発見（よって治療）できることがわかった。数か月後にはうつ病が60％も低減したという[6]。

産後健診でこの調査票を渡されるはずだが、自分でもテストをしてみて、自分の今の気分を把握してもいいのではないか。

産後うつ病の治療は段階的に行われる。軽度のうつ病では、まず投薬なしで治療が始まる。エクササイズやマッサージが効果的だというエビデンスもある。

それよりも、一番効くのはたぶん**睡眠**だろう。新米ママパパにとってはとりわけ、睡眠不足は軽度うつ病の大きな原因となる。意外ではない。子どもがいなくても、数日間睡眠不足が続けば何かを楽しむ気がしなくなる。夜ごと睡眠を妨げられる日々が何日も、何週間も積み重なれば、精神的に疲弊し、うつ状態につながることは十分考えられる。

もちろん、新生児を抱えて睡眠不足を解消するのは難しい。11章でねんねトレーニングについて取り上げるが、このトレーニングが強力に支持される理由の1つは、産後うつ病の軽減なのだ。

まだトレーニングをしていない人、その予定がない人、赤ちゃんがまだ小さすぎる人でも、親の睡眠改善の方法はある。祖父母や友人に頼んで、1晩か2晩（あるいはもっと）助けてもらうのだ。もし可能なら、夜間にドゥーラ［産前産後の母親の心身のケア、育児・家事を支援する専門家］を雇ってもいい。**パートナーと夜の家事育児を分担し、それぞれが最低でも1時間は連続で眠れるようにしてもいい**。

とにかく、自分のうつ病に対処することは、自己中心的なわがままではなく、赤ちゃんにとっても大事なことだと意識するといいかもしれない。

うつとは違う「産後不安」

睡眠以外には、通常の治療として、認知行動療法やトークセラピーが最初に行われる。否定的な考え方を変え、前向きな行動に集中する療法だ。

もっと重度のうつ病には、抗うつ剤が処方される。**抗うつ剤は母乳に移行するが、悪影響が見られたというエビデンスはない**（5章でも取り上げる）。治療か授乳かの選択をする必要はないということだ。

産後うつ病をテーマにした文献や一般向けの解説は多い。だが、産後のメンタルヘルス問題は、すべてうつ病の形をとるわけではない。**「産後不安」**もよく見られる。

症状の多くは産後うつ病と同じで、産後不安の診断にも同じスクリーニング方法が用いられることが多い。産後不安を抱える女性は、赤ちゃんに恐ろしいことが起きるのではないかとそればかり考え、眠れる機会があっても眠れず、赤ちゃんの安全に関わる強迫行為を繰り返す傾向がある。これは療法で治療可能であるし、重度の場合は投薬で治療できる。

産後不安については、普通の親としての心配と、強迫的な心配との線引きは難しいかもしれない。不安のために赤ちゃんとの時間を楽しむこともできず、いつも頭がその不安でいっぱいになり、眠ることもできなければ、一線を越えている。

もっとまれだが、もっと深刻なのが**「産後精神病」**だ。[7] 1000人におよそ1〜2人（産後うつ病の場合は10人に1人）の女性がかかり、双極性障害の既往歴がある女性のほうが発症しやすい。

産後精神病では、通常、幻覚、妄想、躁（そう）うつ症状が生じる。入院治療が必要となることが多く、きわめて深刻にとらえるべきだ。

「父親」も産後うつになる

産後の女性は、ホルモンのバランスと育児の中心的担い手となることが多いのが原因で、メンタルヘルスの病気のリスクが高くなるが、**出産をしない親でも産後うつ病を発症する可能性がある。**

父親や、（女性カップルの）もう1人の母親、養父母であっても、誰でもこうした症状を経験するかもしれない。スクリーニングは出産した女性だけが対象で、家庭のほかのメンバーには行われないことが多いから、診断されていない人はもっと多い。もし心配なら、医師に相談しよう。

赤ちゃんの誕生から数週間後と、その後も定期的に、家庭内の成人全員にうつ病のスクリーニングを行ってもいいのではないか。6週間後の産婦健診を待たなくていい。問題に早く対処すれば、それだけ早く赤ちゃんとの時間を楽しめるようになる。そのほうがみんなにとって幸せだ。

妊娠前、妊娠中、そして産後の状況について、十分に語られていない問題はたくさんある。私が妊娠について執筆していたとき、一番衝撃だったのは流産についてだった。流産を経験している女性はとても多いのだが、めったに話題にすることはない。一度経験して初めて、知り合いの女性が大勢、流産をしていたことを知るのだ。

産後の心と体の健康についても同じことがいえる。子どもを産むと、幸せで、最高の気分であるとされている。みんな「どんな気分？」と訊いてくるが、期待している答えは「すごくかわいい赤ちゃんなの！　楽しみよ！」であって、「落ち込んでいるし、不安だし、第3度の会陰裂傷で痛いの」ではない。**こうしたことはあまり話されないから、大変な思いをしているのは自分だけ、乗り越えなくてはと思ってしまう女性が多くなる。**

それではいけない。私たちがこういうことをもっと話題にすれば、もっとほかの女性の役に立てるのだと思う。何も、これからみんなで会陰裂傷の治り方を逐一ツイッターでつぶやこうと言っているのではない（私はかまわないが）。

そろそろ出産後の心身の体験を、もっとありのままに話していいのではないかと思う。

結論

- 出産から体が回復するには時間がかかる。
- 数週間は出血がある。
- 会陰裂傷があるかもしれない。治癒まで数週間かかる。
- 帝王切開は、開腹の大手術であり、自由に動けるようになるまでかなり時間がかかる。

- エクササイズの再開は出産状況により多少異なるが、通常は1～2週間以内に始められる。ほとんどの女性は6週間後までには妊娠前のルーティンに戻れる。
- セックスを控えるべき期間は決まっていないが、あなたの準備ができるまで（次の子をまだ考えていなければ避妊して）待ったほうがいい。
- 産後うつ病（と関連する病気）はよくあるもので、治療可能だ。必要ならすぐに相談しよう。

第2部
１歳まで
意見が割れる「子育て初期」、経済学者のベストアンサー

母乳育児。ねんねトレーニング。添い寝。予防接種。働くかどうか。保育園かナニーか。

こうしたことは、少なくとも親になって最初の１年を方向づける大きな決断だ。親になる前は考えたこともなかったかもしれない。答えも明らかではない。

そこでインターネットで調べてみる。これは助かる。ネットの人たちは答えを知っているから。内容は明快だし、答えはわかりやすい。どんな場合でも、ネットの人のする通りにしておけば間違いない。それどころか、別の選択肢を選ぶのは、わが子を狼の群れの中に捨て置くようなものだ。

こう思ったら、あなたも晴れて、ママたちの子育てバトルに参戦だ。

こういう話題がどうして一触即発の危険をはらんでいるのだろう？　なぜ白黒つける勝

負みたいになるのだろう？　なぜ子育ての不安や、親としての評価のもとになっているのか。

どうも、こうした選択が子育ての日常に大きく影響するためではないかと思う。

母乳育児を選ぶかどうか、子どもと同じ部屋で（同じベッドで）寝ることを選ぶかどうか、ねんねトレーニングをするかどうか。その選択結果は、毎日経験することになる。

選択によっては、日常生活がよけいに大変になるか、少なくともいら立ちのもとになることも多い。母乳育児で素晴らしい時間も味わえるが、私が意見を聞いた数百人の女性の中で、「搾乳道具一式をあちこちに持ち歩くのは女性として充実感の得られる素晴らしい経験だった！」と言う人は1人もいなかった。子どもが1歳になるまで毎晩4回起きるのは本当に疲れる。気分にも、仕事にも、人間関係にも影響する。

同時に、母乳育児をしないとか、子どもが寝つくまで何回か泣かせておくと決めるのも、違った意味で大変だ。選んだことで、あなたはそういう人間だと人から判断される。まじめな人なら自分のこともそう見てしまうかもしれない。

赤ちゃんを泣かせたまま寝かしつける方法には効果がある。たいていの子どもは、その後よく眠れるようになる。それは親がわがままで、親のために子どもを犠牲にしていることになるのだろうか？

「プロローグ」で述べたことをもう一度繰り返そう。

子育てに関しては、誰にでもあてはまる完全無欠な選択はない。自分の好みや制約を考慮に入れた、適切な選択ならある。

6か月の育児休業があるとか、仕事復帰しないのであれば、夜の睡眠を犠牲にして、昼寝することもできるだろう。オフィスに目隠しになるドアがあり、仕事と搾乳を同時にできるのであれば、わざわざ授乳室（最悪はトイレ）での搾乳時間を申請し、仕事を中断して搾乳するよりも、母乳育児を長期間続けやすいかもしれない。


自分の好みが重要とはいえ、事実を無視していいわけではない。データを見なければ、適切な選択は望めない。同じデータを見ても、人によって違う選択をするかもしれないが、まずはデータに当たるべきだ。

私は経済学者として、意思決定はデータから始めている。データからわかること、その信頼度を考える。そのデータに照らして、わが家では何が効果的かを考える。結婚相手が経済学者であるのは大助かりだ。あなたも、2人の経済学者の結婚費用を負担せずに、利益だけを享受できるのだ。


第2部では、子育て初期の大きな意思決定に関わるデータを見ていく。

意思決定をするには、ある変数が別の変数と単に関連しているだけではなく、**「因果関係」**があることを知るのが重要だ。母乳栄養の子どもはそうでない子どもと違っていた、というのではなく、母乳栄養そのものの意義を知る、ということだ。

そのための「質のよい研究」はどのように見分けるのだろうか?

難しい質問だ。すぐにわかるものもある。研究方法で判断できる場合もある。たとえば、ランダム化比較試験はほかの方法よりも有力だ。また規模が大きな研究のほうが、おおむね質がいい。同一の事柄を確認する研究が多いほど、信頼度は上がる傾向にあるが、必ず信用できるとはいえない(どれも結果に対して同じバイアスがかかることがある)。

私はたくさんの研究論文を読み込んできた。その経験から結論を出すこともある。ちょっとつついただけで、筋の悪さ(比較しているグループがそもそも違うとか、変数の測定法に誤りがあるなど)が臭ってくるものもある。大規模な研究でも、深刻な欠陥があれば、もっと規模は小さいが、研究デザインがすぐれている研究のほうを信頼することもある。データを愛する者としては悲しいことだが、**データは決して完全ではない**のだ。

育児の問題では、特定のデータの限界と、データそのものの限界にも直面しなくてはならない。完璧な研究は存在せず、結論は必ず不確実性を伴う。さらに、多くの場合、入手できるデータそのものに問題があることもある。あるテーマに関する研究が1件だけで、それほど質がよくないと、1件の研究では関係性の裏づけができない、としかいえないのだ。

これは、赤ちゃんにとっていいこと・悪いことは断言できないことを意味する。もちろん、確実性の高いことはある。データによって実際に関係があることがわかる場合も、頼れるデータがあまりない場合も、説明していきたい。

この第2部を読み終えたときに、いくつかの事実を武器にできるようになっていただきたいと思う。

わかっている事実だけでなく、まだわかっていない事実（データが不確実か、有力な答えをまだ提供していない分野）も知ってほしい。それを武器に、自分の選択を考えてほしい。繰り返すが、みんなが同じ選択をする必要はない。あなたにとって、正しい選択をすればいい。

4章 「母乳育児」神話

母乳で「賢さ」は決まらない

ペネロピを出産した病院には、出産前の準備講座がたくさんあり、その中に母乳育児に関するものがあった。私は、先輩ママの友人に受講すべきかどうか訊いてみた。彼女は思いきり顔をしかめて言った。

「どうかな、赤ちゃんって練習用の人形みたいにいかないから」

その通りだった。本当のことを言おう。**母乳育児が大変だったという女性は、私も含め大勢いる。**

「量」が足りていない気がする

入院中にペネロピの体重が減少したとき、ミルクを追加しなければならなかった。これは不要だったかもしれない。それよりどうかしていると思ったのは、哺乳瓶の使用で心配される「乳頭混乱」を予防するために、看護師から勧められた面倒なしかけだった。

哺乳瓶を渡されてミルクを飲ませてと言われたのではなく、乳房にチューブを貼りつけられ、私の頭上にぶら下がるミルクの入った哺乳瓶にそのチューブがつなげられたのだ。赤ちゃんに乳首を含ませると、チューブからミルクが出てくるという仕組みだが、ペネロピも私も何をしているのかさっぱりわからなかった。

この装置を家に持ち帰ったらと勧められたが、断った。ペネロピにミルクを与えるなら、哺乳瓶を使うつもりだった。

母乳は結局出るようになったが、それで終わりではなかった。**ほとんどいつも、母乳が足りていないのではないかと思えた**のだ。

夜寝る前、ペネロピはものすごく飲むのだが、ほとんどが哺乳瓶からだった。私は恐ろしくなった。誰もが「あら、まだお腹が空いているようなら、どんどんおっぱいを吸わせるようにしなきゃ。そのうち量が出るようになるから！」と言った。でもペネロピは明らかにお腹を空かせていた（少なくともそう思えた）。

同時に、私は搾乳も試していた。乳量を増やすためと、仕事に復帰したときの補充用だった。でもいつ搾乳すればいいのだろう？　授乳直後？　でもまたほしがったらどうするの？　授乳の1時間後のお昼寝中？　でも搾乳が終わった直後に目を覚ましてほしがったら？

最悪なのは、ペネロピがおっぱいを嫌っているように見えたことだった。乳房に吸いつかせるのは、毎回、戦いだった。生後7週間のとき、私の弟の結婚式に連れて行ったが、レストランの奥のクローゼットにすわって、室温10億度かと思う暑さの中、泣き叫ぶ娘に必死におっぱいをあげようとしたのを思い出す。結局はそこから空調のきいた場所に移り、哺乳瓶で飲ませたのだった。

誰もが母乳育児を「いいこと」と思っている

どうして母乳を続けたのだろう。今から思うとまったくわからない。

3か月頃になって、ようやくペネロピは私があきらめないのを認めたらしく、ある日、それほど反抗せずにおっぱいを飲むようになった。

母乳育児はいつもこのように進むわけではないし、きょうだいでも違う。フィンの授乳は楽勝だった。母乳は早く出始め、量も多く、フィンもすんなりとよく飲んでくれた。人によっては最初からそういう場合もある。

だが、**どんなにがんばっていても、たくさんの母乳育児のメリットが強調される（社会から、家族から、個人から）ことで、私たちはよけいに苦しまなければならなくなる。**

たとえば、母乳育児のメリットとされる点をリストアップしてみよう。いくつかのウェブサイトから拾ってきたものだ[1]（ここで記しておくが、本章は、粉ミルク自体が安全で、しかも安全な水で調乳できるアメリカなど先進国での母乳育児のメリットを取り上げている。途上国では母乳育児のメリットはより大きく、また異なっている。粉ミルクが汚染された水で調乳される場合が多いからだ）。

リストはとても長くなるので、項目を分けてみた。

メリットの1つに**「友情を育む」とあるが、本当だろうか？**

誤解しないでほしいのだが、新米ママはひとりぼっちで孤独になりがちだから、ほかのママに会うのはとてもいいことだ。ベビーカーを使った産後ヨガはそのためにある。ただ私は、暑い小部屋で泣き叫ぶ赤ちゃんに授乳しようとしてどんな友情が育まれるのか、理解に苦しむ。

それに、**友情が母乳育児によって深まったことを示す専門家によるエビデンスは、信頼性の有無を問わず、まったく見つからなかった。**だが、ここに挙げられているメリットの多くは、エビデンスに基づいている。ただし、必ずしもすぐれたエビデンスではない。

母乳育児の俗説

赤ちゃんにとっての短期的メリット	子どもにとっての長期的メリット：健康面	子どもにとっての長期的メリット：認知面	ママにとってのメリット	世界にとってのメリット
▪風邪、感染症の発症減少 ▪アレルギー性発疹の発症減少 ▪胃腸障害の発症減少 ▪NEC（新生児壊死性腸炎）のリスク低減 ▪SIDSのリスク低減	▪糖尿病を予防 ▪若年性関節炎を予防 ▪小児がんのリスク低減 ▪髄膜炎のリスク低減 ▪肺炎のリスク低減 ▪尿路感染症のリスク低減 ▪クローン病のリスク低減 ▪肥満のリスク低減 ▪アレルギー、喘息のリスク低減	▪高IQ	▪避妊が不要 ▪体重減少 ▪赤ちゃんとの絆の強化 ▪経済的 ▪ストレス耐性向上 ▪睡眠時間の増加 ▪友情を育む ▪ガンのリスク低減 ▪骨粗鬆症のリスク低減 ▪産後うつ病のリスク低減	▪牛のメタンガス生成量低下

とくに、「プロローグ」で述べたように、大部分の母乳育児の研究では、母乳育児をする女性とそうでない女性には一般に違いがあるという事実から、バイアスが生じている。**アメリカなどほとんどの先進国では、学歴が高く、裕福な女性ほど母乳育児をする傾向がある**のだ。

「高学歴」な人ほど信奉する

これはずっとそうだったわけではない。母乳育児は前世紀から、流行りすたりを繰り返してきた。

20世紀の初めには、身体的に可能であれば、ほぼ全員の女性が母乳育児をしていた。だが、1930年代から「現代的な」粉ミルクが導入され、母乳育児は激減した。これは、少なくともある程度は考えられることだ。母乳育児はいつの時代でも大変なことだからだ。

1970年代には大多数の女性は赤ちゃんをミルクで育てていた。だが、当時始まった保健医療政策による推進運動で母乳育児のメリットが宣伝され、人工乳栄養の流れが押し戻された。こうした風潮の変化に対応し、粉ミルクメーカー自体も母乳育児のキャンペーンを行った。それ以来、母乳育児率は増加している。この増加は、とくに**高学歴で裕福な**

女性の集団のほうが、ほかの女性の集団よりも顕著だ。[2]

母乳育児と学歴、収入、そのほかの変数との関係は研究にとって問題だ。母乳育児とは無関係に、学歴と資産があるほど乳幼児にはよい結果が生じるという関連性がある。だから母乳育児の因果関係はとても推論しづらい。確かに、母乳栄養と様々なメリットとの間には相関関係がある——だが、ある女性個人が母乳で赤ちゃんを育てたほうが、その子にとっていい結果が生じることにはならない。

具体例を挙げよう。１９８０年代に実施されたある研究で、北欧の３４５人の５歳児で、母乳栄養を与えられた期間が3か月未満の子と、6か月以上の子のＩＱスコアが比較された。[3]母乳栄養の期間が長かった子どものほうが、ＩＱスコアが高かった——約7点の差だ。だが、**長く母乳育児をした母親は、より裕福で、高学歴で、自身もＩＱスコアが高かった**のだ。

こうした変数を一部調整すると、それだけで母乳育児の影響は大幅に小さくなった。

「統計学」でファクトを見抜く

この論文もほかの研究も、女性間の差を調整した後でも、影響は存在すると主張している。だがその主張は、調整によって女性間のあらゆる差を除去できることを前提としており、それが可能だとはとても思えない。

たとえば、多くの母乳育児の研究では、母親のＩＱを入手していない。代わりに尺度とされるのは、母親の学歴だ。学歴がＩＱに関連するからである。大卒の女性は、高校を卒業していない女性よりもおおむねＩＱテストの成績がいい。だが、学歴はＩＱの厳密な基準にはならない。

同じ学歴でも、ＩＱスコアの高い母親は、母乳育児をする傾向が高いことがわかっている[4]。同時に、同じ学歴でも、**ＩＱの高い母親のほうが、子どものＩＱも（平均で）高い**[5]。母親の学歴を調整できても、母乳育児行動には、乳幼児の発達に影響する別の特性（この例でいえば母親のＩＱ）が関連しているという状況は依然残っているのだ。

この問題はどう解決すればいいのだろうか。すぐれた研究から答えを求めるべきだろう。

私は、母乳の効果を示す玉石混淆（こんこう）のデータの中から、質のいい研究のデータを探し出そうとし、もっぱらその研究をもとに結論を出した。先ほどの例を使えば、母親のＩＱを調整できる研究は、そうでない研究よりも信頼できる結果を出すはずである。

もうおわかりだと思うが、本書はデータと、データから学べることに基づいたエビデンスに注目している。だが、世間には別のエビデンスも存在している。インターネットで数多く見かけるたぐいのものだ。

私に言わせれば、こちらは、「みんなが言っているから」とか「友だちが経験したから」型のエビデンスだ。「友だちは母乳で育てなかったけど、子どもはハーバード大学に行った」とか、「友だちは予防接種を受けさせなかったけど、子どもは超健康！」というおなじみのタイプだ。

こういうものから学べることは、何もない。

統計学のスローガンを唱えよう――**「誰かの経験談はデータではない」**。

ここで、本書全体で使用する研究の種類について説明しておこう。

本書で使う「信頼できる」研究方法

①ランダム化比較試験――研究のゴールデンスタンダード

研究方法の「ゴールデンスタンダード」がランダム化比較試験だ。

参加者を募集し（人数が多いほうが望ましい）、何らかの「処置が行われる」人たち（処置群）と「比較対照」する人たち（対照群）をランダムに選ぶ。

誰がどちらのグループになるかは、ランダムに割りつけられるため、２つの集団は、処置以外の点では同じになる。すると、処置群に起きることと対照群に起きることを比較できる。

この研究方法を実践する上での課題は、人に何かをすることを「強制」はできないということだ。自分の子どもに対してはなおさらだ。

そこで、これから紹介する研究の多くは、「推奨設計」の手法を採用している。1つのグループには行動（母乳育児やねんねトレーニング、しつけなど）の実践を推奨し、もう1つのグループにはしないというものだ。

推奨の方法としては、たとえば、グループに対しその行動をした場合のメリットについて話す、うまくやり遂げる方法を指導するなどがある。推奨によって、研究対象の行動を実践する人数に変化がある場合は、因果関係の有無について結論を出せる。

一方、ランダム化比較試験には費用がかかるという問題がある。だが、「同じ子どもに2種類の処置を行う」という理想に最も近いので、この試験のデータがあれば、私はかなり重要視する。

②観察研究――「A」と「Aでない子」の比較

数が非常に多いのが「観察研究」のタイプだ。

たとえば母乳栄養の子どもとそうでない子ども、ねんねトレーニングをした子どもとそうでない子どもを比較するが、それぞれのグループの子どもはランダムに割りつけられていない。

研究の基本的な構造はみな同じだ。子どもの短期か長期のデータを、親の行動の情報とともに入手し、異なるグループとの差異を分析する。

本書で扱うデータの大部分がこの種の研究データで、質は様々だ。

比較の作業では、家族により子育ての方法が違うという、家族固有の差異を調整する必要がある。多くの研究では、両親や子どもの何らかの特徴を調整する。学歴やIQテスト、収入、人種、家庭環境、出生時の特徴などだ。調整後、よく似た2人の子どもを比較できる。

調整することが多いほど（子どもや家族間で一定に保てる変数が多いほど）、たとえば母乳育児の影響を確実に特定できるようになる。

一方、調整する変数が1つか2つという研究もある。子どもの出生体重の差だけを調整している場合などだ。これらは信頼性に欠ける。

③症例対照研究——「まれなB」と「Bでない子」の比較

最後の症例対照研究は、まれにしか生じない結果について実施されることが多い。

観察研究と同じく、症例群は対照群とは多くの面で違いがあるかもしれず、その差異を調整することは難しい。

また両親にかなり昔の行動について尋ねるため、その記憶はその後現在までに起きたことに影響される可能性もある。

さらに小規模な研究になりがちで、研究者は研究テーマに関連しそうな多くの変数に注目することが多い。その結果、もっともらしい結論が出される場合もある。

本書では、根拠にできるのがこうした研究のみという場合もあるが、それでもその研究のデータから何かを得たいと思う。だがこうした研究はあくまでも注意しながら扱っていく。

母乳育児はいいこと？

ここからは、母乳育児が母子に及ぼす短期、長期のメリットを調べていこう。

メタンガス［地球温暖化の原因となる温室効果ガスの1つ。牛のげっぷによる排出が問題視されている］の問題については触れない。牛がメタンガスを生成しているのは事実で、人工乳には一般に乳製品が含まれているのも事実であり、この点での母乳のメリットは実証されているとだけ言っておく。

それから、母乳育児を選択しても、必ずしも楽にできるわけではないことは記しておこう。どう取り組めばいいかは次章で紹介する。

乳幼児期の「健康」への好影響

母乳育児と乳幼児期の健康との関係は、一番研究されている。

これは、大規模なランダム化比較試験の、当初の中心テーマでもあった。何より両者の関係のメカニズムは否定しがたい。母乳に抗体が含まれているのはわかっている。だから、母乳で一部の病気から赤ちゃんを守れるというメリットも信頼性がありそうだ。

生後1年間「下痢」「湿疹」「発疹」が少なかった

ランダム化比較試験から見ていこう。

1990年代にベラルーシで実施されたPROBITと呼ばれる研究では、国内の多数の施設で1万7000組の母子の追跡調査が行われた。まず母乳育児をする意思のある女性のサンプル集団のうち、ランダムに割りつけられた半数が母乳育児を推奨され、支援を受けた。残りの半数は、母乳育児を反対はされなかったが、支援は受けなかった。

推奨の効果は大きかった。推奨された母親の赤ちゃんは、生後3か月で43%が完全母乳栄養で育っていたが、そうでない母親の赤ちゃんの場合は6%だった。この時点で、赤ちゃんが母乳を少しでも飲んでいるかという点でも差があった。生後1年では、少しでも母乳を与えている割合は推奨グループが20％、非推奨11％で、母乳を推奨した効果が持続していたことが示唆された[6]。

ここで気づくのは、推奨された母親全員が母乳育児をしたのではなく、また推奨されていない母親全員が母乳育児をしなかったのではないことだ。すると研究結果の値は、２つのグループ間で母乳育児率にもっと大きな差があった場合の結果よりも、小さい可能性もある[7]。

研究でわかった母乳育児の有意な効果が2つある。

生後1年間は、母乳栄養の赤ちゃんは感染性胃腸炎（下痢など）が少なく、湿疹や発疹の発症率も少なかった。数字を挙げると、1回でも下痢を経験した子の割合は、母乳育児を推奨された母親の子の場合が9％で、推奨されなかった母親の子は13％だった。湿疹や発疹の発症率は、推奨グループで3％、そうでないグループで6％だった。

この結果は統計的に有意であり、対象者全員の発症率から見ると、効果はかなり大きい。たとえば、発疹と湿疹は半減している。

ただ、発症率は広い視野から見るべきだ。母乳育児率が少ないグループでも、この病気が報告されている子どもは6％にすぎない。またこうした病気は通常、軽度でもある。

▼早産児の「腸炎リスク」が下がる

乳児の重篤な病気で、**母乳育児の効果が非常にあると思われるのが「新生児壊死性腸炎」**（NEC）だ。重篤な腸の病気で、早産児にとってリスクが高い（出生時の体重が1500グラム未満の赤ちゃんにとくに多い）。

ランダム化比較試験で、母乳（母親かドナー、どちらのものでもいい）がそのリスクを減らすことが示されている。[8] ここから消化系一般との関連を期待できそうだが、**正期産の（またはそれに近い）赤ちゃんに、NECはほとんどない**といっていい。

PROBIT試験では、母乳育児の予防効果が認められないと思われる病気も多く見られた。呼吸器感染症、耳の感染症［中耳炎など］、クループ症候群［咽頭の炎症］、喘鳴（ぜんめい）などだ。こうした症状のあった子どもの割合は両グループとも実質的に同じだった。

これが意味するところは明確にしておかなければならない。「母乳栄養が呼吸器の病気に何の影響も及ぼさない」と確実にいえるわけではないのだ。

こうした推定は、信頼精度がどのくらいあるかを示す、「信頼区間」という統計上の誤差を伴っている。PROBITでは、母乳育児がいずれかの方向（呼吸器感染症を減らすか、増やすか）に影響を及ぼす可能性を捨てきれない。

いえることは、得られたデータが、母乳育児の結果として呼吸器感染症が低減するという主張の裏づけにはならないということだ。

こうした知見があるのに、なぜ母乳育児で風邪と中耳炎が減らせるという「エビデンスに基づく」主張が続くのだろうか。

その主な理由は、母乳育児がこうした病気の予防に効果がある観察研究（母乳育児をされた子とそうでない子を比較しているが、母乳育児はランダムに割りつけていない）が多数あるからだ。きわめて多くの研究が、母乳育児が耳の感染症に効果があると主張している[9]。

「耳の感染症」がわずかに減る

ランダム化比較試験の結果はあるが、このエビデンスを重視すべきだろうか。

これは難しい問題だ。条件がすべて同じであれば、ランダム化比較試験によるエビデンスのほうが明らかに有効だ。母乳育児は思いつきでするものではなく、母乳育児をする女性はそうでない女性とは違う環境にいることがわかっているから、ランダム化比較試験によるエビデンスのほうを支持しやすい。

他方で、ランダム化比較試験は１件しかない。規模も限られている。母乳のメリットが小さければ、ランダム化比較試験では有意な結果として表れないかもしれない。

それでもやはり効果があるかは知りたい。ならば、ランダム化されていないデータを調べるのも合理的であると思う。ことに耳の感染症については広く研究され、かなり大規模で質のよいデータセットからのエビデンスもある。

たとえば、2016年に発表された7万人のオランダ人女性の研究では、**6か月間の母乳育児で、その間の耳の感染症のリスクが7%から5%に減少**した。[10] この研究は周到で包括的であり、データが揃っていたため母子の間の多くのばらつきが調整されている。

この結果はどこでも再現されているわけではない。イギリスでの同様の研究では耳の感染症への影響は見られなかった。[11] だが、私の意見では、エビデンス全体の重みを考慮すると、見込みのある部類に入れられるのではないかと思う。

逆に、風邪と咳については、有力な研究はない。研究はもっと小規模で、統計学的にも説得力に乏しく、結果は不安定だ。ここからわかることは少ないようだ。

これで何がいえるだろうか。確かに、**母乳育児で乳児の湿疹と胃腸炎が減ると結論するのが妥当**なようだ。そのほかの病気では、**母乳栄養で耳の感染症がわずかに減る**ことを、最も有力なエビデンスが支持している。

「乳幼児突然死症候群」との関係

母乳と乳幼児期の健康について述べるとき、母乳と「ＳＩＤＳ」の関係に触れないわけにはいかない。

ＳＩＤＳは赤ちゃんが眠っている間に突然亡くなってしまうという痛ましい症例だ。ＳＩＤＳと母乳育児との関係は頻繁に取り上げられているが、解明は難しい。

子どもの死は、親として想像しうる最悪の事態だ。本書では、心が重くなる問題も数多く検討しているが、これほどショッキングな状況はない。このため、母乳育児と突然死との関連の可能性が示唆されることにさえ、感情価（感情的反応）が加わる。

ＳＩＤＳはめったに生じない。中耳炎や風邪はよくあることだ。母乳育児に関係なく、子どもは風邪を引く。ところが**SIDSで亡くなる子は、出生した1800人に1人**だ。ほかのリスク因子のない赤ちゃん（早産でなく、うつぶせ寝をしていない）の場合は、おそらく1万人に1人だろう[12]。

この数字を見れば、心配性の親でも少しは安心できるが、同時にＳＩＤＳと母乳育児の関係はいっそう研究しづらくなる。

赤ちゃんにメリットとなることを知るためには、膨大なサンプルが必要だからだ。

母乳で減るとはいい難い

その代替として、研究で使用されるのが症例対照研究だ。SIDSで亡くなった赤ちゃんを多数特定して両親と面接し、対照となるSIDSでない子どもの両親にも面接して、親と子の特徴を比較する。

こうした研究は数多くある。[13] 平均すると、対照群の子どものほうが母乳栄養であることが多い。そこから、母乳育児をしないとSIDSのリスクが増えるという結論が出されている。最近の分析では、母乳育児を2か月以上続けると効果が最も顕著になることが示唆されている。[14]

だが私の意見では、この結論は、データを慎重に分析すると、明白であるといえない。亡くなった子どもとそうでない子どもには、基本的な差異がある。**おそらく母乳育児とはまったく関係がない差異が、多くの結果につながっている**のだ。

研究で、たとえば両親の喫煙や、赤ちゃんの早産、そのほかのリスク因子（すべて母乳育児と相関し、SIDSと関連する）を考慮に入れれば、母乳育児の効果はもっと小さいか、まったく消失する。

さらに最大の効果を示している一部の研究にも、対照群の選択に重大な問題がある。こうした研究のデザインで重要な要素は、できるだけ比較可能な対照群を選定することだが、それが必ずしもできていないのだ。

たとえば、よく行われるのは、ある地域でＳＩＤＳにより亡くなった子ども全員を処置群として選んでから、それ以外の子どもの親を手紙や電話で募集することだ。だが、それでは対照群の親の選択方法が異なることになる。研究に参加しようとする人は、関わりを持ちたくない人とは根本的に違うことがわかっている[15]。

この懸念を裏づけるように、対照群の赤ちゃんをより慎重に選んでいる研究（たとえば、比較グループの赤ちゃんも同じ訪問看護師の訪問を受けているイギリスの例）では、母乳育児をしないことでＳＩＤＳのリスクが高まることは示されていない[16]。

ＳＩＤＳによる死亡は幸いまれだ。そのため、母乳育児でＳＩＤＳのリスクがわずかに減るという可能性は完全に排除することはできない。

だが私は、**最も有力なデータは有意な関連性を裏づけていないと思う。**

「乳幼児以降」の健康への影響

母乳育児に関する学術研究は、大半が乳幼児期の効果（たとえば、実際の授乳期間中の感染症）に集中している。だが、一般向けの解説などでは長期的なメリットのほうに注目が集まっているようだ。これがママの罪悪感を鬱積させる。

まわりの人から「母乳育児をすると、これから半年間下痢になりにくくなるからいいね！」と言われることはまずない。むしろ「母乳育児にすれば、赤ちゃんにとっては最高のスタートになるわね。頭がよくなるし、背も高くなるし、スリムになる！」などと言われる。問題は、普通の人だけではない。ある女性の話では、主治医から母乳育児をやめると子どものIQが3ポイント下がると脅されたという。

母乳育児をしない選択で、わが子が一生悩むかもしれないとなれば、単に中耳炎にもう一度かかるかもしれないと考えるよりはるかに恐ろしい。

有力な「エビデンス」はゼロ

罪悪感にかられるママへの朗報は、乳幼児期の健康問題以上に、**母乳育児の長期的な影響には有力なエビデンスがまったく見つからなかった**ということだ。

PROBITの研究結果をまず見よう。研究者は比較試験の子どもたちを7歳まで追跡調査したが、長期的な健康への影響を示すエビデンスはなかった。アレルギー、喘息、虫歯、身長、血圧、体重にも、過体重や肥満の指標にもまったく変化はなかった。[17]

肥満についての結果には触れるべきだろう。母乳育児のメリットとしてとても注目されているからだ（フィンの妊娠中、担当の助産師のオフィスには「母乳育児が肥満を減らす」という大きなポスターが貼ってあった）。

肥満と母乳育児に相関関係があるのは確かで、母乳育児の子はその後肥満になりにくい。だがこの相関関係は因果関係ではない（肥満になる子は、母乳で育たなかったことが原因で肥満になるとは証明されていない）。ＰＲＯＢＩＴのランダム化データでは、**７歳の時点でも、その後の11歳での追跡調査でも、母乳育児が肥満に影響を与えていない**ことがわかっている。[18]

この結果を支持するように、きょうだいで母乳を与えられた子とそうでない子を比較した研究でも、肥満度の差は認められなかった。こうした研究では、異なる家族を比較すると母乳育児の効果はあるように見えるが、同一家族内では見られないことが多い。これが示唆するのは、母乳育児ではなく、家族に関する何かが、子どもが肥満になる可能性に影響しているということだ。[19]

実際、研究者が多くの肥満と母乳育児の研究をまとめて総合的に検討すると、母親の社会経済状況と母親の喫煙、母親の体重を慎重に調整した研究でも（きょうだいの比較はできなくとも）、肥満と母乳育児の関連は見られないことがわかった。[20]

「はっきりとしたこと」はわからない

こうした結果にはすべて統計学上の誤差が存在する。

母乳育児は肥満に影響しないと断言できるのだろうか。それはできない。だが統計的に有意な関連性があることを裏づける、有力なデータはないといえる。

長期的な影響の中には、たとえば若年性リウマチや尿路感染症といった病気など、PROBITでは調査できなかったものもあるが、こうした病気と母乳育児との関連を示す研究は少なくとも1～2件ある。しかし、これらのエビデンスはごく限定的だ。[21]

有意な関係が見られるのが数多くの研究の中のたった1件であったり、研究デザインに欠陥があったり、母集団が特殊なのだ。基本的に、関係性があるかどうかについてはデータからわかることはない。

それよりも研究が多いのが、2つの重篤な病気（1型糖尿病と小児がん）についてだが、ここでもデータに限りがあり、学べることは少ないと思う。巻末の注に情報を追加した。[22]

メディアは論文を「誇張」する

多くの場合（母乳育児に関してはよくあることだが）、かなり限定的な、欠陥のある研究でも、大きな注目が集まる。メディアは公表された文献の微妙な意味合いまでつかみきれない傾向がある。

文献自体がすぐれたものであってもそうなのだが、そもそもすぐれた文献はあまりない。メディアでは、論文の主張を誇張しがちな、派手な見出しを何度も目にする。

どうしてだろう？

１つには、**恐ろしげな、ショッキングな語り口が好まれる**ことがある。「粉ミルクで育った子どもは高校を中退しやすい？」というタイトルのほうが「すぐれた大規模研究が下痢に対する母乳育児の影響はわずかだと証明」よりもクリックされやすい。「衝撃と恐怖」願望は、多くの人々の統計学知識不足と相まって、ろくな結果を生まなくなる。メディアは、「最もすぐれた」研究を中心に報道することは強制されない。一般の人がすぐれた研究とそうでない研究を区別するのは難しいからだ。

メディアの報道は「新たな研究でわかったことがあります……」と言ってすませることができる。本当は「新たな研究で、結果に偏りがあると思われますが、わかったことがあります……」とするべきなのに、だ。私たち少数の専門家は怒ってツイッターで発信したりするが、それ以外の人は気づかないままだ。

メディアの最初の報道から研究の質を選別するのは難しいが、インターネット時代の今は検証しやすいのではないか。多くの記事は、元の研究論文へリンクを貼るようになっている。「粉ミルクで育った子どもは高校を中退しやすい？」という記事のもとになった研究が、45人の母親を対象とし、現在20歳の子どもが乳児のときの母乳育児行動について調べた研究であるなら、おそらく無視してかまわない。

■母乳は「ＩＱ」を高めるか？

「母乳は脳の発達に最適だから、母乳育児で、成功する子どもに！」

ちまたでいわれることは、本当だろうか？　母乳でもっと賢い子に育つのだろうか？　母乳神話の国から現実に戻ってみよう。

母乳育児に対して一番肯定的な見解でも、ＩＱへの効果は小さい。母乳育児で子どものＩＱが20点も上がることはない。なぜわかるのかといえば、それが本当なら、データでも、日常の経験でも明らかになるからだ。

問題は、母乳育児で知能が少しでも上がるのかということだ。母乳で育った子とそうでない子を比較するだけの研究を信用するなら、そうだといえる。その一例についてはすでにこの章で触れたし、ほかにも同様の研究がある。そこには、明確な相関関係があった――母乳で育った子どものほうが、ＩＱが高いと思われるのだ。

だからといって、母乳育児がＩＱを高くする原因であるとはいえない。実際には、因果関係は、かなり不明瞭なのだ。母乳栄養の子どもと、そうではないきょうだいを比較した多くの研究を入念に調べればわかる。

こうした研究では母乳育児とＩＱの間の関係は見られない傾向がある。母乳を飲んでいた子のＩＱテストの結果は、そうではないきょうだいと変わらなかったのだ。

「母親のIQ」の差による違い

この結論はきょうだいの比較をしていない研究とは根本的に異なる。

あるすぐれた研究がその理由を説明してくれる。[23] この研究のポイントは、同一サンプルの子どもたちを様々な方法で分析していることだ。

まず、母乳栄養の子どもとそうでない子どもを、少数の単純な調整だけで比較した。すると母乳栄養の子とそうでない子ではIQに大きな差があった。次いで、母親のIQで調整すると、母乳栄養の効果は大幅に小さくなることがわかった。最初の分析で母乳栄養が原因とされた効果は、母親のIQの差によるものだったのだ。だが、子どものIQの差はまだ存在している。

そこで、3回目の解析が行われた。同じ母親から生まれたきょうだいで、母乳で育った子とそうでない子を比較したのだ。これは、1回のIQテストの結果だけでなく、母親の間の差をすべて加味しているので、価値のある分析だといえる。

母乳はIQテストの成績に有意な影響を与えないと研究者は判断している。つまり**1回目の分析で母乳育児の効果を高めたのは、母乳ではなく、母親（あるいは両親）に関係することだといえるだろう。**

PROBITも母乳育児とIQの関係を調べている。サンプルに対するIQの測定は、子どもが母乳育児を推奨された処置群にいるかどうかを知っている研究者によって行われた。

IQにも、学校の教師による子どもの評価にも、母乳育児の有意な影響は認められなかった。一部のテストでは言語IQにわずかな母乳育児の効果が認められたが、その後の分析により、これはIQの測定を行った研究者の影響であると示唆されている（どの子が母乳で育っているのかを知っていたことが評価に影響したかもしれない）[24]。したがって、この研究は全体として、母乳育児がIQを上昇させるという主張に対してとくに強力な証拠を提示しているとはいえない[25]。

結論として、お利口になるおっぱいに有力なエビデンスはない。

「ママ」にとってのメリットは？

女性の中には母乳育児でパワーをもらったり、幸福感を感じたりする人もいる。どこに行くにもミルクの心配をしなくてすむのは便利だし、授乳時間は平和でリラックスできると感じる人たちだ。それはうらやましい！

一方で、授乳をすると自分が牛みたいだと感じるという人もいる。搾乳が必要だと、搾乳器を引きずって歩かなければならないのは嫌だと言う。

赤ちゃんがおっぱいを好きなのか、おっぱいが足りているのかわかりづらいという人もいる。乳首は痛むし、そもそも授乳自体が嫌だという人も。

「節約」になるかは微妙

こんなことをわざわざ紹介するのは、母親にとっての母乳育児のメリットとされることが実は主観的なものだからだ。

フィンのときはとくにそうだったが、母乳が便利で最高だと思った瞬間は間違いなくあった。そうかと思うと、何もかも茶番だと思えるときもあった。

母乳育児のメリットで必ず登場するのが「お金の節約」だ。だが実は**場合による。**

確かに、粉ミルクは高いが、授乳用のトップスや乳頭ケアのクリーム、母乳パッド、授乳用クッションも高くつく。何よりも、母親の時間は価値が高い。

もう１つ挙げられるメリットに「ストレス耐性」というものがある。母乳育児でストレス耐性が高くなるのだろうか？　これもかなり主観的だ。ストレスは睡眠障害と結びついていることが多い。母乳をあげるともっと眠れるのだろうか？　これは単に母乳育児だけのおかげというより、状況による。

前にも述べたが、母乳育児が「友情を育む」というメリットも喧伝されている。母乳育児で深まるような友情なのかどうか、自分で判断してほしい（たぶん、友人にもよる）。

ものもある。

「妊娠確率」は下がっても0%ではない

これらは何の根拠もないメリットだ。だが、なかには多少の事実に基づく可能性のあるものもある。

1つは母乳育児が「お金のかからない避妊法」であるという説だ。真実を記そう。**母乳育児をしていると妊娠する可能性は小さくなるが、確実な避妊法ではない。**とりわけ、子どもの月齢、年齢が進み、授乳か搾乳をしないで数時間過ごすことがあれば、安心できない。これは強調しておかなければならない。絶対に妊娠したくないなら、本格的な避妊方法を実践すべきだ。

「体重減少」もエビデンスが多少あるメリットだ。残念だが、その効果はあったとしても小さい。ノース・カロライナ大学の大規模な研究では、産後3か月で、母乳育児の母親とそうでない母親の体重減少は同じだった。**産後6か月では、母乳育児の母親の体重減少のほうが、およそ600グラム多かった**[26]。

この論文には、母乳育児の減量効果を過大評価しているという異論があるが、いずれにせよ、効果がごくわずかであることには変わりない。

「カロリー」は減るが、もっと食べる

「母乳育児でカロリーは消費できないの？　確か、1日授乳すると500キロカロリー消

費するって聞いたけど？」と思っている人がいるかもしれない。

その通りなのだが、**授乳中の女性はもっと食べる傾向がある**。カロリー消費はダイエット戦略として効果的だが、消費分を超える量のカロリーを摂取しないことがその大前提だ。

私は授乳中、毎朝10時半に卵とチーズのベーグルサンドを食べることにしていた。これで消費分が補充されていたのはほぼ間違いない。

産後うつ病への母乳育児の効果についても、エビデンスは弱い。この両者の関係を調べた研究の結果はまちまちで、因果関係は双方向で認められるので、評価が難しい。産後うつ病に苦しむ女性は母乳育児をやめやすいので、母乳育児が産後うつ病を軽減するようにも見えるが、実際には因果関係は逆方向に向かっている。[27]

また骨粗鬆症のリスク低減と骨の健康状態の向上も、大規模なデータセットで認められていない。[28]

糖尿病についてのエビデンスもまちまちで、女性間の差と混じっているかもしれない。

▼「乳がん」のリスクは減る

もっと大規模で強固なエビデンスのあるメリットが１つある。**母乳育児とガン、とくに**

乳がんとの関係だ。

様々な研究と幅広い地域で、この両者には関係があると思われる。しかも、乳がんのリスクがおそらく20~30%減少するという、かなり大きな数字が出ている。

乳がんは一般的なガンであり、[アメリカ人] 女性の8人に1人は生涯のどこかの時点で乳がんになるので、これほど減少するのは大きなことだ。

このデータは完璧ではない (母親の社会経済的状況の調整がほぼない)。だが、因果関係の主張は、生物学的メカニズムで補強されている。授乳で乳房の細胞に変化が生じ、発ガン物質の影響を受けにくくなる。さらに授乳でエストロゲンの生成が低下し、その結果乳がんリスクが低下するのだ。

母乳育児は子どもへのメリットが注目されがちだが、**最も大きな長期的効果があるのは実は母親の健康**なのかもしれない。

確実に「母乳育児のメリット」といえること一覧

さて、これでようやく例の母乳育児の主なメリットの表に戻り、有力なエビデンスがなかった項目を除くことができる。

項目によっては、単にデータがないために表から除外したものもある (たとえば友情)。

これを否定する有力なエビデンスがあったのではなく、研究が実施されていないということだ。研究対象になったことがあっても、最もすぐれたデータでは関連性が裏づけられていないという場合もある（たとえば肥満）。

表から除外された項目と母乳育児の関係については、関連を示唆するデータは何もなかった。言い換えれば、母乳育児は別の様々な効果（足が速くなるとか、バイオリンが上手くなるなど）と、もっともらしく関連づけられてもおかしくないということになる。

これは、ありえないという意味ではない。そういうことを示唆するデータはないという意味だ。母乳育児との関係は信じてもかまわないが、エビデンスとみなすべきではない。

エビデンスの裏づけのあるメリットのリストは、空っぽにはならなかったが、かなり限られたものになった。赤ちゃんにとっての短期的なメリットは確かに存在するようだ。ママにとっての長期的なメリットもありそうだ。だが、最初のリストに比べると、ずいぶん短くなっている。

母乳をあげたいなら試してみて！

母親への母乳育児の重圧は計り知れない。「母乳は魔法の栄養！」とか、「母乳は黄金の液体！」など、誇張されたコピーのせいで、母乳育児は、子どもを成功に導くためにでき

母乳育児の本当のメリット

赤ちゃんにとっての短期的メリット	子どもにとっての長期的メリット：健康面	子どもにとっての長期的メリット：認知面	ママにとってのメリット	世界にとってのメリット
▪ アレルギー性発疹の発症減少 ▪ 胃腸障害の発症減少 ▪ NECのリスク低減 ▪ 耳の感染症のリスク低減（たぶん）			▪ 乳がんのリスク低減	▪ 牛のメタンガス生成量低下

る（そしてしなければならない）最重要課題のように思わされる。

これはよくない。母乳育児をしたいのなら、ぜひやってみてほしい！　ただ、母乳には赤ちゃんに短期的なメリットがあっても、もし授乳したくないとか、うまくいかないなら、それで赤ちゃんとママに残念なことが起きるわけではない。

おっぱいをあげないことで1年間つらい思いをして過ごすほうがよくないに決まっている。

本書の執筆中、私は母と祖母がそれぞれの育児で読んだ本に目を通してみた。母は『スポック博士の育児書』のファンだった。母は1940年代に書かれ、定期的に改訂されている。母の持っていたのは1980年代半ばに刊行されたものだ。

スポック博士は母乳育児について、自分が気に入るかどうか試してごらんなさいと勧めている。博士は赤ちゃんの感染症予防の可能性について簡単に述べた後に、こう書いている。

「母乳のよさを一番知っているのは、やはり母乳で育てたお母さんでしょう。赤ちゃんに乳房を与えることで、じぶんしかできないことを赤ちゃんにしてやっているという満ち足りた気持ちを味わえるし、……しみじみ赤ちゃんを身近なものに感じることができるからです。ほんとうにしあわせです、とお母さんはいいます」［暮しの手帖社、昭和42年発行より］

少なくとも私には、とても強く響く内容だった。私は子どもたちに授乳してよかったと思う。それは授乳を楽しめたからだ。子どもたちとなんども素敵な時間を過ごせた。私たちだけが一緒にできることだった。子どもたちが眠りに落ちるのを眺めていられた。

だから母乳育児をする価値はあるし、試してみる価値はあると思う。試したい女性をサポートするべきだと思うし、公共の場で授乳する女性には恥ずかしい思いをしてほしくない。

だからと言って、あなたが母乳育児をしないと決めても、自分を非難する理由にはならないのだ。

結論

- 早期に母乳を与えるのは健康上のメリットがあるが、そのエビデンスは一般にいわれているよりも限定的だ。
- ママにとって、乳がんに関連する長期的な健康上のメリットはあるようだ。
- 母乳育児は子どもにとって長期的な健康面、認知面のメリットがあるという強いエビデンスは、データから認められない。

5章　母乳で育てるハウツー
最もいいあげ方は？

ペネロピの母乳育児が始まって最初の数週間を振り返ると、もどかしさばかりがもやもやと漂う。

当時は、母乳のトラブルをことごとく抱えている気になっていた。吸いつきの問題。母乳量の問題。授乳をひたすら繰り返し、結局は毎晩、特大の哺乳瓶でミルクを飲ませていた。

ペネロピはごくごく飲み干し、私の母乳が足りないと非難しているように思えた。それから搾乳だ。いつ搾乳するの？　最初のうちはどのくらいの頻度で？　仕事に復帰したら、搾乳するにはどの程度リラックスしないといけないの？

電話会議中に搾乳できる？　ミュートにするだけでいいの？

母乳が「出ない」人、「出すぎる」人

この章を書きながら、私はツイッターで発信した。「ママたち、おっぱいトラブルを聞かせて」

返信は山のようにあった。

どんなにがんばっても赤ちゃんがうまく吸いついてくれないという人。自分の「とんでもなく小さい乳首」や、「ブービーチューブ」「冷却・保温用品」を買ったときのこと。乳首の痛みの話――出血や亀裂、一番痛々しいのは部分的に皮がむけた人。

母乳の量についても返答があった。母乳不足――夫に、母乳にいいネトル茶を今すぐ買ってきてと、バスで30分かかる店まで行かせた人。1日12回、授乳後の搾乳を欠かさなかった人。母乳過多――おっぱいが滲み出て何もかもびしゃびしゃになった挙句、マットレスはパルメザンチーズ臭くなり、服は乾いたおっぱいでゴワゴワになった人。母乳不足だったのに、バスでどこかの赤ちゃんが泣き出すたびに母乳が噴出したという人。

それから、搾乳。「搾乳は最悪」というメッセージが私のメール受信ボックスにあふれ

た。ある女性は消毒した搾乳用品を乾燥ラックに移す作業で指紋が消えたという。オフィスにこもって搾乳をするせいで孤立感を味わったり、仕事が遅れる気がしたりした人もいた。出張先で搾乳時間を求めるときや、ほかに場所がなくトイレで搾乳したとき、気恥ずかしかったという人もいた。

いくら努力しても母乳が十分出ないいら立ちも書かれていた。

心理学者ぶって他人の経験をあれこれ分析するつもりかと誹（そし）りを受けるかもしれない。ただ、こういう必死の努力は身につまされる。**いくらがんばっても（普通なら結果が出るのに）こと母乳育児に関しては必ずしもうまくいかない**からだ。

大学受験から就活、果ては妊活まで、一生懸命努力すれば報われてきたのに、赤ちゃんが生まれてみると、何かの生物学的制約なのか、予測とはまったく違うことが起きる。私のように、いくら努力しても十分な母乳が作れないことを受け入れなければならないかもしれない。

「何億人という女性がやっているから、難しいわけがないよね」と思っていたのに、予想もしなかった現実。同じような女性はたくさんいると言われても、慰めにはならない。

ネットの質問に答えた多くの女性は、母乳育児がこんなに大変だということは知っておきたかったし、母乳育児を続けるのにこれほどのつらさや重圧は感じたくなかったといっている。この点については、前章を参照してほしい。

とにかく、母乳育児は多くの女性にとって難しいことで、懸命にがんばっている女性はたくさんいる。初めての出産ではよけいに大変だ。あなただけではないといいたい。

これからのページで紹介するエビデンスが役に立つかもしれない。もう1つ役立つのは、どうにかして体を休めることだ。

「専門家」ならどうする？

母乳育児でトラブルを経験したことがあれば、対処法をいろいろ耳にしたことがあるだろう。中には妥当なものもあれば、それほどと思えないものもある。

データでわかることはあるだろうか。

母乳育児の成功要因のエビデンスは2種類に分類できる。「ニップルシールドは効果があるの？」とか、「フェヌグリークで母乳量は増えるの？」といった個別の問題と、「母乳育児がうまくいくように出産前にできることはあるの？」という一般的な問題だ。

後者の質問への答えは、基本的にはイエスだ。エビデンスの裏づけのあることが2つある。ここから始めてみよう。

「カンガルーケア」が母乳育児の成功率を上げる

まず、ランダム化比較試験でいわゆる**「カンガルーケア」**が母乳育児の成功率向上に効果があるというエビデンスが得られている。

カンガルーケアは、母親が裸の胸で裸の（またはおむつをした）赤ちゃんを抱っこするという素肌のふれあいの行為で、出産直後に行うことが多い。母親の匂いと密着感で、赤ちゃんがすぐに母乳を飲もうとするように促す。

インドのある研究では、200人の母親を、出産後45分間赤ちゃんを抱っこして肌をふれあわせるグループと、保育器に赤ちゃんを入れるグループにランダムに割りつけた。[1] **赤ちゃんと素肌でふれあった母親は、産後6週間で母乳育児をしている割合が多かった（72%対57%）**。また、会陰縫合中の痛みの訴えも少なかった。

こうした結果は、多数の小規模な研究を集めたレビュー論文でも確認されている。[2] まとめると、**母乳育児の開始と成功には、カンガルーケアを行ったほうがいい**ようだ。帝王切開後も同様だ。

「サポート」には当たり外れがある

第2に、母乳育児のサポート（医師、看護師や母乳コンサルタントなどによる）が母乳育児の開始と継続の可能性を高めるというエビデンスが、ある程度（限定的だが）ある。[3]

このエビデンスは、様々な種類のサポートを取り上げた幅広い研究から得られている。

どのサポートが有効であるのかは特定しにくい。

基本的なポイントは、授乳方法を学ぶには時間がかかること、実地経験のある人に協力してもらい、よくある問題の対処を学ぶことだ。一緒に戦略を練る人がいるだけで助かるだろう。欲をいえば、ここ数日間睡眠がとれていて、ある程度の見通しも教えてくれる人がいい（ちなみに、新生児についていろいろ決断を迫られるときにも役立つ）。

母乳指導を受けるのは病院か在宅かという点に絞った研究は小規模だが2、3件ある。退院後に支援を受けるほうが、いっそうメリットがあることがわかっている。[4] 病院は自宅と違う環境だから、誰かが家に来て自分のやりかたを見てくれるのは大変ありがたい。

個人的な経験談だが、病院での母乳育児サポートには当たり外れがある。担当になった母乳コンサルタントが粗探しをしたがり、意地悪だったという人もいれば、素晴らしかったという人もいる。自分が必要とするサポートを受けられないなら、相性のいい人を探せないか相談を続けたほうがいい。できれば、知っていて信頼できる人（ドゥーラや、出産前に希望を相談していた母乳コンサルタントでもいい）に助けてもらうのが一番いいかもしれない。

一般的な対処法で最後に述べておくべきなのは、病院の母子同室制についてだ。

1章で述べたように、母子同室で母乳育児成功の可能性が高まるというエビデンスはない。[5]

赤ちゃんに「口いっぱい」ふくませる

母乳育児で最初の課題は、赤ちゃんに吸いついてもらうことだ。

赤ちゃんは、乳房から効率よく母乳を飲むために、口をいっぱいに開け、乳輪を大きく口に含む必要がある。それから舌と唇を使って母乳を吸い始める。昔想像していたように、乳首の先からやさしくチュウチュウ吸うのではなかった。友人のジェーンの言葉を借りれば、「赤ちゃんをおっぱいにぎゅっと押しつけなきゃだめ」だそうだ。

実際には押しつけるのではなく、次のイラストのように、赤ちゃんには口いっぱいにおっぱいを含ませる。実際にそうしている赤ちゃんを見ないと、なかなかわかりづらいもの

口いっぱいにふくませて！

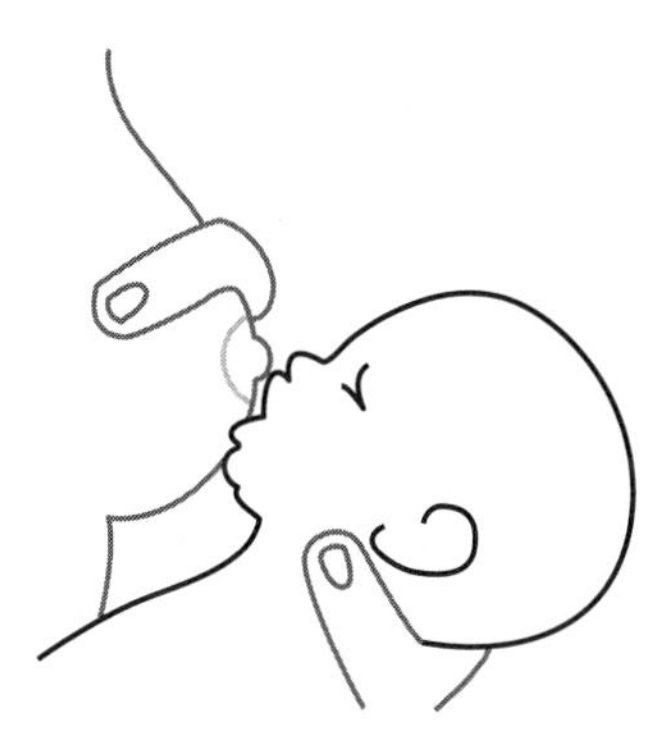
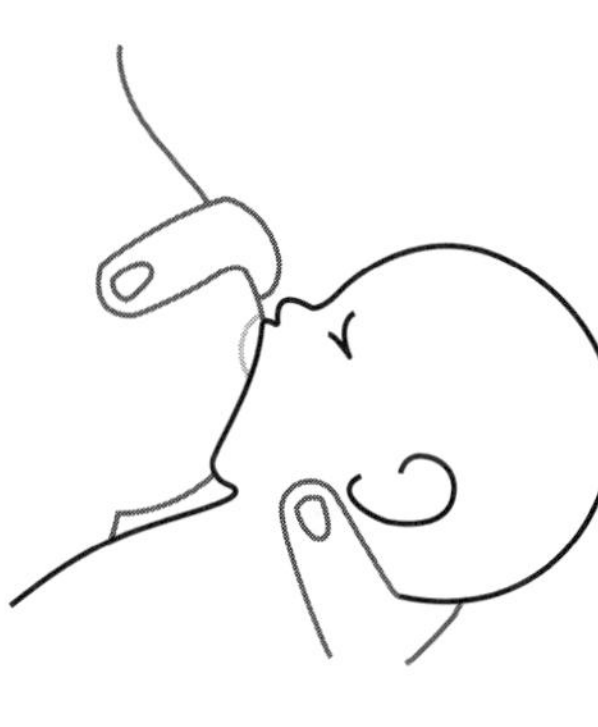

ではある。

多くの赤ちゃんは懸命に正しい方法で吸いつこうとする。きちんと吸いつけないと、赤ちゃんは十分な母乳を飲めず、ママはとても痛い思いをしかねない。

正しく吸いついているかどうかはどうやってわかるのだろうか。何回かうまくいくとわかる、としかいえない。うまくいったときには多くの赤ちゃんがもらす妙なため息にも気づくようになるだろう。

痛くても「うまくいっている」ことがある

インターネットでは、「上手に吸いついてくれると授乳は痛くなくなる」といわれている。この点については後で触れるが、初めのうちはそうでないと知っておこう。

多くの女性にとって、赤ちゃんの吸いつき

方が上手でも下手でも、最初の2週間ほどは痛みがある。なので、痛みは信頼できる判断基準にならない。

どうして赤ちゃんは吸いつきに苦労するのだろうか。

早産、病気、分娩損傷［出産時のけが］が原因の場合もある。母親の乳頭が原因の場合もある（陥没乳頭だと赤ちゃんが吸いつきにくくなることがある）。また、赤ちゃんの口腔に構造的な問題がある場合もある。とくに舌小帯短縮症（ぜつしょうたいたんしゅくしょう）や上唇小帯短縮症（じょうしんしょうたいたんしゅくしょう）といわれる状態だ。

「吸いつき」がわるいときの対処は2つ

ほとんどの人はコツがつかめるようになるが、あせらないほうがいいようだ。

吸いつきの問題が長引いてしまった場合、２種類の対処法が一般的だ。「乳頭保護器」（ニップルシールド）と「舌小帯の外科処置」だ。

①乳頭保護器――母乳分泌が減るデメリットも

乳頭保護器は、少なくとも使い始めには、絶対的信頼を置く女性が多い。

名前はかなりあからさまだ。乳首のような形状で、シリコン製のものが多く、小さな穴が空いている。乳頭の上につけ、赤ちゃんがそれを吸う。赤ちゃんが吸いつきやすくなり、理屈からいえば、ママの授乳時の痛みを和らげることができる。

主な欠点は、洗浄が面倒だというほかに、**母乳に影響する**ことだ。**保護器で刺激が低下し、母乳の分泌が減る**ことになる。[6] これについては生理学上の明白な根拠があり、ランダム化比較試験でも明らかにされている。

だが、これでは乳頭保護器に効果があるかという問いの答えになっていない。問題は、母乳の分泌ではなく、そもそも赤ちゃんにおっぱいを吸ってもらうことなのだ。

残念ながら、**乳頭保護器の効果についてすぐれたエビデンスはない**。最も質のよい研究は、34人の早産児を対象としたもので、保護器をつけた場合と、つけない場合に飲んだ母乳量が比較された。保護器なしよりも、有りのほうが4倍以上も母乳を飲んでいた。期待の持てる結果だ。

だが、この研究もランダム化されておらず、サンプルはわずかで、特定の母集団を対象としている。[7]

エビデンスとしてあるのは、多数の定性的研究だ。乳頭保護器の使用体験についてのインタビューから、確かに保護器を使ったことで母乳育児を続けられ、授乳時の痛みや吸いつきの問題を乗り越えられたという答えを得ている。[8]

ここには、もし保護器がなかったら母乳育児をやめていたという、「因果関係の証明に必要な」反事実も暗示されているが、それが正しいかどうかはわからない。

乳頭保護器を使用するデメリットは、**やめにくくなる場合がある**ことだ。ママも赤ちゃんも慣れてしまうと、保護器をなかなか外せなくなるかもしれない。母親が保護器使用に満足し、授乳量が十分であれば問題ないが、それでも授乳のプロセスが1つ増えていることになる。

初めからこれに頼らないほうがいいかもしれない。つまり、みんながとりあえず使うものではない。いろいろやってうまくいかないときに、試してみればいい。

②舌小帯の外科処置――あくまで重症の場合

もっと踏み込んだ処置が、赤ちゃんの舌小帯短縮症や上唇小帯短縮症の外科的治療だ。この処置は、実際に症状がある場合しか提案されない。

舌は小帯といわれる筋のようなもので口の底部に付着している。この小帯が短いと舌の動きが限定されてしまうことがある。赤ちゃんの場合は、母乳の哺乳能力に影響が出かねない。哺乳のメカニズムは舌がポイントだからだ。

舌小帯短縮症はそれほど珍しくないと考えられるが、重症の場合は成長途中で言葉の発音に影響が出る場合がある。

上唇小帯短縮症は同様に（こちらのほうが珍しいが）、上唇と歯茎の間の小帯が短いか、低い位置に付着している状態で、唇の動きが制限される。

どちらも簡単な外科的処置で解決できる。小帯を切除して、舌、上唇をもっと自由に動かせるようにするのだ。手術はよく行われる、安全なもので、構造的に効果があると思われる。[9]

だが実際の成功に関するエビデンスについては、かなり限定的だ。

この処置についてはランダム化比較試験が4件実施されているが、どれも小規模であるうえ、授乳の成功への影響を評価したのは3件だけだ。[10] そのうちの2件は授乳の成功に差異がなく、1件では改善が見られた。4件とも、授乳中の母親の痛みは改善したが、あくまでも自己申告である。

限定されたエビデンスが示唆しているのは、**舌小帯短縮症が見られる場合でも、手術は乳頭保護器以上に、最初に頼るべき方法ではない**ということだ。

2週間で「痛み」は引いていく

赤ちゃんが上手に乳房に吸いつけても、ほとんどの女性は授乳の初めに何かしらの痛みを感じる。たいていの痛みは1~2分で消え、継続しない。病気から痛みが続く場合があるが（乳頭カンジダ症など）、治療できる。放っておいてもいいことはないので、痛みがしつこく続くようなら相談しよう。

乳頭に亀裂が入り、ひりひり痛んだり、出血したりすることもある。

これには魔法の解決策はない。ラノリンクリーム［羊毛脂から精製したクリーム］やジェルパック、パッドを愛用する女性が多いが、どれもその効用をランダム化比較試験によって裏づけたエビデンスはない。[11]ランダム化比較試験で何かしらの裏づけが得られたのは、乳頭に定期的に母乳をこすりつけるという方法だ。だが、このデータは1回だけの、しかも規模が小さな試験で得られたことを注意しておきたい。[12]

もちろん、乳首にラノリンを塗ったり、母乳でマッサージしたりすることは否定しないから、効くと思ったり、試してみたいなら、ぜひどうぞ。私がこの件を相談した友人のヒラリーの答えはこうだった。「毎回、乳首を保湿すること」

どんな対策をとっても、**2週間すれば、多くの女性の乳首の痛みは解消するか、少なくともやり過ごせるレベルにまで落ち着く**ので、安心してほしい。

これは、乳頭の出血、開放創という重度の外傷の女性を対象にした試験のエビデンスに基づいているので、ひどい状態だと思えても、たいていの場合は自然に解消するということを覚えておいてほしい[13]。

同時にこのエビデンスからいえるのは、2週間経ってもひどい痛みが続くことは普通ではなく、「このまま続ければよくなるはず」と甘く見てはいけないということだ。必ず相談してほしい。

乳首の痛みは、授乳中にかかる感染症である乳腺炎とは違う。乳腺炎のリスクを高める要因はあるが（授乳のたびにおっぱいを空にしない、乳汁の過剰など）、発症はかなり偶発的だ。

診断は難しくない。乳房が赤くなり、痛みがあり、腫れや高熱を伴うのが症状で、治療には抗生剤が必要な場合がある。症状はかなりつらく、放っておけるものではない。

「哺乳瓶」よりおっぱいであげたほうがいい？

母乳育児を考えているなら、よく心配される**「乳頭混乱」**について聞いたことがあるだろう。いろいろな情報源で、哺乳瓶やおしゃぶりなど人工乳首を使うときは十分注意するようにといわれている。赤ちゃんが混乱して、おっぱいに吸いつかなくなってしまうからだ。

ここでは、哺乳瓶（赤ちゃんは、乳房に吸いつかなくてもミルクを飲めると学習する）と、ミルクの出てこないおしゃぶりとは区別したほうがいいと思う。

「おしゃぶり」の影響はなし

注意されているわりには、**おしゃぶりが母乳育児に影響するというエビデンスはない。**出生時からおしゃぶりを始めた試験も含め、複数のランダム化比較試験で明らかだ。[14]

このうち1件の試験が、おしゃぶりが母乳育児に影響するという（誤った）結論が出された理由を明らかにしている。

この試験には281人の女性が参加し、おしゃぶりの使用について推奨か反対か、どちらかの助言を受けた。おしゃぶりの使用を反対されたグループで、実際に使用した人は少なかった。[15] この論文の中心となる分析（191ページのグラフの左側の2本の棒線）では、生後3か月での母乳育児率を、おしゃぶり推奨グループと反対グループで比較した。母乳育児率への影響は見られない。片方のグループは赤ちゃんにおしゃぶりを与えている割合が大きいのだが、どちらのグループでも、3か月の時点でおよそ80％の母親が母乳育児をしていた。

論文の著者らは次に賢明な分析をした。ランダム化はせず、おしゃぶりを使う選択をし

おしゃぶり使用頻度別の生後3か月での母乳育児率

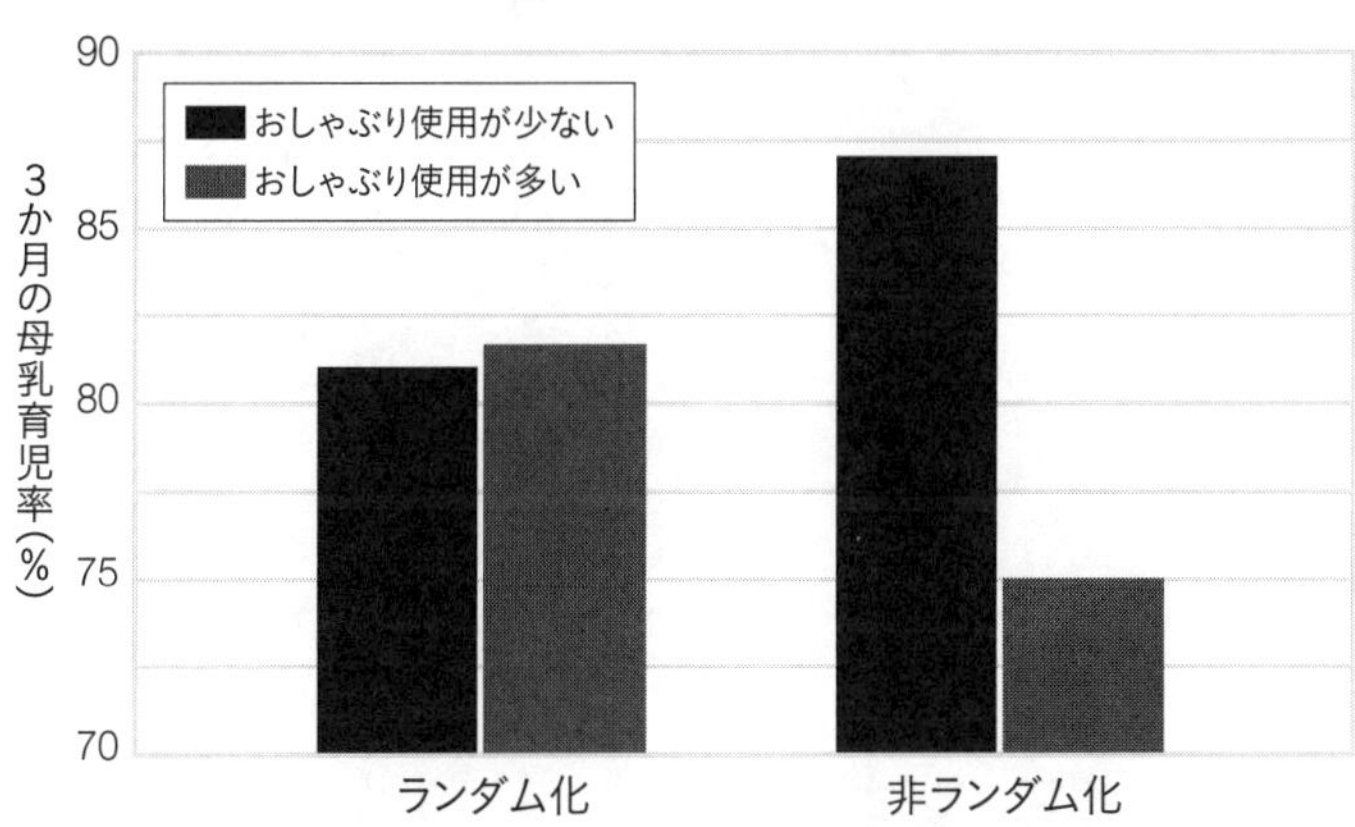

た母親とそうでない母親の生後3か月時点の母乳育児率を比較したのだ。つまり、ランダム化比較試験をまったく行っていないかのようにデータを処理し、母親の母乳育児率とおしゃぶりの使用率だけを見た。

この分析の結果が、グラフの右側の棒線のセットだ。ここではおしゃぶりを使っている母親が3か月で母乳育児をしている割合が少なくなっている。

この2つの結果を比べた研究者の結論は、別の要因が、おしゃぶりの使用と母乳育児の早期終了の両方の原因になっているというものだ。たとえば、おしゃぶりの効用をうたう宣伝文句などを見ると、おしゃぶりを使用しようと思う女性はそれほど母乳育児の意欲が強くないのかもしれない。

結論はランダム化データをもとに出すべきだ。それによると**おしゃぶりは母乳育児の成功に影響しない**。

だが、ランダム化比較試験以外のエビデンスの多くは、先ほどのような非ランダムな、観察研究による相関関係に基づいているので、おしゃぶりが乳頭混乱の原因となるという神話を信じてしまう人がいるのも無理はない。

「問題」はなさそう

哺乳瓶での授乳による乳頭混乱を評価するのは、ミルクの追加と乳頭混乱の関与という2つの因子があるため、もっと複雑になる。

まず母乳育児の成功は、ミルクの追加と関連があると仮定してみよう。理由は、授乳に苦労する女性のほうがミルクを追加しやすいからだとする。その場合、早期に哺乳瓶で授乳された赤ちゃんは、結局母乳を与えられる可能性が低くなることに気づくだろう。だが、これは乳頭の問題とはまったく関係なくなってしまう。

この問題を単純な研究デザインで扱った、秀逸なランダム化比較試験がある。[16] ミルクの追加が必要な乳児が、ミルクを哺乳瓶で飲むか、カップで飲むかをランダムに割りつけられた。ここでは乳頭混乱が問題になっていない。[17] **総じて、追加の方法は関係な**

いことがわかった。どちらのグループも母乳育児の期間はおよそ4か月で、完全母乳育児の期間は2～3週間だった。

哺乳瓶でもカップでも、結果は同様で、乳頭混乱は問題ではないことが示唆されている。

十分な「母乳量」になるには？

私の母は1980年代のスポック博士の育児書に信頼を寄せていた。祖母にも愛用の育児書があった。ポケットブックが6冊セットになった『お母さんの百科事典』で、初版は1933年。とても読み応えのある本だ。はしかから虫垂炎、夏のキャンプまであらゆることが網羅されている。

この本の母乳育児の解説では、母乳量についてかなり詳しく説明し、「今どきの」女性の多くは母乳量が足りずに苦労していると指摘している。4時間ごとに、片方の乳房だけで授乳するアドバイスには反対している。一番傑作だと思えるのは、「未開人の」（原文のまま）母親は「赤ちゃんが泣くたびに、いつどこでも、授乳する！」という説明だ。

著者は、この「未開人」流が母乳の出をよくするのに効果的だとしつつ、「現代人」がこの方法に戻ることは誰も推奨しないだろうと釘を刺している。世の中は変わるというい い教訓だ。今、一般に推奨されているのは、少なくとも初めのうちは、赤ちゃんが欲しが るたびに授乳することだ。これで十分な母乳量が出るようになるからだ。

授乳のスケジュールを立てるのはその後の話になる。

「赤ちゃん」が欲しがれば母乳は出る

生物学的なメカニズムで、授乳頻度と母乳量はつながっている。**赤ちゃんが欲しがると分泌量は増える**というフィードバックループの仕組みができているのだ。

たとえば母乳量を増やしたい人が授乳後に搾乳して、体にもっと赤ちゃんがほしがっていると思わせるのは、このループが存在しているからだ。


とはいえ、元来は合理的な進化の過程で生まれた仕組みであっても、必ずしも計画通りに機能しないものだ。

まず、母乳が出始めるにはかなり時間がかかる場合がある。第2に母乳が出ても、母乳量不足になる可能性がある。第3に、逆の母乳量過剰になる可能性もある。


出産後すぐに、抗体が豊富に含まれた初乳が少量分泌される（実際には妊娠末期に産生

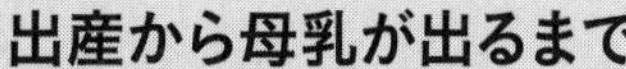

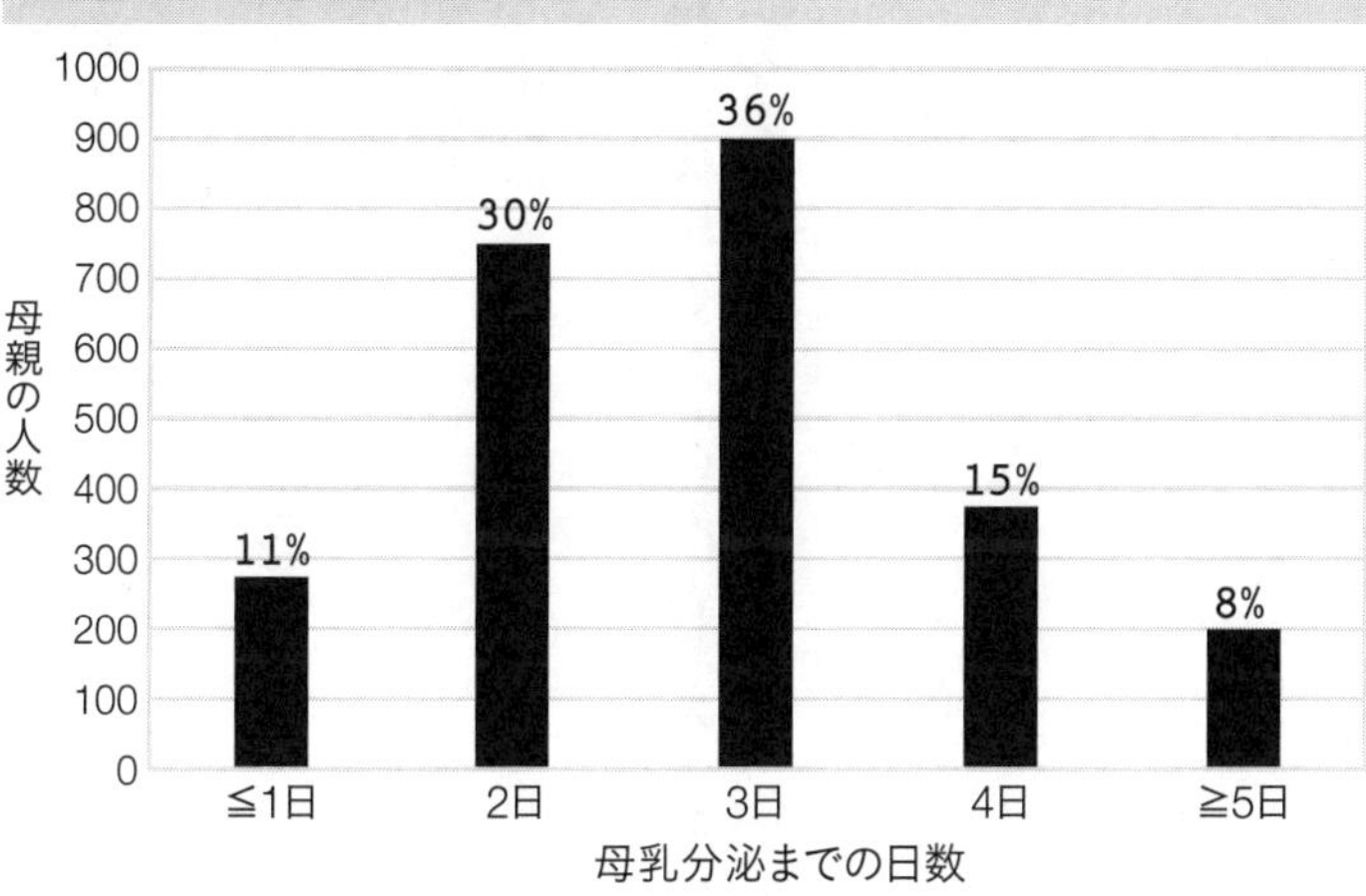

が始まっている）。授乳しているうちに、生後数日間で母親の体は初乳の分泌から多量の母乳の分泌へとスイッチを切り替える。この母乳の本格的な分泌への移行（専門用語で乳汁生成Ⅱ期といい、「乳汁来潮」ともいう）は、分娩後72時間で起きるはずだ。それが起きないと、「乳汁来潮の遅れ」があったとされる。

実際には、これよりももっと時間がかかる女性も多い。上のグラフ（2500人の女性の研究）は、出産から母乳分泌までの日数の分布を示している。**ほぼ4分の1の女性が3日を超える遅れを経験している。初産の女性では、35％ともっと高くなる。**[18]

母乳の分泌開始の遅れは（データでは）早期に母乳育児をやめる割合の高さと相関

している[19]。母乳が出始めるのが遅いと、赤ちゃんの過度な体重減少を招き、その結果、母乳育児の継続が難しくなるためかもしれない。また、そもそも母親が母乳育児にとくに熱心でなく、遅れによってすっかり関心を失ったのかもしれない。

因果関係があるかどうかは別として、母乳の分泌開始の遅れは、精神的にきわめてつらい場合がある。

相関関係のある要因はいくつかある。[20] 妊娠中の喫煙は肥満と同様、母乳分泌を遅らせる。帝王切開をした女性、分娩中に硬膜外麻酔をした女性も開始が遅れやすい。

自分の体に「もっと必要」と教えてあげる

産後にできる行動としては、赤ちゃんが欲しがるときに授乳することと、産後1時間以内に授乳を始めることが、母乳分泌開始の遅れを低減させる可能性がある。これは、あくまで相関関係があるのであって、必ずしも因果関係はないことは強調しておきたい。それに、勧められた硬膜外麻酔などはそもそも理由があって選択しているかもしれない。それに、勧められたことをすべて実行してみても、分泌が遅れる可能性はある。

母乳が出るようになっても、十分ではないかもしれないし、多すぎるかもしれない。

母乳不足の女性にまず提案できるのは、赤ちゃんの欲求に応じたフィードバックループを作り、母乳量を増やすこと。医師から、授乳後に毎回か少なくとも何回かは搾乳し、自分の体にもっと母乳が必要だと教え込むようにと勧められるかもしれない。母乳の分泌に関する生物学の一般知識からすると、効果がありそうだが、有効な進め方を教えてくれる研究は見つからなかった。

インターネットでは様々な助言があふれている。ハーブ療法（フェヌグリークが有名だが、ネトル茶などもある）、特定の食品（ダークビールなど）、十分な水分補給などだ。水分補給はいつでも必要だが、母乳の生成を促すという信頼できるエビデンスはない。[21] **ビールは逆効果**だ（詳細は202ページ）。

ハーブ療法のエビデンスはまちまちだ。[22] フェヌグリークを一例として挙げれば、2016年のあるレビュー論文で、フェヌグリーク摂取の母乳への影響を調べた2件の小規模なランダム化比較試験が取り上げられた。1件の研究では母乳は増量したが、もう1件では増量しなかった。別のハーブ療法（シャタバリ、ワサビノキ）のエビデンスも結果は同様にまちまちだった。

どのハーブも推奨された服用量では副作用が認められないので、試す分には害がないが、魔法のように効くわけではない。

母乳が「出ない」人の特徴

医薬品のほうが明白なエビデンスがある。とくに「ドンペリドン」は様々なランダム化比較試験で母乳の産生量を増やすことがわかっている[23]（残念ながら、アメリカでは入手できない。イギリス、カナダでは入手可能［日本で入手可能］）。

何をしても母乳がほとんどあるいはまったく出ないこともありうる。これは一般的ではないが、ほとんど取り上げられないので、判明すると驚くことが多い。主に乳腺の発育不全と診断される。先天的な場合もあり、そうであれば、人工乳栄養か混合栄養にしなければならないかもしれない。

乳房縮小術を受けた女性も、術式によって母乳量が限られる可能性があり、ある程度の人工乳の追加は必要かもしれない[24]。

「冷えたもの」で胸を包む

一方で母乳量が多すぎる場合もある。これは自然に生じることもあれば、母乳不足問題に熱心に取り組みすぎた結果生じることもある。初めの頃、母乳量を増やすために授乳後の搾乳を勧められ、分泌量が逆に増えすぎたのだ。

初めに搾乳に熱心だったあまり何リットルもよけいな母乳が出て、不快な経験をした女性を何人か知っている。

母乳分泌過多の大きな問題は、たまらなく不快になること、乳腺炎のリスクが高まることだ。乳房はパンパンに腫れて硬くなり、熱を持って痛くなる。搾乳すれば楽になるが、フィードバックループが働いて問題が長引いてしまう。供給量を抑えたければ、この乳房緊満の問題を解消することが必要だ。

対処法としては様々な方法が勧められている——鍼(はり)、指圧、マッサージ、冷湿布、温湿布、乳房にフィットするジェルパック、キャベツの葉、などだ。[25] エビデンスは一定でない。ランダム化比較試験は数件あるが、ほとんどは小規模で一部バイアスに影響を受けている。**冷温湿布と、室温または冷やしたキャベツの葉は、いくぶん症状を軽減する**ようだ（そう、キャベツだ。冷蔵庫で冷やしたもので乳房を包む。ママは恰好にかまっていられない）。

母乳の過分泌の問題は、痛みだけではない。赤ちゃんがおっぱいを飲みだすと、母乳が噴出して、赤ちゃんが飲むどころではなくなるという問題もある。消防車のホースから飲もうとするようなものだ。

授乳の直前に数分間、搾乳器を使うか、手で搾ると予防できる。また、赤ちゃんが大きくなり、過分泌が落ち着くと、改善が見込める。

母乳育児ママは何を食べちゃダメ？

「ハイ、エミリー！」とハンフリーが書いてきた。「赤ちゃんはとても元気だよ。でもマギーの両親が、授乳中の母親はカリフラワーを食べてはいけない、水道水を飲んではいけないって言っている。赤ちゃんがもっと泣くからだそうだけど、これって本当？」

妊娠中の9か月間、食べてはいけないものに注意した後で、授乳中にも同じような食事制限が必要だと思うと、踏んだり蹴ったりだ。

レアステーキは食べてもいい？　喉から手が出るほど食べたかった生乳チーズは、まだダメ？　それにワインは？　2〜3杯はどう？

喜んでほしい。**母乳育児のママに食事制限はほとんど必要ない。**

「高水銀」の魚はダメ

まずは食品部門から。

授乳中の女性が医学的見地から避けたほうがいいのは、**高水銀の魚**[26]だ。それだけ！　メカジキ、キングマカレル［サワラの一種］、マグロはダメ。でもほかの魚なら大丈夫だ。生乳チーズ、寿司、レアステーキ、ハム、ソーセージなどなど、全部食べてよい。

赤ちゃんのコリック（過度に泣くこと）に悩んでいるなら、一般的なアレルゲン食品を避けるとよいという一部のエビデンスがある（101ページを参照）。

カリフラワーはどうだろう？

お腹にガスを溜めやすい食品（カリフラワー、ブロッコリー、豆類）を食べると赤ちゃんもガスが溜まりやすくなり、コリックが悪化すると聞くと、迷信のように思える。

これについては1件だけ論文が見つかった。郵送調査で、親に多くの食品について尋ね、コリックのある赤ちゃんとそうでない赤ちゃんで摂取した食品を比較したものだ。[27] この研究では、カリフラワーとブロッコリーでコリックが増えたという最低限のエビデンスが見つかったと主張しているが、データ収集の方法と解析の問題がかなり大きく（郵送調査で回答率が悪かった、母乳育児にこだわる人たちの極端な回答があった、統計精度に問題があった）、これは無視したほうが無難だと思う。

好きなものを食べることだ。

「アルコール」の影響は意外と少ない

お酒はどうだろう？

控えるべきだとか、もし飲むなら「搾乳して捨てる」べきだという声が聞こえてくる（医師からというより、主にインターネットから）。一方で、アルコール（とくにビール）で母乳量が増えるから、もっと飲んだほうがいい、と言う人たちもいる。どちらかが正しいのだろうか。

いや、どちらでもないのだ[28]。

お酒を飲むと、母乳のアルコール濃度は、母親の血中アルコール濃度とほぼ同じになる。ただし、**母乳を飲む赤ちゃんは、直接アルコールを摂取するわけではないので、摂取するアルコール濃度はきわめて低い。**

ある論文の綿密な計算では、母親がアルコール飲料を急いで4杯飲み、血中アルコール濃度の最大時に授乳したとしても、赤ちゃんが摂取するのはかなり低い濃度のアルコールであり、マイナスの影響がある可能性はきわめて低いレベルだ[29]。

しかもこれは「最悪のシナリオ」の場合だ。この論文では、お酒を4杯急いで飲むと赤ちゃんの世話ができなくなり、健康にも悪いから、真似しないようにと警告しているが、これは母乳に含まれるアルコールの問題ではない。

したがって、**搾乳して捨てる必要はない**。母乳には母親の血液と同じ濃度のアルコールが含まれているので、血中アルコール濃度が下がっていくと、母乳のアルコール濃度も下がる。母乳にアルコールは蓄積されない。

これを考えると、母親のアルコール摂取が赤ちゃんに及ぼす影響についてあまりエビデンスが見つからないのも納得がいく。

母親の飲酒後に母乳を飲んだ赤ちゃんの睡眠の間隔が短くなるという報告が数件あるが、すべての研究で裏づけられているわけではない。

長期的な影響はいっさい見つかっていない。

1杯飲んだら「2時間後」に授乳

母親として万全の注意を払いたいし、自分の子どもにはいっさいアルコールを摂取させたくないとしたらどうだろう？　大丈夫。飲酒してもいいが、**1杯飲んだらアルコールが代謝されるまで2時間待ってから授乳する。2杯なら4時間**だ。[30]

これらの研究はどれも、飲み過ぎや、頻繁に大酒（毎日3杯以上）を飲むことについてはわからないことが多いと警告している。頻繁に大量飲酒する女性の多くは妊娠中もそうしているので、飲酒量が多くない女性とは別の意味で異なっている。

妊娠・授乳中でなくても、大量飲酒は健康に悪い。妊娠中は胎児にとってきわめて危険であるし、産後は赤ちゃんの世話がまともにできなくなる。

一方、残念だが、**飲酒で母乳量が増えることはない。むしろ多少は減る可能性がある。**もし産後早期に母乳量で苦労していても、アルコールで増やそうと思ってはいけない。[31]

「薬」はどう?

アルコールとともに心配なのが、授乳中の薬の服用の影響だ。

本書であらゆる医薬品の影響を網羅することはできないが、一般的には大部分の薬は安全であり、主治医が適切な情報を提供してくれるはずだ。また実質上どの医薬品も米国国立衛生研究所のLactMedデータベースからオンラインで検索できる[32]［日本では国立成育医療研究センターが「ママのためのお薬情報」のサイトで情報提供している。https://www.ncchd.go.jp/kusuri/lactation/］。

よく使われる2種類の医薬品についてここで取り上げておきたい。「鎮痛剤」（出産後に服用する）と「抗うつ剤」だ。

出産はつらく、産後は何日もかなりの痛みに苦しむ。まず服用できるのが、アセトアミノフェンか、イブプロフェンで、後者の場合はかなり用量が多い。どれも忍容性がよく［副作用があっても軽い］、授乳中でも使用できる。

だが、帝王切開を受けた女性など、イブプロフェンでは十分に効かない場合もある。次の段階で一般に使用されるのがコデインだが、最近のデータでは授乳中に曝露した赤ちゃんに有意な神経系の影響があることが示唆されている。極度に眠くなり、数例の重篤な結果があると考えられている[33]。そのため最近は、一般にコデイン、あるいはオキシコドンのようなオピオイド系鎮痛剤は処方しないよう勧告されている[34]。

そうはいうものの、出産後、とくに帝王切開後の回復はとてもつらい場合があり、医師が適切な注意を払いながらオピオイドを処方することもある。処方されたとしても通常は短期間であり、最小用量だ。鎮痛剤と母乳育児の兼ね合いは、主治医と相談することが必要だ。

抗うつ剤についてはかなり安心できる。

抗うつ剤はすべて母乳内に分泌されるが、赤ちゃんへの悪影響のエビデンスはほとんどない。産後うつ病は深刻で、治療は必要だ。

抗うつ剤の種類によって母乳へ移行する程度に差があるが、その人に効果のある抗うつ剤を処方することが一般に認められている。以前に抗うつ剤を服用したことがあり、自分に効く薬がわかっているなら、それを使うべきだ。[35] そうでなければ、授乳中の母親にまず処方されるべきなのは、パロキセチンとセルトラリンだ。どちらも母乳への移行が一番少ない。

「カフェイン」に敏感な赤ちゃんがいる

最後にカフェインについて。ほとんどの人が授乳中にカフェインを摂って大丈夫だと考えている。確かに赤ちゃんへのリスクを示唆する文献はない。だが、**カフェインにかなり敏感な赤ちゃんもいて、騒いだり、いら立ったりする子もいる**。わが子が当てはまると思ったら、控えたほうがいい。

水道水は？　**どんどん飲もう**。授乳中はもちろん、誰にとっても水分補給は大事だ。どこでも飲めるところで水を飲もう。

「搾乳」のコツ

２０１４年にＭＩＴ［マサチューセッツ工科大学］が搾乳器を改良するアイデアを求めてハッカソン［ＩＴ技術者などのチームが与えられたテーマで制限期間内に集中的にソフ

トウェアやサービスを開発し、アイデアの斬新さや技術の優秀さを競うイベント」を開催した。その後、画期的な製品化には至っていないが、私たちは固唾を呑んで待っている。市販の搾乳器は最悪だからだ。

痛いし、使いづらい、毎回消毒が必要、音がうるさい、重い、効率が悪い——どれも女性たちが声を大にして指摘している問題点だ。

しかもこれは搾乳器だけに限った話だ！　仕事中や出張中の搾乳問題だってある——仕事の時間は減るし、空港の普通のトイレで搾乳するときの問題は挙げきれないほどだ。

「搾乳グッズ」を使いこなす

ここ数年間で搾乳器には技術革新が起きている。「フリーミー」という製品は、搾乳用カップをブラの中にうまく装着させ、そこに母乳を溜める仕組みだ。魅力は、モーター自体が小さいので、ポケットに入れたり、服にクリップで留めたりできるところだ。

私の授乳期は終わっていたうえ、友人のハイディに研究目的で試してもらうこともできなかったが、愛用者から話を聞くことはできた。基本的に、これを使えば搾乳しながら外を歩き回ることもできるという。これをつけて手術に臨んだ医者を知っているという人がいたが、エビデンスにはならないと思う。

搾乳器を使う理由は3つある。

搾乳で「母乳量」が増えるかは微妙

まず、産後早期に母乳不足であると、医師から搾乳を勧められることがあるからだ。分泌量を増やすために、授乳後、何回かに1回（あるいは毎回）搾乳してみてはどうかと言われる。

すでに述べたように、理論的には正しいが、実験によるエビデンスはあまりない。この理由だけで搾乳するなら、病院から搾乳器をレンタルしたほうがいいかもしれない。そちらのほうが高性能であるはずだ。それに初めのうちはたぶんあまり外出しない。

授乳直後に「搾乳」する

2番目に、赤ちゃんにときどき母乳入り哺乳瓶で授乳できるように準備したい女性が多いからだ。赤ちゃんが哺乳瓶で飲んでいる間に搾乳するにしても、最初の1瓶を用意するには、当然、事前に搾乳しなければならない。また、仕事復帰のために、保存した母乳を用意しておきたい人もいる。

私はこの作業が複雑だったことを覚えている。とくに、ペネロピの授乳期で母乳量が増えないときはそうだった。育児書によっては、授乳後2時間で搾乳するようにと指示していた。赤ちゃんが欲しがっていなくても、その時点で多少は溜まっているからとあったが、娘は目が覚めるとすぐに飲みたがることがあり、そのときに母乳はもうないのだ！
思い返してみると、産後間もなく一番ストレスの溜まった時期だった。

これに関しては科学的なアドバイスはないので、**ストレス抑制のためには、具体的なスケジュールを立てるのがベストかもしれない**。多くの女性がうまくいったと報告しているのは、どこか1回の授乳（母乳が一番出る朝がいいかもしれない）の直後に搾乳することだ。

毎回少量でも搾乳でき、早めに始めれば、1週間か2週間でボトル1本分になる。そうすれば、そのボトルを飲ませている間に、別の1本分を搾乳すればいい。

ハンズフリーの「搾乳用ブラ」を使う

最後に、女性が搾乳器を使う最大の理由は、仕事復帰の後も母乳をあげられるようにするためだ。赤ちゃんがおっぱいを飲む回数とほぼ同じ回数で搾乳し、今日搾乳した分を明日赤ちゃんに飲ませる。搾乳量が多ければ、余る分は冷凍できる。

これに代わるやり方はない。ほとんどの女性は難しく、不快だと感じている。職場では搾乳時間が認められていても、規則が必ず守られるとは限らない。自分専用のオフィスがあれば言うことはないが、そうでないと、搾乳には理想的とはとてもいえない場所に追いやられるかもしれない。

話を聞いた1人の医師は、男女共用のロッカールームで、みんなの見ている前で搾乳したという（タオルでカバーしていたそうだ）。

たとえ完璧な環境でも、搾乳器のパーツは毎回洗浄しなければならず、これには時間がかかる。1回30分、1日3回（普通の回数だ）搾乳すると、ほかのことができたはずの90分間の時間が取られる。

搾乳しながら仕事をすることは、場合によるが可能だ。その場合**ハンズフリーの搾乳用ブラ**を入手することを強くお勧めする。最低でも、スマホで何かを読むことはできる。

搾乳中はリラックスして、赤ちゃんの写真を見ながら、のんびりしたほうがいいと勧める人は多い。そのほうが分泌量が増えるからだという。その直接のエビデンスはない。NICUで赤ちゃん用に搾乳したお母さんの研究では、赤ちゃんの近くにいると母乳生成量は増えたというが、関連性のかなり薄いエビデンスだ[36]。

ＭＩＴが「最適な搾乳技術」を開発中！

搾乳器につながって過ごしていると、これでは赤ちゃんが飲んでくれるよりも効率が悪いと思うだろう。高性能の搾乳器でも赤ちゃんにはかなわない。

これは女性によって様々なようだ。完全母乳育児で問題はないのに、搾乳器ではまったく母乳が出ないという女性もいる。母乳の出に問題はないという女性もいる。

完璧な解決策はないのだ。

私の親友で、夢のような環境にいると思えた女性がいた。仕事はフレキシブルで、子どもの保育室が隣にあったので、１日に何回か授乳に顔を出すことができた。素晴らしいことのように思えたが、ある日彼女は１日外出しようとして、息子が哺乳瓶を受けつけないことを知ったのだった。

私たちはみんな、もっといい搾乳技術が生まれるのを、固唾を呑んで待っている。ＭＩＴのみなさん、よろしく！

結論

●母乳育児は、場合によってとても大変だ！

●産後早期の処置

・早期のカンガルーケアで母乳育児の成功の可能性が高まる。

●吸いつき

・乳頭保護器は一部の女性に効果的だが、やめるのが難しくなることもある。

・舌小帯、上唇小帯の治療で授乳が改善するというエビデンスはかなり限られている。

●痛み

・舌小帯短縮症の治療でママの痛みが改善される場合がある。

・乳頭の痛みの治療方法にはあまりエビデンスはないが、赤ちゃんの吸いつきかたに注目することは大切。

・授乳開始から数分後、または数週間後にまだ痛みがあるなら、相談しよう。感染症であれば治療できる。ほかの問題であっても解決策がある。

●乳頭混乱

・データの裏づけはない。

●母乳量

・産後3日以内に半数以上の女性に乳汁来潮があるが、約4分の1の女性はもっと時間がかかる。

・生物学的なフィードバックループ説は有力だ。授乳回数を増やすと母乳の分泌量が増えるはずだ。

・母乳量を増やすための医薬品以外の療法（たとえばフェヌグリーク）の効果についてはエビデンスが限られている。

●搾乳

・最悪。

6章 赤ちゃんを寝かせる どこで、どんな姿勢がいい？

うちには『ウィンケンとブリンケンとノッド』という題の古い厚紙の絵本があり、本の最後にベビーベッドで眠る赤ちゃんの絵がある。この絵を見るたびに驚くのが、ベッドに置いてある物の多さだ。ぬいぐるみにブランケット、まわりを囲うパッドに枕。

うちのベビーベッドには（歩けるようになった後でも）、お気に入りの小さなブランケット1枚と水の入ったボトルしか置かなかった。ペネロピは3歳で子ども用のベッドに移ってからも、何かを掛けて眠るという概念を理解するまで数か月かかった。

小児科学会はベッドに「寝具以外」置くのに反対

子育てで勧められることは時代によって変わるが、私たちの子どもの頃と現代を比べると、寝かせ方ほど変化したものはたぶんないだろう。

私たちが赤ちゃんの頃は、薄いクッションで囲ったベビーベッドでうつぶせ寝にして、ふわふわのブランケットを掛けるのが珍しくなかった。理由はわかる。赤ちゃんは小さくて、ベビーベッドはそもそも殺風景だ。小さな赤ちゃんが大きなベッドにぽつんと寝ている様子はどうもしっくりこない。

アメリカ小児科学会（ＡＡＰ）の最新のガイドラインは、ベッドにおもちゃやブランケットを置くことに明確に反対している。赤ちゃんは仰向けで、ベビーベッド（あるいは新生児用ベッド）に１人で寝かせること。ベッドには何も置いてはいけない。ベッドガード（ベッドの柵に赤ちゃんの手足が引っかかるのを防止するパッド）は使うべきでない。

乳幼児は、親とは別に、自分のベッドで眠るべきだが、子どものベッドは親の部屋に置く。

このガイドラインはＳＩＤＳ予防の目的で始まった安全な睡眠キャンペーンの一環で作られた。

当初は「仰向け寝」の重要性が強調されていたが、最近では添い寝をしないことと親と同室で寝ることも加えられている。

ＡＡＰのガイドラインはシンプルでわかりやすいが、実行するのは難しいという人が多い。とくに、初めての子育てで、２時間邪魔されずに眠れるなら貯金をはたいてもいいと思うくらい疲労困憊していたらそう思うだろう。

うつぶせ寝のほうがよく眠る赤ちゃんは多いから、何をしても寝てくれないと、うつぶせ寝の誘惑は抗いがたい。同様に、とくに母乳育児をしていると、添い寝の誘惑もある。授乳中に赤ちゃんが眠ってしまい、添い寝をしていれば目を覚まさないとわかっていると、ベッドに移すには覚悟がいる。

一方で、赤ちゃんのベッドを親の寝室に置くという指示も難しいかもしれない。夫のジェシーは子どもたちと同室では眠れない。フィンが生まれて、数週間同室にしたときは、夫は完成前の屋根裏部屋でエアマットレスを敷いて寝ていた。これを長期間続けられるとは思えなかった。

ガイドラインに従うのは大切だが、決めるのは難しい。リスクについて慎重に考えることが必要だ。

突然死は「生後４か月間」に集中している

アメリカでは、生後1年未満の正期産児の死因で、先天異常を除いて一番多いのがＳＩ

DSだ。SIDSとは、生後1年未満の健康そうに見えていた乳児が原因不明で死亡することをいう。**その90％は生後4か月間に起きている。**

SIDSの原因はよくわかっていない。赤ちゃんが突発的に無呼吸になり、呼吸を再開しないときに起きるようだ。**脆弱な乳児（たとえば早産児）や男児のほうが多い。**

子育てで何より悩ましいのは、世界で一番愛している存在が、親の力の及ばないところではまったく無力だということだ。私の知っている親は誰でも、本能的に子どもを家に置き、親の目の届かないところには絶対に行かせず、文字通り手放さないことが確かにある。

それでもあえて危険なことはさせる。自転車の練習をさせるし（膝をすりむくのは承知のうえ）、ほかの子どもと遊ばせる。ときにはひどい風邪やウイルス性胃腸炎をもらってくるのもわかっている。

こういう場合、メリットとリスクを天秤にかけるのはそれほど難しくない。ウイルス性胃腸炎は困るが、ほかの子どもたちと遊ぶのは楽しいし、成長に欠かせない。だから2つを天秤にかけ、うちの子どもたちがよその子と遊ぶのはいいが、その子たちが病気のときはやめさせようなどと判断する。

「リスク」を正しくとらえる

悲劇的な結果（重病か死亡）が生じる可能性があれば、リスクについて考えるのはもっと難しい。

まずは、睡眠のリスクを、毎日暗黙のうちに受け入れているリスクとして考えてみよう。子どもを車に乗せるのは、１００％安全とはいえない。あまり考えないが、危険は確かに存在する。このような暗黙のうちに受け入れている潜在的なリスクレベルで評価すると、これから取り上げるのは、現実に存在するが、小さなリスクだ。

次に、睡眠方法の選択は、現実の生活の質に影響を及ぼすという認識が必要だ。添い寝でないと絶対に眠れないというのなら、それを選択することで、心の健康を維持し、車の運転能力、生活能力全体（どれも、子どもへのメリットもある）を維持できる。生活の質に関わる重大な選択で、もしかしたらごくわずかなリスクを過大評価しているのかもしれない。

恐ろしいリスクだが、ごくわずかなリスクでもあるのだ。自分自身を大事にしなさいといわれても、あなたは気にかけないかもしれない。だが、自分を大事にすることは、実はあなたの責任の一端なのだ。

郵 便 は が き

料金受取人払郵便

新宿北局承認

9014

差出有効期間
2024年 2 月
29日まで
切手を貼らずに
お出しください。

169-8790

154

東京都新宿区
高田馬場2-16-11
高田馬場216ビル 5 F

サンマーク出版愛読者係行

ご 住 所	〒 都道府県	
フリガナ		☎
お 名 前		( )
電子メールアドレス		

ご記入されたご住所、お名前、メールアドレスなどは企画の参考、企画用アンケートの依頼、および商品情報の案内の目的にのみ使用するもので、他の目的では使用いたしません。
尚、下記をご希望の方には無料で郵送いたしますので、□欄に✓印を記入し投函して下さい。
□サンマーク出版発行図書目録

1 お買い求めいただいた本の名。

2 本書をお読みになった感想。

3 お買い求めになった書店名。

市・区・郡　　　　　　町・村　　　　　　書店

4 本書をお買い求めになった動機は？

・書店で見て　　　・人にすすめられて
・新聞広告を見て（朝日・読売・毎日・日経・その他＝　　　）
・雑誌広告を見て（掲載誌＝　　　）
・その他（　　　）

ご購読ありがとうございます。今後の出版物の参考とさせていただきますので、上記のアンケートにお答えください。**抽選で毎月10名の方に図書カード（1000円分）をお送りします。** なお、ご記入いただいた個人情報以外のデータは編集資料の他、広告に使用させていただく場合がございます。

5 下記、ご記入お願いします。

ご職業	1 会社員（業種　　　） 2 自営業（業種　　　） 3 公務員（職種　　　） 4 学生（中・高・高専・大・専門・院） 5 主婦　　6 その他（　　　）		
性別	男・女	年齢	歳

ホームページ　http://www.sunmark.co.jp　　ご協力ありがとうございました。

ベッドに何もない状態で「添い寝」する

子育ての選択をリスクと関連づけるのは、なかなか考えづらいことだから、実際に選択するのはもっと大変だ。リスクが明白で、無視できなければ、選択はしやすい。

また、リスクがないとはっきりわかる場合もある。だが、とくに添い寝など、複雑な要素が絡んでくる場合は、じっくり検討することが必要となる。


本書の執筆中、友人のソフィーに話をした。

彼女は一番下の子どもに何か月も添い寝している。高度の教育を受けた医師で、添い寝のリスクを知らないわけがない。

彼女は気軽に添い寝を選んだわけではなく、AAPのガイドラインに反対ではないと話してくれた。ただ、添い寝でないと子どもが眠ってくれなかったので、リスクを最小化する措置をすべて採ったという。彼女もパートナーも喫煙・飲酒はせず、ベッドから掛け布団類をすべて取り払った。これだけの予防措置を講じて、小さなリスクの可能性は受け入れたという。


究極的には、両親が決めなければならないことなのだ。それにはあらゆる情報を入手したうえで選択するのが一番だ。

ＳＩＤＳ予防のために医学上推奨されるのは、次の4つだ。**(1) 仰向け寝　(2) ベッドでひとり寝　(3) 両親と同室　(4) 赤ちゃんのまわりに柔らかいものを置かない。**

「仰向け」で寝かせる

１９９０年代初めまで、赤ちゃんの寝かせ方で一番多かったのは（アメリカでもどこでも）、うつぶせ寝だった。理由はおそらく、うつぶせ寝でよく眠れる赤ちゃんが多く、目覚めにくいからだ。[1]

だが、１９７０年代にはすでにうつぶせ寝をＳＩＤＳの高リスク因子として関連づける情報があった。[2] **寝かせ方の違う母集団を比較した研究では、うつぶせ寝のグループのほうが悪い結果を示した。**

こうした初期の研究はおおむね見過ごされ、１９８０年代半ばまで、ほとんどの小児科医はうつぶせ寝を勧めていた。私の両親世代が愛読した『スポック博士の育児書』では、「赤ちゃんは初めからうつぶせ寝に慣らすのが望ましいと思います」と書かれている。[3]

それが変わったのは１９９０年代初めのこと。うつぶせ寝とＳＩＤＳのリスクの急激な上昇との関連を端的に示す研究が続々と発表された。

突然死は「うつ伏せ」でよく起きる

この問題をデータから検証するのはなかなか難しい。SIDSによる死亡は幸いまれである分、標準的な研究技法が使えない部分がある。かなり大規模なランダム化比較試験や観察研究であっても、統計的に意味のある結論を引き出すにはデータが足りない可能性が高い[4]。そのためSIDSの研究では症例対照研究が一般的である。

1990年、『ブリティッシュ・メディカル・ジャーナル』誌に掲載された論文もそうした研究のひとつで、イギリスのデータをもとにしている[5]。研究者は特定の地域（エイヴォン）でSIDSにより死亡した67人の乳児を特定した。それぞれの症例につき、2人の対照児（同じ年齢または同じ年齢で同じ出生体重）を探し出し、どちらも両親を調査した。

最も衝撃的な発見は、うつぶせ寝に関することだった。**SIDSで死亡した赤ちゃんはほとんど全員がうつぶせで寝ていた**（67人中62人、92％）。一方、対照群の赤ちゃんでうつぶせ寝だったのは56％だ。ここから、うつぶせ寝の赤ちゃんはSIDSで死亡するリスクが8倍であると主張された。

またこの論文では**温めすぎがリスク因子**とされた。死亡した赤ちゃんは、厚着か、掛ける物が多かったか、室温の高い部屋で寝ていた割合が多かったのだ。

「仰向け寝キャンペーン」で死亡率が減った

同じアプローチを採用したほかの研究でも同じ結果が出た。[6] エビデンスはこのタイプのものだけではない。生物学的なメカニズムも存在している。

赤ちゃんはうつぶせ寝で眠りが深くなる傾向があり、眠りが深いほどＳＩＤＳのリスクは高くなる。さらに睡眠姿勢の経時的変化に基づくオランダの研究のエビデンスもある。

１９７０年代に、オランダではうつぶせ寝を推奨するキャンペーンが実施されていたが、１９８８年には一転して仰向け寝が推奨され始めた。この寝かせ方の変化に伴ってＳＩＤＳの件数に変化が生じた。**ＳＩＤＳの発症率はうつぶせ寝が推奨されてから上昇し、仰向け寝が推奨されてから減少した**のだ。[7]

この経時的変化だけではＳＩＤＳと睡眠姿勢の因果関係を証明できないが、ほかのエビデンスと組み合わせれば、因果関係らしきものが見え始めてくる。

「寝返り」できればリスク消失

１９９０年代初めには、うつぶせ寝にリスクがあることが明白になってきた。当時の『ジャーナル・オブ・アメリカン・メディカル・アソシエーション』誌のレビューは、すべてのエビデンスを取り上げ、ランダム化比較試験はないものの、データから、赤ちゃんのうつぶせ寝防止のための本格的な対策の必要性が認められると結論づけた。[8]

アメリカでの対策は、先述した「仰向け寝キャンペーン」として1992年に始まり、著しい成功を収めた。1992年の調査では、うつぶせ寝の赤ちゃんは約70％だったが[9]、1996年には20％になっていた。**寝かせ方が大きく変化すると、SIDSの発症率にも減少が見られ、寝かせ方がSIDSに影響していることがさらに示唆された。**

「仰向け寝キャンペーン」は、赤ちゃんを横向きでも、うつぶせでもなく、仰向けにすることを強調している。だがエビデンスでは、横向き寝よりも、うつぶせ寝が高リスク因子であることがおおむね指摘されている。横向き寝で主に懸念されるのは、気づかないうちに赤ちゃんがうつぶせに寝返ってしまうことだ。仰向け寝が推奨されるのは、できるだけうつぶせになる危険性を防ぐ目的がある。

最後に一言。赤ちゃんが寝返りをし始めたら、わざわざ仰向けに戻す必要はない。**自分で寝返りができるようになると、SIDSの最大のリスクも消える。**たぶんその頃には赤ちゃんの首が十分に強くなり、自分の頭を動かして楽に呼吸ができるようになるからだと考えられる。

仰向け寝のデメリット――頭が「平ら」になる

仰向け寝には大きな副作用がある。**変形性斜頭症、いわゆる「絶壁頭」**だ。

仰向けで寝ている赤ちゃんは後頭部が平らになるリスクが高い。「仰向け寝キャンペーン」以来、この問題は頻繁に生じている。[10]

変形性斜頭症は、赤ちゃんが睡眠中に顔をずっと同じ方向に向けていると起こりやすい。少なくとも一部の文献は、出生時に後頭部がある程度扁平になっていると悪化することを示唆している。[11] また双子や早産児でも多い。脳の成長や機能にはまったく影響ないので、純粋に外見上の問題だけになる。日中、**赤ちゃんを腹ばいにする「タミータイム」を設けるか、とにかく一日中仰向けにしないようにすれば、予防できる**。

扁平な頭は治療可能だ。標準的な治療はヘルメットの装着で、日夜、ほとんどの時間装着するが、何もしないのと比べて実際ヘルメットにどれほど効果があるかは議論がある。治療の選択肢については、かかりつけの小児科医に相談してほしい。[12]

ベッドで「ひとり寝」させる

AAPの2番目のアドバイスは、赤ちゃんをベビーベッドで1人にしなさい、つまり**「添い寝はダメ」**ということだ。

親の間では大論争が巻き起こった。

▒何万年してきた「添い寝」が危険？

添い寝を強く支持する人もいる。この人たちの主張は、人は何万年も前から赤ちゃんと添い寝してきたというものだ。確かにそうだ。洞窟にはベビーベッドなどないし、現代でも乳幼児が親と何年も一緒に寝る文化は多く存在する。

しかし、この主張は安全のための議論としては信頼できない。生き残りのために私たちが変えてきた子育ての慣習はたくさんある。

別の方向の議論には、眠っている親の下敷きになり、窒息した赤ちゃんがいるという説がある。これもその通りだ。だが可能性があるからといってリスクが大きいわけではない。添い寝のやり方によってリスクは軽減するかもしれない。

すると、本当の問題は、「添い寝をしたときにＳＩＤＳのリスクが大幅に高くなるかどうか、もし高くなるならどの程度か」ということだ。

これに関するエビデンスは、睡眠時の姿勢の研究のように症例対照研究によるものだ。研究では、死亡した赤ちゃんがいつも寝ていた場所、死亡時に眠っていた場所、授乳は母乳か哺乳瓶か、両親の特徴、とくにアルコール消費量と喫煙習慣の情報を集めた。それから対照群となる年齢そのほかの特徴が同じで、ＳＩＤＳでない子どもたちを探した。双方の両親に同じ質問をして回答を比較した。

▩「タバコ」と「アルコール」で添い寝が危険になる

こうした研究は小規模であるので、多くの同様の研究データを組み合わせる「メタ解析」が役に立つ。一番の好例は、2013年に英医学誌『ブリティッシュ・メディカル・ジャーナル』誌に発表された論文だ。[13] スコットランド、ニュージーランド、ドイツなどの研究データを統合している。この分析が有益なのは、様々な行動の過剰リスクを具体的に推定しようとしたことだ。行動としては、親が喫煙か飲酒（1日2杯以上）をしたか、母乳育児かどうかが注目された。

次のグラフ（論文の結果から作成した）は、親が添い寝した子とそうでない子の死亡率を表している。ここでの絶対リスクは、正常な体重で、早産でない乳児を基準に計算されている。それぞれの棒線は様々なリスク因子の組み合わせを示している。

このグラフでまず明らかなのは、**全体的なSIDSの発症率および添い寝によるリスク上昇は、ほかのリスク因子（とくに両親の喫煙と飲酒）が存在することでさらに大きくなる**ということだ。

最も極端な例では、両親とも喫煙し、母親が1日に2杯以上飲酒し、人工乳を与えている添い寝の赤ちゃんの予測死亡率は、1000人中27人であり、**同じ条件の赤ちゃんが両親と別のベッドで寝る場合より16倍も高い。**

行動ごとのSIDS死亡率

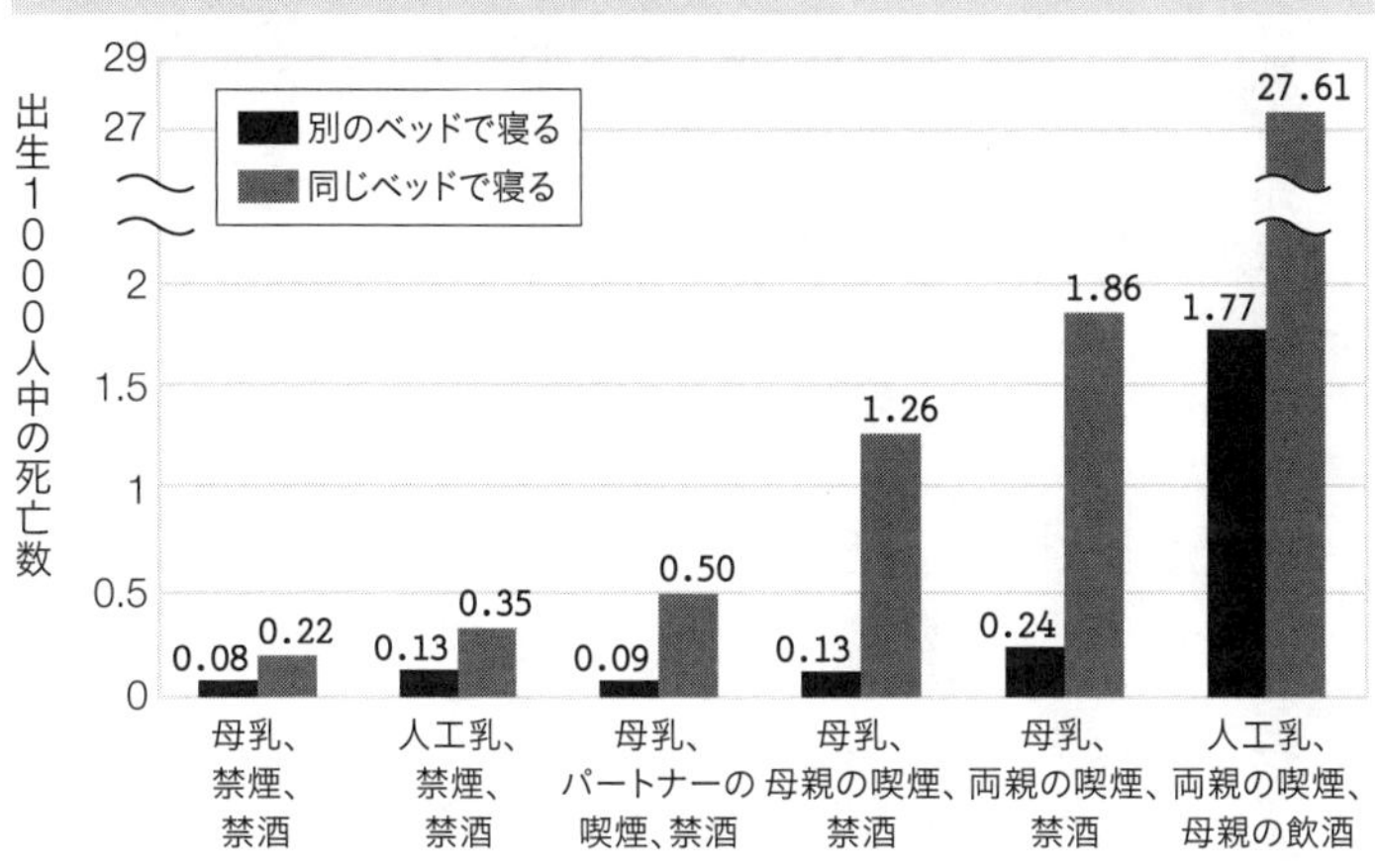

とくに喫煙が添い寝に関連するリスクを高めるという知見はほかの文献でも広く共有されている[14]。

SIDSと喫煙がどのようなメカニズムでつながるのかはまだわからないが、2次喫煙［いわゆる受動喫煙］による化学物質の作用と、それによる赤ちゃんの呼吸の阻害が関連しているようだ。赤ちゃんが喫煙者の近くにいると（実際に喫煙していなくても）影響はもっと深刻になる[15]。

「生後3か月」以降はリスクがそこまでない

このグラフは多くの家族にとっての一番の関心事についても語っている。つまり、できる限りの安全策をとっても（両親とも禁煙し、大量飲酒せず、母乳を与えても）、それでも添い寝にリスクはあるのだろうか？

このデータは、リスクがあるといっている。

リスクが最も低いグループで別のベッドで寝る赤ちゃんのＳＩＤＳ死亡リスクは、出生1000人あたり0・08人だ。同じベッドで寝る場合は、1000人あたり0・22人となる。

このリスクをもっと広い文脈で考えたい。アメリカでの乳児全体の死亡率は出生1000人あたり5人だ。先ほどの死亡率の増加分は、この全体の死亡率と比較すれば非常に小さい。もっとわかりやすくいえば、ほかのリスク因子がない世帯では、7100世帯が添い寝を避けるとようやく1件の死亡を予防できることになる。

できる限りの安全策をとって添い寝をしても小さなリスクがあるという結果は、どの研究でもおおむね一貫している。厳密にどれほどリスクが増加するかは論文によって異なるが、それでも同じような範囲に収まっている。[16] **リスクは早期に集中している**。とくに、両親とも飲酒・喫煙をしない場合、生後3か月以降の添い寝のリスクは高くないようだ。

「母乳育児」を望むママほど添い寝を選ぶ

こうしたリスク分析をまとめた結論は、もし添い寝をするなら母親もパートナーも絶対に大量飲酒、喫煙をしてはいけないということだ。これでできるだけ安全に添い寝ができるが、リスクは完全に排除できるわけではない。ただ一方で多少のメリットもある。

主なメリットは（ママたちがよく引き合いに出している）、添い寝は便利だということだ。眠った赤ちゃんを動かそうとすると、目を覚ますことが多い。赤ちゃんによっては確かにその通りで、たぶん親もわかっているはずだ。赤ちゃんが目を覚ます回数が減れば、親はもっと眠れる。

実際、友人のソフィーにとって（ほかの添い寝をしている医者の友人たちにとっても）**添い寝の大きな理由は、睡眠時間が増える**ことだ。ソフィーの家庭は夫婦共働きで、ほかにも2人の子どもがいるから、一晩中ベビーベッドに行っては帰りを繰り返すわけにはいかない。単にママのベッドのほうが赤ちゃんはよく眠るという問題ではないのだ。添い寝をするか、まったく眠らないかの問題だったのだ。

だからソフィーと夫は最終的に、夫婦のベッドで赤ちゃんと一緒に寝るのが家族全体にとって最適だと判断した。

もう1つのメリットは、データから評価できるのだが、おそらく**母乳育児が成功しやすい**ということだ。

確かに相関性はある。**同じベッドで寝る母親のほうが母乳育児をしているうえ、子ども**

が大きくなるまで続ける割合が高い[17]。ただし、データからは、出産前から母乳育児を強く望んでいる女性のほうが添い寝するということがわかっている[18]。母乳育児を希望するから添い寝するようになるという可能性はあるが、逆はない。

実際にあるランダム化比較試験で、母乳育児と、赤ちゃんを別のベッドではなく、親のベッドに装着するコットに寝かせることとの関係を評価したところ、ベッドの共有と母乳育児との関連は見られなかった[19]。

だからといって、添い寝に家族のメリットはないという意味ではない。**母乳育児成功の特効薬ではない**ということだろう。

親と「同じ部屋」で寝るメリット・デメリット

同じベッドはダメだが、同じ部屋で寝かせたほうがいい。

アメリカ小児科学会（ＡＡＰ）は、ＳＩＤＳ予防のために赤ちゃんを少なくとも生後6か月まで、理想的には1歳まで両親の部屋で寝かせることを推奨している。同室であれば、両親が赤ちゃんの様子に注意しやすいという考え方だ。

親子同室とＳＩＤＳに関するエビデンスは、添い寝のエビデンスよりもかなり不十分だ。研究の基本的デザインは同じだが、もっと小規模で、件数も少ない。両者の関係に影響しそうなほかの因子がそれほど考慮されていない。たとえば、赤ちゃんの部屋にビデオモニターを設置したらどうだろうか？　それで十分だろうか？　それに関してエビデンスはない。

この点を注意したうえで、今ある研究を検討してみよう。

「ひとり部屋」だと乳児死亡率がわずかに上がる

1つの具体例として、1999年に『ブリティッシュ・メディカル・ジャーナル』誌に掲載された論文を取り上げよう。

著者らは、320人の乳児死亡例と1300人の対照児のサンプルから、赤ちゃんが親と別室で1人で寝ることと、死亡リスク上昇には関連があると主張している。[20]だが、論文中の結果は一貫していない。たとえば、赤ちゃんが普段寝ている場所あるいは直近で寝ていた場所の分析に問題がある。普段の睡眠場所の分析ではリスクがないのに、直近の睡眠場所の分析ではリスクが高いようなのだ。その理由は明らかではなく、赤ちゃんが亡くなった夜に何か普段と違うことが起きたのではないかという懸念を生む。

AAPは親子同室を推奨するにあたり、今挙げた研究のほかに3つの研究を引用している。[21]どれも、赤ちゃんが独立した部屋で眠る場合、SIDSの発症率がわずかに上昇することを示しているが、決定的な結果とはいえない。どれも、研究者が調整した変数にかなり影響される傾向がある。

そのうえ重要なのは、大部分は親子同室の検討に適した研究デザインではないということだ。規模が小さすぎて実際のリスク緩和の要因を分析できないが、親子同室のメリットは、赤ちゃんがうつぶせ寝をする場合に大きくなるようだ。[22] また親がときどき添い寝をするかどうかにも左右される。[23]

「生後９か月」までに一人で寝た子は45分長く眠る

親子同室のメリットを議論することは結構だが、データを見るかぎり、ＡＡＰが親子同室を生後１年間とすることを推奨するのは問題があると私は考える。

なぜそういえるのか？

ＳＩＤＳによる死亡の大多数（最高で90％）は生後４か月までに発生しているので、それ以降の寝かせ方がＳＩＤＳに影響するとはあまり考えられない。これはデータでも明らかである。**親子同室でも、いや、添い寝をしても、少なくとも両親が喫煙していなければ、生後３〜４か月以降のＳＩＤＳのリスクには影響しない**ようだ。[24]

つまり親子同室の期間を延長するメリットはないようだ。むしろ、実際にはリスクが生じる。子どもの睡眠だ。

2017年の研究で、子どもが親と同じ部屋で眠ることが安眠の妨げになるかどうか検討された。結果はその通りだった。**生後4か月では親子同室でも別室でも、赤ちゃんの総睡眠時間は同じだったが、後者のほうが集約していた（続けて眠る時間が長かった）**。これは理解できる。子ども部屋のほうが静かなのだ。

9か月では、1人で寝ている赤ちゃんのほうが、睡眠時間は長かった。効果は生後4か月までに1人で寝るようになった子が一番大きかったが、4か月から9か月の間に子ども部屋に移った子でも効果はあった。

注目に値するのは、子どもが2歳半になってもまだ差が存在していたことだ。**生後9か月までに1人で寝ていた子どもは、同時期に親子同室だった子どもよりも、夜間の睡眠が45分長かった**のだ。睡眠は子どもの脳の発達に不可欠だ。単に親のわがままの問題ではない。

もちろん、これは因果関係ではないかもしれない（子どもがよく眠り始めたら親の部屋に移している可能性もある）が、示唆に富む結果である。

これに関連して、子どもにねんねトレーニングをするつもりなら、親の部屋で子どもを寝かせていると成功しにくいということはいっておくべきだろう。

だ。

親が「熟睡」するには？

最後に、大半の人は子どものいない部屋のほうがよく眠れる。親がよく休むことも大事だ。

まとめると、ＡＡＰの勧告は行き過ぎであると思う。もちろん、子どもと一緒の部屋で寝たいなら、絶対にそうすべきだ。

おそらく、データはごく早期の親子同室を控えめに推奨する裏づけにはなっている。だが、１年間子どもを親の部屋で寝かせることを推奨するのは、その間のメリットがはっきりしない中で短期・長期の安眠を犠牲にするわけだから、よい方策とはいえないのではないか。

「ソファ」で寝るのはとても危ない

赤ちゃんを寝かせる場所の研究で、きわだって危険だと見解が一致しているのは、大人が赤ちゃんと一緒に「ソファ」で眠ることだ。死亡率は基準より20倍から60倍高くなる。

理由はわかりやすい。やわらかいソファで疲れ切った大人が赤ちゃんを抱っこして眠ってしまえば、赤ちゃんは簡単に枕やクッションで窒息してしまう。このソファでの死亡事故の中には、親がベッドでの添い寝を避けようとしたために起きたという不幸な例もある。

座っていれば眠らずにすむと思っていても、うっかり居眠りをしてしまう。添い寝に小さなリスクがあったとしても、ソファで赤ちゃんとうっかり一緒に寝てしまうより、むしろベッドで添い寝したほうがずっといい。

赤ちゃんのまわりから「柔らかいもの」をなくす

赤ちゃんの寝かせ方に関するＡＡＰのガイドラインの最後は、ベビーベッドには、おもちゃも、ベッドガードも、ブランケットも、枕も、何も置かないということだ。

これは一番従いやすい項目だろう。赤ちゃんのベッドにおもちゃや枕を置くのは、かわいいからという理由だけで、必要性はない（ベッドガードは別の話だ）。

これは子連れで旅行するときにも役立つ。おばあちゃんの家に行くのに、ひつじちゃんに、くまちゃんに、恐竜に、わんちゃんも、全部持っていきたいと思う親はいない。子どもが眠るのに絶対に必要なものの数を絞れるなら、荷造りも楽になる。

赤ちゃんに「掛けるもの」はいらない

リスクの面では、ベッドに物を置かないという推奨には2つのポイントがある。

1つは赤ちゃんに掛物は不要だということだ。これは今までに取り上げた多くの研究結果に基づく結論だ。**SIDSで死亡した赤ちゃんは、対照群の赤ちゃんより、顔にブランケットが掛かった状態で見つかるケースが多い。**

ベビー用衣料品業界は、「スリーパー」という解決策を提供している。子どもに着せる寝袋のようなものだ。ほかに掛けるものが必要ないので、推奨に従うのは妥当だと思える。

「ベッドガード」のリスクは小さい

もう1つのポイントは、「ベッドガード」だ。AAPは使用を禁止している。シカゴ市などベッドガードの販売を認めない都市もある。窒息の原因になることが懸念されるからだ。

こちらはやや複雑だ。ベッドガードには子どもが手足を柵の間に引っ掛けてしまうのを防ぐ目的がある。設置しなくても命の危険はなさそうだが、赤ちゃんがけがをする恐れがあるのは確かだ。

ベッドガードのリスクの大きさを考えてみればいい。2016年の『ジャーナル・オブ・ペディアトリクス』誌に掲載された論文は、1985年から2012年までに起きたベッドガードが原因のアメリカの死亡事故件数を集計した。[25] 全部で48件ある。この時期にアメリカで生まれたのは1億800万人で、死亡した乳児は総計でおよそ65万人だ。この時期にベッドガードを排除していれば、死亡率はおよそ0・007％減り、1万3500人に1人の死亡を防止できたと推定される。一方、「仰向け寝キャンペーン」は死亡リスクを約8％下げたという推計がある。

言い換えれば、**ベッドガードを排除しても、リスクへの影響はごくごくわずか**だろう。となると、ベッドガードは設置すべきだということだろうか？　いや、必ずしもそうではない。何より、子どもは大きくなるとベッドガードを使いベッドから出ようとして転落する可能性がある。それ自体危険なことだ。

ここではベッドガードに関する総合的なリスクは小さいが存在するということをいっておきたい。

「絶対やめたほうがいい」といえる眠り方

データは揃ったので、章の最初に戻り、リスクについて考えよう。

リスクには想像するのも恐ろしい結果も含まれる。それでも考える必要はあるし、影響の大きさと自分の家族の都合も考える必要がある。

今までの結果を振り返ると、まずはっきりしているのは、**仰向け寝にすることと、ベビ**

ーベッドにブランケットや枕、そのほか柔らかいものを置かないことはぜひ実行してほしいということ。**ソファで眠らないこと**も強くお勧めしたい。どれも有力なエビデンスがあり、実行しやすい。

もう１つ明白なのは、**喫煙がＳＩＤＳのリスクを高める**ということだ。とくに添い寝をする場合は危険だ。

最後に、データからＳＩＤＳのリスクに関していえる結論は、**赤ちゃんを寝かせる場所（親のベッドか、親の部屋か）は生後４か月まではかなり重要**だということだ。

すると、生後数か月の生活にはいくつかの選択肢があることになる——同じベッドで添い寝をするか、同じ部屋で寝るがベッドは別にするか、ベッドも部屋も別にするかだ。データからは、添い寝にも、おそらく子ども部屋で寝かせることにも多少のリスクがあることが示唆されている。したがって、まぎれもなく一番安全な選択は、最初の数か月は赤ちゃんを親の部屋で、そして別のベッドで寝かせることだ。

添い寝したい人へのアドバイス

だが、これではうまくいかないという家庭もあるだろう。仮にあなたは赤ちゃんと一緒に寝たいのだとしよう――おっぱいをあげるのが楽だからかもしれないし、赤ちゃんを近くに置いておきたいのかもしれない。

その場合、リスクに関するエビデンスを無視したい誘惑に駆られる。子育て関連のサイトで、添い寝には有意な悪影響はなく、リスクはないと証明できるという論文を紹介している記事は簡単に見つかる。

だがそこから合理的な意思決定はできない。もし正しい意思決定をしたいなら、リスクに向き合う必要があるし、リスクを減らす方法を考える必要がある。そのうえで、その（できるだけ減らした）リスクをあえて冒す覚悟があるのかを考えるべきだ。

添い寝をするのなら、まず喫煙と飲酒は必ずやめるべきで、親のベッドから余計な掛物や枕やクッションは外す。

そして赤ちゃんのことを考えよう。早産や低出生体重児であれば、ＳＩＤＳのリスク基準は高くなり、添い寝による絶対リスクも増加する。

「交通事故」のほうがリスクは上

最後に、数値を検討してみよう。

227ページのグラフを見て、子どもが正期産児、母乳栄養で、母親は喫煙も飲酒もしていない（パートナーもしていない）のであれば、エビデンスから添い寝で死亡のリスクは出生1000人あたり0・14高くなることがわかる。

乳児の交通事故による死亡率はおよそ1000人あたり0・2だ。したがって、**添い寝による死亡リスクは現実ではあるが、普段の生活でのリスクよりは小さい**ということになる。

私は、添い寝にも同室にも魅力を感じなかった。娘はすぐに子ども部屋で寝かせたし、息子は2、3週間後に移した。これによるリスクを抑えるためにはできる限りのことをした。ベッドには何も置かず、ビデオモニターを設置した。だが、赤ちゃんと同室で寝ることはわが家ではうまくいかないとわかっていたので、多少リスクが上がることは受け入れた。

誰もがこういう選択をするわけではないだろうが、大事なのは、これは選択だということだ。添い寝をしたいとか、同室は難しいのであれば、家族全体へのメリットがリスクに勝ると考えればいい。多少のリスクを受け入れるにしても、選択することはできる。

結論

- 仰向け寝の赤ちゃんのほうがSIDSのリスクが低いことには十分なエビデンスがある。
- 添い寝に危険が伴うことには、ある程度のエビデンスがある。
  - ・どちらかの親が喫煙か、飲酒をすると、リスクはずっと高くなる。
- 親子同室にメリットがあることには、質がそれほどよくないエビデンスがある。
  - ・生後数か月経つと、親子同室のメリットはなくなる。
  - ・生後数か月以降の乳幼児は1人で寝たほうがよく眠れる。
- ベビーベッドで：
  - ・スリーパーは要チェック！
  - ・ベッドガードにはわずかなリスクがあるが、小さなメリットもある。
- 赤ちゃんとソファで眠るのはきわめて危険。

７章　赤ちゃんのスケジュール

彼らに「リズム」はある？

妊娠中、とくに初めての妊娠だと、みんながたくさんアドバイスをしてくれる。私が鮮明に覚えているのは、同僚の経済学者が熱心に説明してくれたことだ。赤ちゃんが退院したら即、スケジュールに従った生活を送らせるべきだという。「授乳の時間、眠る時間をきちんと決め、しっかり守る、赤ちゃんも気に入るよ！」と彼は言った。

これを信奉しているのは同僚だけではない。多くの本や育児法が、赤ちゃんは早いうちからスケジュールに従って生活させるよう勧めている。

生まれたばかりの赤ちゃんがいつ眠るかなど本当に予測しづらいが、規則だった生活を教えこむように努力すべきだという。なぜなら、**赤ちゃんは規則に順応し、自分のものにしていくはずだから**。このアプローチは、赤ちゃんのことを必死に理解しようとしている新米の親にはかなり魅力的に思えるかもしれない。スケジュールを決めれば、自分たちもいつ眠れるのかがわかると約束されるのだ。

いつ「お昼寝」を1回に減らしていい？

私たちは同僚の助言を聞かず、ペネロピのときはスケジュールを作らなかった。フィンの妊娠がわかったとき、ジェシーはペネロピが生後4週間だった頃の、フェイスブックのメッセンジャーでのやりとりを転送してきた。

oster.emily（23:41:00）：何かしたくない？
oster.emily（23:41:02）：わかんないけど
oster.emily（23:41:06）：あと、そのうち一緒にディナーに行かない？
oster.emily（23:42:08）：もしもーし？

このメッセージは深夜0時に近い時間に発信されている。ペネロピだけでなく、親である私たちも規則正しい生活をしていたとは思えない。

もちろん、ペネロピはほかの子どもと同じような規則正しい生活になった。夜になったら眠り、初めのうちは日中にお昼寝3回、それから2回、それから1回になり、最後はゼロだ。でも移行は毎回大変だった——実行するのも大変だったが、タイミングを見計らうことがまず大変だった。

子どもがお昼寝を1回減らしてもいい時期になったのは、どうすればわかるのだろう？　午前中のお昼寝をやめようとしていたある日、ペネロピの昼食中にナニーが別の部屋に行って3分後に戻ってみると、娘は食べ物に突っ伏して眠っていた。

専門家の意見は「バラバラ」

これは大人の都合とか、1日のスケジュールの問題だけではない。

睡眠は重要だ！　赤ちゃんの成長にとっても、親にとっても重要だ。

子どもは十分な睡眠がとれていれば機嫌がいい。トドラーになれば、お昼寝が多すぎると夜寝かせるのが難しくなる。つまり親は眠れなくなる。かといってお昼寝が足りないと、疲れすぎて夜眠らなくなる。またしても親は眠れなくなる。

どの程度の睡眠が十分なのか。いつ眠ればいいのか。

簡単な質問のようでいて、答えは様々だ。たとえば、人気のある赤ちゃんの睡眠ガイドを読んでみよう。著者のファーバー（『Solve Your Child's Sleep Problems』）とワイスブルース（『Healthy Sleep Habits, Happy Child』）、どちらの本にも睡眠量の目安が書かれている。問題は、**両者が一致しない**ことだ。

たとえばファーバーは、6か月の赤ちゃんの睡眠時間は合計でおよそ13時間だと書いている。夜に9・25時間、日中は1～2時間のお昼寝を2回だ。ワイスブルースは、同じ6か月の赤ちゃんについて、合計で14時間必要だとしているが、夜12時間、1時間のお昼寝を2回で、夜の時間が長い。夜間の睡眠時間では3時間の差がある。

ワイスブルースはさらに、赤ちゃんの睡眠時間が足りない（たとえば夜9時間しか寝ない）のは、深刻な問題とまで書いている。引用すると、「睡眠時間の少ない子どもは、わがままでうるさく、落ち着きがない傾向が強いだけでなく、活動過多のようにふるまいがちでした。こういう疲れていて落ち着きのない子どもたちが、肥満児になりやすいことも後ほど説明しましょう[1]」

これは大変だ！

だが、夜の睡眠時間9時間というのは、ファーバー推奨なのだ。こちらが最適？　それとも肥満児への道？

それに次の段階への移行期間は重要なのに、範囲が広く、あいまいだ。どの本も、生後6か月前後に夜の睡眠が長くなり始めるといっている。3～4か月でお昼寝の時間が確立してくる。9か月あたりで3回目のお昼寝がなくなる。1歳～1歳9か月で2回目のお昼寝がなくなる。３〜４歳で最後のお昼寝もなくなる。とくに最後の２つの移行は範囲が大きい。１歳〜１歳９か月はあまりに長い！

子どもは1日に「合計」どれくらい眠る？

ざっくりといえば、こうした数字は国全体の平均に基づいている。

睡眠時間のメタ解析研究を調べてみよう。[2] 次に挙げる２つのグラフは、この解析をもとに、予測される最長の睡眠時間（夜間）とお昼寝の回数をそれぞれ月齢ごとに示したものだ。

全体のパターンが見えるはずだ。

生後2か月あたりで、平均最長睡眠時間が大きくはねあがっている。ここで夜間の睡眠が確立する。この時点からは、子どもの月齢が上がるとともに増加は緩やかになる。

お昼寝のグラフにはさらに情報が含まれている。**平均お昼寝回数は、生後9〜10か月に2回に、18〜23か月に1回へ移行**している。

この論文は睡眠の合計時間もまとめている。**新生児の平均は1日16時間だが、1歳では13〜14時間に減少**する。

最長睡眠時間

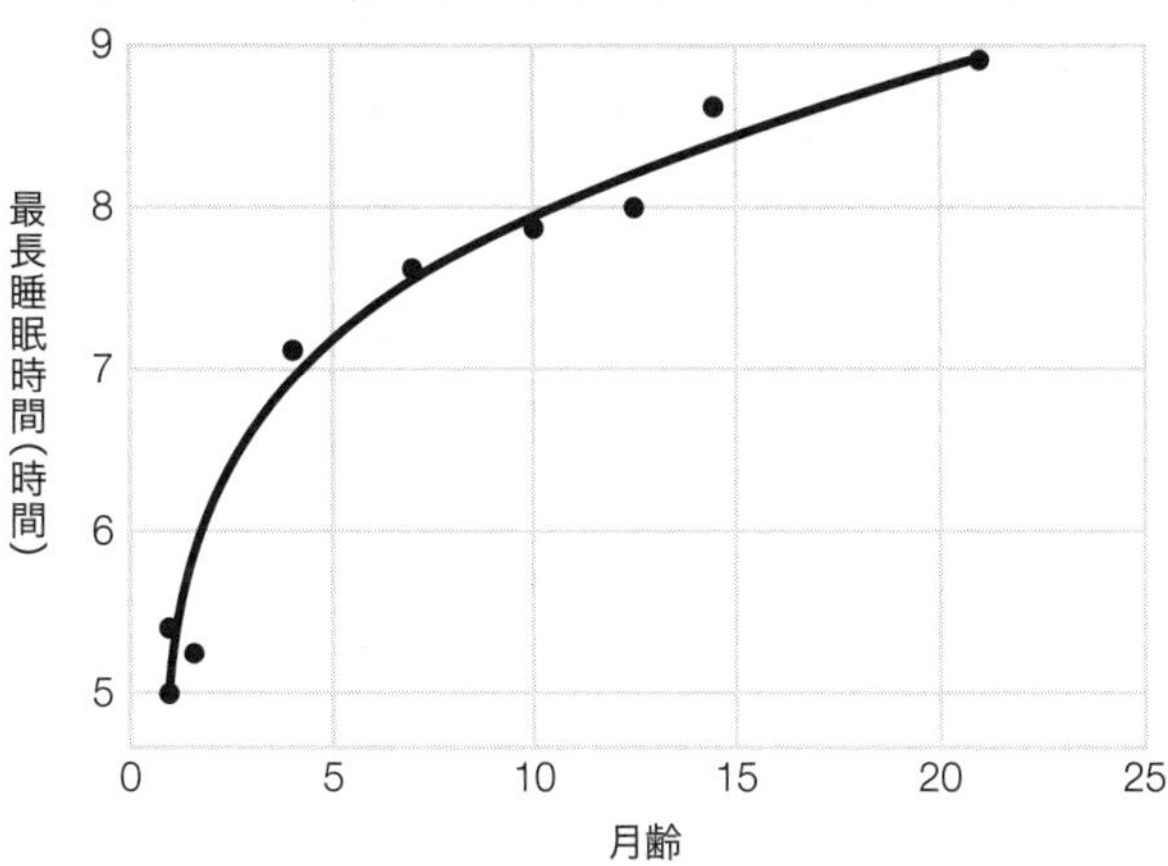

昼寝の回数

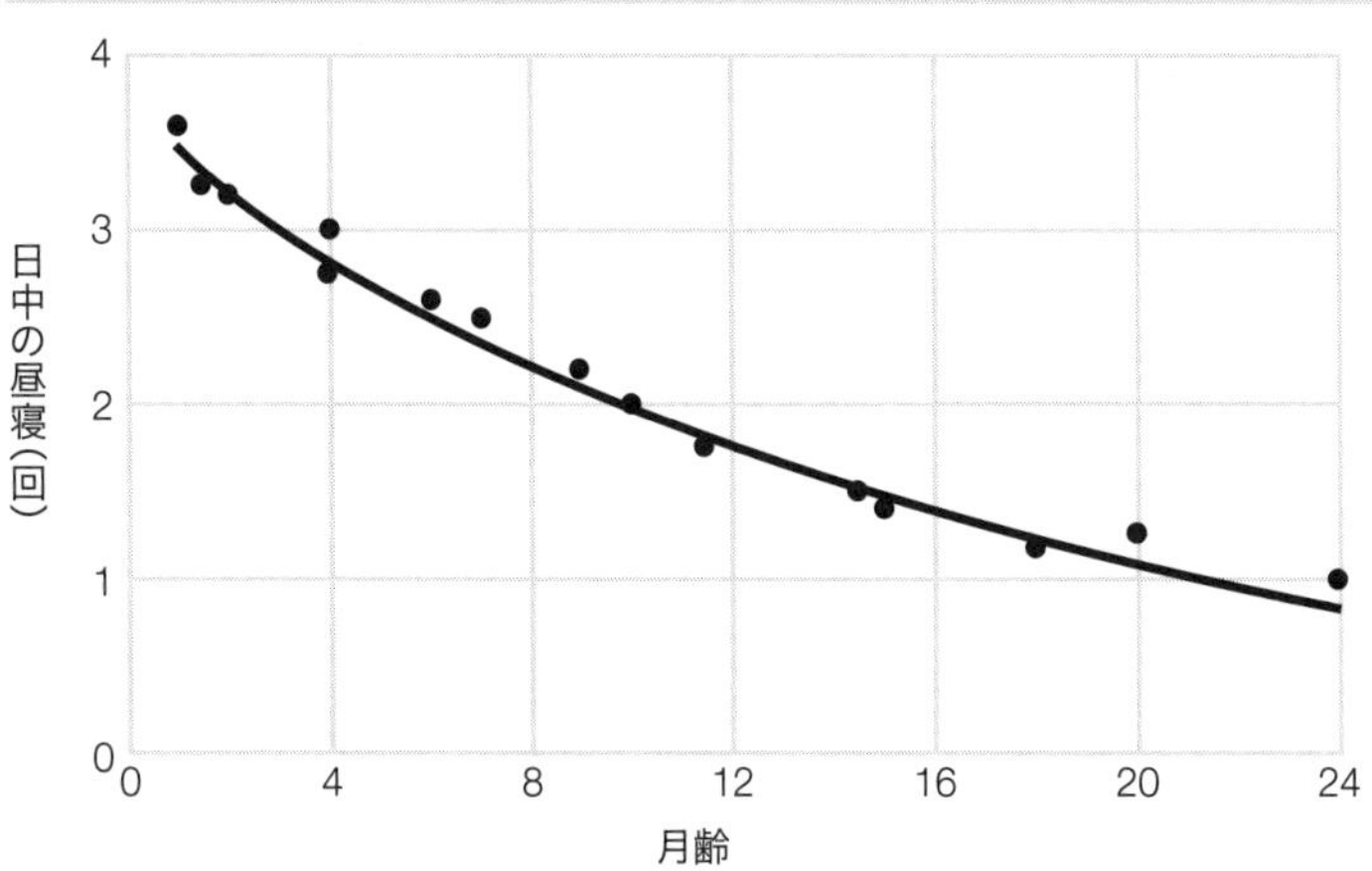

ここから平均的な子どもの睡眠時間が推定できるだろう。もちろん、平均にぴったり当てはまる子どもばかりではないだろうし、グラフは子どもの間のばらつきを示していない。

「6時間睡眠」から「15時間睡眠」までいる

ここ数年間のデータ収集における最大の技術革新は、アプリからデータを集められるようになったことだ。

スマートフォンによる子育ての時代になり、私たち研究者のデータ収集はフル回転で進んでいて、睡眠データもその例外ではない。当然、研究者はこの宝の山を調査している。データが大量にある利点は、人によるばらつきを見ることができる点だ。

2016年、『ジャーナル・オブ・スリープ・リサーチ』誌に掲載された5人の著者による論文では、ジョンソン&ジョンソンの協賛アプリで親が記録した、赤ちゃんの睡眠パターンのデータが利用された。[3] 研究では、記録に信頼性があると思われる人々に注目し、841人の子どもの15万6989回の睡眠データを分離した。きめ細かなデータのおかげで、興味深い分析が可能となったばかりか、本書にとってありがたいことに、子どもによって睡眠がどれだけ違うかがわかる結果になった。

かなり違うのだ。

たとえば、夜間の睡眠時間を例にとろう。

研究データでは、生後6か月の赤ちゃんは平均で夜10時間眠る。先に挙げた研究結果とだいたい同じだ。25パーセンタイルの赤ちゃん（あまり寝ない赤ちゃんのはずだ）はどうだろう？　9時間だ。75パーセンタイルは？　11時間だ。

さて、6か月の赤ちゃんの全データの範囲はどうだろうか。**データには、夜6時間しか眠らない赤ちゃんから15時間眠る赤ちゃんまでがいた。**

これではっきりしてきたことがある。育児書があいまいだった一因は、子どもは夜何時間眠るかという問いの答えが1つではないことにあるのだ。

「起きる時間」はどの子もだいたい同じ

昼間の睡眠に関するデータでも同様のばらつきがあった。

日中の睡眠で、1回で一番長い睡眠時間は、生後1年間で平均1時間から約2時間に増えるが、その範囲はかなり大きく、**どの年齢でもまったく昼寝をしない子がいれば、3時間連続で眠る子どももいる。**

同様に、昼寝が2回から1回に移行するタイミングも様々だ。多くの子どもは、11か月前後ではっきり区別できるお昼寝を2回し、19～20か月には大半は1回になるが、データでは移行期間はかなり長く、お昼寝が1回に切り替わる時期は子どもによって大きく変わることがわかった。

結局、生活スケジュールの多くの要素は子どもによって違い、自分の子どものスケジュールは、こうした違いに合わせて立てることになる。

だが、何もかもが違うというわけではない。**とくにあまり違いがないのは、「起床時間」だ。生後5～6か月でも、過半数の子どもは午前6～8時の間**に起きている。**2歳になる頃には、その幅は小さくなり、6時半～7時半**になる。

夜間の合計睡眠時間には違いがあり、起床時間には違いがないとなると、当然、就寝時間に相当の違いがあるはずだ。

実際そうなのだ。**睡眠時間を多くしたければ、寝かせる時間を早くすべきかもしれない。現実的に起床時間を遅くできないから**だ。就寝時間も起床時間も遅くしようとしても、おそらくうまくいかないはずだ。

1年経てば「規則正しく」なる

第2子については難しい側面がある。主に第1子の存在によるものだ。だが容易な側面もあり、少なくとも私の経験では生活スケジュールづくりは容易な部類に入る。子どもが生まれる前は、大人の生活スケジュールに従っている。仕事に合わせて起床し、夕食時間は遅く、時には夜遅くまでテレビを観ているかもしれない。睡眠不足は週末に解消する。日によって、就寝時間は早くなったり、遅くなったりするかもしれない。

1人でも子どもが生まれれば、親は子どものスケジュールに合わせることになる。午前6時半から7時半に起き、朝食、朝寝、昼食、昼寝、夕食、午後7時半頃に就寝（理想的には）。第2子が誕生すると、もちろんすぐにはこのスケジュール通りにはいかないが、進む方向はわかる。

ジェシーが送ってきたメッセンジャーのチャットは、前回の轍（てつ）を踏まないようにという意図があったのだが、実際にはそうならなかった。そう、フィンは最初の晩から、一晩中起きてはいたが、私はそばで横になれた（フィンは隣の新生児用ベッドにいた）。私たちはペネロピのときのスケジュールにこだわっていたが、フィンはペネロピよりずっと早く目標をクリアしていた。

第2子でもう1つ気づくのは、**生後1年間の、スケジュールを無視した大混乱は必ず終わる**ということだ。赤ちゃんは結局、予測可能な睡眠スケジュールに落ち着くことになる。すぐにではないだろうし、思い描いていたのとは違うかもしれないが、とにかく落ち着いた状態にはなる。それこそ一番安心できることだろう。

結論

- 睡眠スケジュールにはおおよその目安がある。
  - ・夜間の睡眠時間は生後2か月頃に長くなる。
  - ・生後4か月頃にお昼寝3回に移行。
  - ・生後9か月頃にお昼寝2回に移行。
  - ・生後18〜23か月頃にお昼寝1回に移行。
  - ・3歳頃にお昼寝がなくなる。
- 子どもによってばらつきがきわめて大きく、親が変えられることはほとんどない。
- 一番ばらつきが少ないのは、起床時間が午前6時半から8時だということ。
- 早い就寝＝長い睡眠

8章 「予防接種」は必ず受けて!

リスクは無視していいレベル

1950年代のアメリカでは毎年500人が麻疹で亡くなっていた。その大部分は子どもだ。罹患者は3〜4万人いた。**2016年にはアメリカで麻疹による子どもの死亡はゼロ**になり、報告された症例数は86件だった[1]。

ここまで数字が減った理由は、明快だ。**「麻疹ワクチンの開発」**である。

高学歴の親が「ワクチン」に反発する

ワクチン接種は、過去数百年間の公衆衛生のすぐれた業績の中でも最も有意義なものに数えられる。

百日咳や麻疹、天然痘、ポリオなどのワクチンは世界中で数えきれない人々の命を救ってきた。水痘ワクチンは、水ぼうそうのどうしようもない不快感とかゆみの症状だけでなく、死者の発生も予防している。B型肝炎ワクチンは肝臓がんを減らしている。ＨＰＶワクチンは子宮頸がんの発症率を大幅に低下させる可能性がある。

それでもワクチン接種は、相変わらず子育てをめぐる論争の核心テーマの１つだ。何らかの障害、自閉症、そのほか不特定のデメリットを恐れて子どもに予防接種を受けさせない親もいれば、接種の間隔を空けることでリスクが軽減するからと接種時期を遅らせようとする親もいる。

こうした親の懸念はしだいに大きくなり、感染症の突発的な流行という目に見えた影響が出ている。たとえば２０１７年5月、ミネソタ州で麻疹が流行し、少なくとも50件の症例が確認された。流行は、ソマリア移民のコミュニティに集中していた。反ワクチン派の活動家が、住民にワクチンは自閉症と関連があると熱心に訴えていたのだ。

多くの家族が予防接種をやめるか、子どもがもっと大きくなるまで待つつもりでいた。その間に子どもたちが麻疹に感染したのだった。

ワクチンへの反発については、**より高学歴の親が住む地域でその傾向が強い**という意外な側面がある。

心臓病、肥満、糖尿病などほとんどの病気に関しては、高学歴の人のほうが健康だという傾向がある。だが、**ワクチンに関しては、相関関係は逆**なのだ。高学歴の親が住む地域のほうが、平均するとワクチン接種率は低い[2]。これは、必ずしも情報不足から予防接種をしないのではないことを示唆している。

予防接種に関する科学的コンセンサスはきわめて明快だ。**ワクチンは安全で効果がある**。この結論は広く医師や医療機関、政府や非政府機関に支持されている。それにもかかわらず、予防接種をしない選択をする親がいる。その多くは教育程度が高く、その選択について十分に考えている。

したがって、少なくともエビデンスを参考にする価値はあるだろう。

どうして「受けたくない」と思える？

ワクチンを信用しない人は必ずいる。ブラウン大学の同僚のプラーナ・シンは、中国とインドに初めて種痘が導入されたときの予防接種に対する抵抗を研究している。当時の関心事は、主にワクチンの有害な影響や、予防効果への不安が中心だった。

「ワクチンは危ない」と言っているような法律がある

現在のワクチンに対する懸念で最も知られているのは、自閉症との関連の可能性だが、1970年代から早くもワクチンの危険性は語られていた。

この時期、百日咳のワクチン（ジフテリアと破傷風を合わせた3種混合ワクチンDTaPとして投与される）と小児の脳損傷の関連を示唆するような症例報告が続いた。この関連性は、その後データの裏づけがないことが明らかになったが、当初の報告後、ワクチンメーカーに対する訴訟が相次いだ。

訴訟の脅威から、このワクチンはほぼ生産中止に追い込まれた。ワクチン価格は高騰して入手困難になり、ワクチン不足から、公衆衛生上の重大な危機が訪れた。

1986年、この状況に対し、連邦議会は「全米小児期ワクチン健康被害法案」を可決した。この法律で製薬企業は、義務化された予防接種に関して訴訟を起こされないことになった。ワクチンによる被害を訴える人は連邦政府に賠償請求ができるが、ワクチンの製造元に補償を求めることはできない。

この賢明な政策で、不運ともいえる悪影響が生まれた。**ワクチンによる健康被害は現実にあり、かなりのリスクがあると暗示しているように思われた**のだ（法案名を変えたほうがよかったかもしれない）。

現実には、法律案が可決された要因は、不備のあった研究に反応した人々が訴訟を起こしたことであり、ワクチンにリスクがあったからではなかった。この政策は今も実施されており、残念だが、ワクチンは危険だという主張を裏で支えることになっている。

「金」のためにウソ論文が発表された

直近のワクチンへの反発は、アンドリュー・ウェイクフィールドという医師(その後医師免許を失った)によって始まった[3]。

1998年、彼は医学誌『ランセット』に自閉症とワクチンの関連を示唆する論文を発表した[4]。12例の症例研究をまとめたものだ。12人の子どもたちはいずれも自閉症で、論文では少なくとも8人(あるいはもっと多くの可能性もある)の自閉症の症状が始まったのは、麻疹、おたふくかぜ、風疹(MMR)ワクチンの接種から間もなくだったとされた。

ウェイクフィールドは、ワクチンと自閉症をつなぐメカニズムを腸に関連させる仮説を立てた。

まず、この論文の結論は間違っている。この論文の前後に発表されたほかの質の高いエビデンスは、ワクチンと自閉症との関連を否定している。そのいくつかの論文をこれから見ていくが、12人の子どものあいまいな症例研究はそもそも強力なエビデンスとはとてもいえず、持ちこたえられなかったのは当然だ。

加えて、この論文には不正があったことも判明している。サンプルの子どもは、全員が研究対象として認められる子どもではなかった。彼は結論の裏づけとなる子どもを意図的に選んでいた。

さらに、個々の症例の多くの事実は改ざんされていた。自閉症の発症時期がワクチン接種時期に近くなるよう詳細が変更されていたのだ。実際には、発症時期はワクチン接種後の6か月以上後だったのだが、症例報告では1～2週間後と示唆されていた。

ウェイクフィールドはなぜこんなことをしたのだろうか。彼はワクチンメーカーに対し訴訟を起こす計画であったことがわかっている。この論文は証拠の一部になるはずだった。結局彼の動機は、金というおなじみの理由だった。

２０１０年、『ランセット』誌は論文を撤回し、ウェイクフィールドは医師免許を剝奪された。だが、後の祭りだった。彼は論文が捏造だと認めたこともなければ、謝罪したこともない。いまだに世界中を飛び回り、信ぴょう性のない自説を売り込んでいる。麻疹の流行があったソマリア移民のコミュニティには、過去2回、訪れている。

この事件が何よりもたちが悪いのは、ワクチンは安全でないという世間の懸念を蘇らせたことだ。

ワクチン中の「アルミニウム」が怖い

自閉症との関連は信じなくても、ほかの健康被害をもたらすのではないかと感じている人はいる。反ワクチン運動のウェブサイトには、たとえばワクチンに含まれるアルミニウムに対する懸念や、免疫系を刺激して脳障害を引き起こすかもしれないという漠然とした印象が掲載されている。

こうした反ワクチンのウェブサイトは、エビデンスに基づいた発信をしているように見える。**自分たちの考え方を支持する論文や研究を引用しているから**だ。

一方で、アメリカ疾病管理予防センター（ＣＤＣ）やアメリカ小児科学会（ＡＡＰ）は、予防接種は安全だと保証している。

だが、こうした組織のアプローチの欠点は、反ワクチンの文献を真正面から取り上げていないことだ。反ワクチンサイトに引用されている論文がなぜ問題なのかを説明する努力がされていない。まるで反ワクチン側は真剣でエビデンスに基づいているのに、ワクチン派は自分たちを信用しろと尊大に言うばかり、という図式になってしまいそうだ。

それは事実と違う。とりわけＡＡＰの推奨は、ワクチンのあらゆるリスクの可能性を慎重に、もれなく評価したうえで作成されている。

ワクチンは「安全」なもの

2011年、アメリカ医学研究所（ＩＯＭ）は『ワクチンの副反応――エビデンスと因果関係』と題する900ページの研究報告書を発表した。[5]

多数の研究者や医師の、何年もの研究成果をまとめた本だ。一般的な予防接種と、大量の「有害事象」と疑われる事例との関連性について、エビデンスを評価するという研究だ。

「有害事象報告」は自己申告によるもの

この研究では、1万2000件以上の論文から得られたワクチンと有害事象の158種類の組み合わせに関するエビデンスが評価された。つまり、各ワクチンについて、申告されたリスクとの関連性を示すエビデンスを探したのだ。

このリスクを「有害事象」［ワクチン接種後に発生するすべての望ましくない事象］と呼ぶ。研究者は、たとえば、ＭＭＲワクチンとてんかん発作との関連を示すエビデンスを探した。[6]

どのようなエビデンスがあるのだろうか。

まず、「有害事象報告」がある。CDCは親や医師などから予防接種が原因ではないかと報告された有害事象の情報をすべてまとめている。

この情報は誰でもオンラインで検索できる。MMRワクチンと自閉症の関連を検索すると、ワクチン接種後に子どもが自閉症の症状を発症したという親の報告が多数見つかる。こうした報告を見ると、少なくともこれだけで予防接種とこの症状の関連性を証明できると思うかもしれない。だが、**この種のエビデンスは根拠が薄弱だとしかいえない。**

こう考えてみてほしい。仮に子どもの爪を切るのは医学的に危険で、病気や問題が生じる、と本気で考えたとしよう。そこで、爪切りの有害事象の報告システムを立ち上げたとする。

すると、ありとあらゆる報告が寄せられるはずだ。赤ちゃんの爪を切った次の日に高熱が出た。便がゆるくなった。何日もよく眠れなくなった。何時間も手のつけられないくらい泣いている、などだ。

どれも本当に起きたことだろう。だが、爪切りとの因果関係はないはずだ。

本当に関連があることを見きわめるには、こうした有害事象が、爪を切っていない子どもより、切った子どものほうに本当に多く見られるのかを総合的に判断することが必要るのはとくに難しい。だが、「赤ちゃんが泣いた」というような日常的に起きていることに対してそれをするのはとくに難しい。

一方、爪切り報告システムでわかることもあるだろう。たとえば、指のけがの報告が多数あったとする。これはいつでも起きることではない。また、爪切りに関係する明らかなメカニズムが存在する。

すると、爪切りは不測の指の切り傷と関連があると結論づけられる。

だが、指のけがが実際の爪切りの結果であり、発熱はそうではないとどうしていえるのだろう。このようなエビデンスはどう使えばいいのだろうか。

ＩＯＭの報告書では、このような報告はメカニズムに関するエビデンスとセットで使用されている。**関連性が存在すると考えられる生物学的な理由があるのか**、ということだ。症例によっては、生物学的な関連性があると考えられ、有害事象報告だけに基づいて結論を出す場合もある。メカニズムがなく、結論を出すにはもっとエビデンスが必要な場合もある。

「病気につながる」エビデンスはほぼない

第2の重要なエビデンスは、「疫学研究」から生じる。

この場合では、予防接種をした子どもとそうでない子どもを比較する。ランダム化されていないことが多いが、大規模な研究の場合もある。

報告された有害事象が、母集団全体に関係があると裏づけられれば、メカニズムが明白でなくとも、関連性が支持されるかもしれない。

関連性が疑われる158種類の組み合わせは、次の4つのカテゴリーに分類された。

①有力な裏づけ（ワクチンと事象の間に納得のいく因果関係がある）
②容認を支持（おそらく因果関係がある）
③棄却を支持（入手できるエビデンスから、因果関係の可能性は低い）
④エビデンスが不十分

大多数は、エビデンスが不十分だった。この中には、MMRワクチンと多発性硬化症、DTaPワクチンとSIDSの関連も含まれている。

こうした関連を裏づける有効なエビデンスは見つからなかったが、同時に断固として否定するエビデンスもなかった。これは必ずしもエビデンスがないという意味ではない。ほとんどの場合で、有害事象報告システムにワクチンと関連づける事象が報告されていても、研究者が調べてみると、両者に関連性がある可能性はないと考えられるのだ。

これは矛盾するような結論だ。基本的には、人が以前から考えていたこと（統計学では「事前信念」という）は、エビデンスを見た後でも変わらない。

ワクチンが安全だと考える立場の人にとっては、自説に反論できるものは何もない。逆に、ワクチンが安全ではないと考える立場の人にとっても、自説が誤りだと証明できるものは何もない。ワクチンは被害をもたらすと信じたい人にとって、エビデンスがない状態こそ、その人の信念を支持しているように思える。つまり「MMRワクチンと多発性硬化症の関連を排除しきれない」ということだ。

この基準に基づくと、爪切りと多発性硬化症の関連も排除できなくなる。前者と後者の違いは、後者の関連性がそもそも存在するとは誰も信じないということだけなのだ。

■ただし「ゼロの関係」は証明できない

一般に**2つの事象の間に何の関係もないことを証明するのはとても難しい**。ごく小さな関係が気になると、それを統計学的に否定するには膨大なサンプルが必要になるだろう。

そんなサンプルはないことが多い。もっとエビデンスがあればそれに越したことはないが、IOMは今ある研究成果を使うしかない。

IOMが結論を出せると判断した17件のケースのうち、**14件はワクチン接種と有害事象との関係について、有力な裏づけがあるか、容認を支持と判断された**。これは恐ろしいようにも思えるが、どういうリスクがあるのかを慎重に見ていこう。

まず、多くのワクチン(DTaPワクチンを除く)はアレルギー反応を起こすリスクがある。発症はきわめてまれ(接種10万回あたり0・22例程度)で、ベナドリル[アレルギー症状緩和薬の市販薬]や極端な場合はエピペン[アナフィラキシー補助治療剤]で治療可能だ。IOMの報告書に記載されたリスクの半数をアレルギー反応が占めている。

第2に、ワクチン接種後に失神が起きることがある。大半は思春期の子だ。メカニズムははっきりしていないが、失神しても長期的な影響はない。

有力な裏づけがあると判定された2件のリスクがこれに当たる。

ワクチンがより重大なリスクに関連のある症例が数例ある。だが、これらのリスクの可能性は、一般にごく小さい。

その一例がMMRワクチンと「麻疹封入体脳炎」の関連だ。この病気は免疫機能の低下した人が麻疹ウイルスに感染した場合の、長期に及ぶ重篤な合併症だ。ごくまれだが、ほぼ致命的である。

IOMの報告書では、麻疹ワクチンの接種後にこの病気にかかる可能性が検討された。

この病気の診断を受けた子どもを検査したところ、3例が実際の麻疹の症例ではなく、ワクチン接種を通じて麻疹ウイルスに曝露した可能性が高いことが示された。

このエビデンス（これが麻疹ウイルスのリスクだとわかっていることと、3例の子どもが実際の麻疹に曝露していないこと）から、報告書はこれらの症例ではワクチンがおそらく病気の原因であると結論づけた。

ワクチン接種が「遅れる」と熱性けいれんリスク増

この関連性は「有力な裏づけがある」と分類された。だが、はっきりさせておかなければならないのは、これは**誰もが心配すべきリスクではない**ということだ。

発症は免疫機能の低下した子どもに限られ、それもきわめてまれだ。予防接種の歴史でたった3件なのだ。自分の子どもの免疫系に問題があれば、親は知っているだろうし、予防接種については主治医と相談するはずだ。健康な子どもにとっては、計算しなくてもいいリスクにすぎない。

水痘ワクチンでも、免疫機能の低下した子どもには同様の問題が生じる。この場合も、合併症は著しくまれだ。ワクチンとの関連性はあるが、心配するような事態になるとはとてもいえない。

最後にもっと一般的なワクチンのリスクがある。重篤ではないが、怖い思いはするかもしれない。MMRワクチンが熱性けいれん（乳幼児が高熱を出して起こすけいれん発作）と関連しているというリスクだ。通常は長期的な影響はないが、親は怖い思いをする。

これはよくある症状なので、子どもの大規模なデータセットからワクチンとの関係が研究されている。アメリカでは子どもの2〜3％が5歳になる前に熱性けいれんを経験する（その大部分はワクチン接種との関連がない）[7]。多くの研究から、**MMRワクチン接種後10日前後に熱性けいれんの発症が2倍になる**ことがわかっている[8]。**初回のMMRワクチン接種が遅い（1歳より後の）子どものほうが発症は多い**。予防接種を遅らせるよりも、スケジュール通りに実施したほうがいいのはそのためだ［日本でMMRワクチンは未承認］。

「機嫌」が悪くなる赤ちゃんはいる

IOM報告書で取り上げられていないことが1つある。主治医からおそらく話があると思うが、**ワクチンの影響で機嫌が悪くなる赤ちゃんが多い**。私はこれを思い知らされている。

私たちは、なぜかペネロピの最初の予防接種の数時間後に、自宅で大人数の学生とのブランチを企画していた。結局ジェシーは自宅のダイニングルームで学生にペストリーを手ずからふるまうことになり、私はヒステリックに泣き叫ぶ赤ん坊をベビービョルンのキャリアに何とか押し込んで、薬局まで歩いていくことになった。せっかくの午後が台無しだった。それでも翌朝にはペネロピの機嫌は直っていた。

こういう機嫌の悪さ（発熱を伴うことも多い）には手を焼くかもしれないが、心配することではない。赤ちゃんはウイルスに対して抗体を作ろうとしており、それには多少の副反応がある。ただ心配なものではない。

ワクチンを受けたほうが「自閉症」は少ない

データの裏づけのあるワクチンのリスクは以上だ。データの裏づけのない関連性はどうなのか。

ＩＯＭ報告書が明白に否定している関連性がいくつかある。その1つはＭＭＲワクチンと自閉症の関連で、アンドリュー・ウェイクフィールドが『ランセット』の論文で発表したものだ。

この関連性については数多くの大規模な研究がある。最大のものは53万７０００人の子ども(1991~98年にデンマークで生まれた子ども全員)を対象にしている。このデンマークのデータでは、子どものワクチン接種情報と、後の自閉症あるいは自閉症スペクトラム障害の診断とを紐付けることができたが、予防接種を受けた子どもが自閉症になりやすいというエビデンスは見つからなかった。むしろ研究結果からは、**接種を受けた子どものほうが自閉症と診断される子が少ない**ことが示唆された。[9]

同様の研究は多い。ある研究では、年上のきょうだいが自閉症であるため、一般よりは自閉症になる可能性が高い子どもに注目した。ここでもMMRワクチンとの関連は見られなかった。[10]

両者に関連が生じるメカニズムはなく、サルを使った対照研究でもそれらしい関連は見られなかった。[11] **要するに、自閉症と予防接種が関連していると考える理由は単にない**ということだ。[12]

予防接種に関連するリスクはまったくないとはいえない。熱を出すかもしれないし、(めったにないことだが)発熱からけいれんを起こすこともありうる。また(これも、ほとんどないといえるが)アレルギー反応が出ることもありうる。

だが、健康な子どもにとって、ワクチンが長期的に大きな影響を及ぼすエビデンスはないといっていいだろう。

ワクチンは受けない理由がないほど「有効」

私たちが住むアメリカでは、幸運にもほとんどの人が予防接種を受け、ワクチンで予防できる病気の発症例はまれだ。麻疹やおたふくかぜにかかる子どもはほとんどなく、百日咳にかかる子は多少いるが、それでも大勢ではない。

予防接種を受けるのをやめると、そうではなくなる。どの病気も実は私たちのまわりに存在し、予防接種がなければ、感染は珍しくなくなるだろう。

ワクチン接種で病気はかなり予防できているが、完全ではない。

たとえば百日咳の免疫は時間が経てば消えてしまう。だが、たとえ予防接種率の高い地域であっても、接種を受けた子どものほうがそうでない子どもよりも感染しにくいということは、研究で一貫して示されている。[13] 2015年にディズニーランドで起きた麻疹の流行時にも、感染した子どものほとんどは、親が予防接種を受けさせなかった子だった。

集団免疫は「自分以外の9割」に免疫がないとできない

これまで挙げたエビデンスを見てもなおワクチンは心配だという人は、他人のワクチン接種でわが子の病気を予防しようという誘惑に駆られるかもしれない。

これは「集団免疫」と呼ばれ、十分な割合の人が予防接種を受けていれば、病気は蔓延せず、集団全体が免疫を持つことになるという考え方だ。

もし、あなたの子が今住んでいる地域で予防接種を受けていないたった1人の子どもで、ほかに接種を受けていない子どもがいる場所には絶対に移動しないというのであれば、ワクチンで予防できる病気にはかからないことがほぼ保証されるだろう。

だがそんなことが可能だろうか？　アメリカでは、予防接種率が集団免疫に必要な数字を下回っている地域がたくさんある。MMRワクチンの接種率が80％前後の地域があるが、**集団免疫を期待するにはせめて90％の接種率が必要**だ。百日咳はもっと感染しやすく、集団免疫に必要な接種率はもっと高い。その結果、アメリカの郡の約半数では毎年少なくとも1件の百日咳の発症がある。もっと件数の多い郡も少なくない。

自分の子どものリスクだけを考えても、予防接種を受けさせる意味はある。

ワクチンは「死」を予防する

そして記しておくべきなのは、予防接種は社会のためでもあるということだ。

みんなが経済学者のいう「タダ乗り」をしようとして、子どもに予防接種を受けさせないようにすると、予防接種はなくなり、病気は増える。免疫不全やガンなどの病気で予防たちを守ることになる。

接種を受けられない子どもがいるが、健康な子どもが接種すれば、そうした脆弱な子ども

　ここ40年間に生まれた私たちのほとんどは、今子どもたちにワクチンを接種させている
病気が普通に流行っていた時代を知らない。子どもが１人か２人くらいは麻疹にかかった
と聞いたことがあるかもしれないが、その子たちはおそらく元気になっているだろう。大
多数の人は回復するからだ。

　そもそもワクチンで予防できる病気で死んだという人を私たちはまず知らない。だが、
可能性はある。そういう病気が流行ったら、死ぬ人はいるのだ。

　そこまで重篤でない病気に対しても、深刻な反応を示す人がいることは覚えておいたほ
うがいい。水ぼうそうはかゆみがひどいにしても、それほど重い病気ではないと知ってい
るかもしれない。だが、ワクチンの開発前は、毎年１００人が死亡し、９０００人が入院
する病気だった。百日咳による死亡は今でも毎年10件から20件見られる。そのほとんどは
予防接種をまだ受けられない小さな赤ちゃんで、他人のワクチン接種で守ってあげるしか
ないのだ。

　病気が広く流行するのを見たり経験したりしたことのない人にとってはとりわけ、ワク
チン接種は時間の無駄と思えるかもしれない。何の意味もなく、子どもに針を刺している

と思うかもしれない。

だが、事実はそうではない。ワクチンは、病気と苦しみと、死を予防する。

「予防接種スケジュール」は絶対守ったほうがいい

ワクチンに不安を覚える親の中には、接種スケジュールを遅らせる人たちがいる。数種類のワクチンを同時に接種するより、接種間隔を空けたほうがいいと考えるのだ。

その必要がないことは、これまでに説明したワクチンの安全性についてのエビデンスからも明らかだ。むしろMMRワクチンの接種を遅らせると熱性けいれんのリスクは増加する。[14] 接種を遅らせたからといって、ワクチンが原因の有害事象を予防できるわけではない。注射のために何度も通院するのは、時間もかかれば、子どもも嫌がるだろう。

接種を遅らせることに唯一価値があると思えるのは、そうでないと予防接種はしないという一部の親に、接種を勧められることだ。遅くてもしないよりはましなのだが、多くの場合（ロタウイルスワクチンなど）、**接種開始のスケジュールにはしかるべき理由がある。**

B型肝炎ワクチンの初回接種は生後2日だが、母親がまれに未診断のB型肝炎だった場合は、子どもの将来の肝臓がんの発症を予防できる。[15] スケジュール通り始めることには意味があるのだ。

医者の中には、不安な親の求めに応じて接種を遅らせると、やはり接種は慎重にしたほうがいいんだとか、ワクチンは怖いんだ、という間違った印象を与えかねないと懸念を示す人もいる。そのせいでワクチンを受ける人が減るのだろうか。面白い理屈だが、裏づけとなるエビデンスはあまりない。

１人の親の視点からいえば、遅らせる理由はまったくない。

結論

- 予防接種は安全だ。
  - ・ごく一部の人にアレルギー反応があるが、治療可能だ。
  - ・きわめてまれな有害事象があるが、そのほとんどは免疫機能が低下した子どもに起きる。
  - ・リスクでもっと多いのは、発熱と熱性けいれんだけだが、どちらもまれであることに変わりはなく、長期的な悪影響はない。
  - ・ワクチンと自閉症の関連にはエビデンスはなく、関連を否定するエビデンスは多い。
- ワクチンは子どもの病気を予防する。

9章 「家」にいる？「仕事」に行く？

専業主婦か仕事復帰か

子育てをめぐる論争で、出産後に復職するかどうかの選択ほど、重いテーマはない。

この章のタイトルは、友人の息子の学校でのやりとりに由来する。「きみのママはどっちのタイプ？　うちのママは家にいるけど」と訊かれ、彼はこう答えたという。「へえ、うちのママは仕事に行くよ」

「どっちのタイプのママ」という台詞には、かなりの対立感情が宿っている。日中何をしているかの選択で、自分がどのタイプの母親（そして人間）なのかが決まるような気がする人は多い。

そのうえ、というかその結果、この話題は計り知れない緊張感や重苦しい空気をはらむことになる。働いている女性は、ずっと子どものそばにいないことに罪悪感を抱くと話す。働いていない女性はよく疎外感を味わい、いら立つと言う。個人のレベルでは自分の選択に満足していても、どちらの側からも審判の声が響いてくるような気がするのだ。

「学校の遠足にどうして行けないの？　ああ、わかった、仕事か。残念ね」

「で、どうしているの？　ああ、子どもと家にいるだけ？　私にはとてもムリ――職場の人たちがみんな困るし」

もう、やめよう。ほかの親をとやかく言うのは何につけても無益で、非生産的だ。この件も例外ではない。

大人は「何時間労働」がいい？

1つには、議論の前提が無益だ。子どもと家にいるべきかどうかの選択はそれぞれの家庭で決めるべきだ。しかもなぜ、「母親」でなければならないのだろう。そんな必要はない。

「専業主夫」も有効な選択肢だ。時には家にママが2人いてもいいし、パパが2人いてもいい。親が1人だってかまわない。

だから、まずこの問題は、「あなたはどっちのタイプのママになるの？」ではなく、**「あなたの家庭にとって最適な、大人の労働時間の編成は？」**という問いかけから取り組んでいこう。

ピンとこない質問だというのはわかっている。だが、意思決定にはこちらのほうが役立つ。

第2に、親が子どもと家にいるべきかどうかの議論は、家庭によっては選択の対象ですらないという事実を無視している。

アメリカには、家庭の大人全員が働かなければ、日々の暮らし（住む場所があり、食卓に食べ物が並ぶ）がままならない人たちが大勢いる。

あなたの家庭が選択の自由に恵まれているなら、その選択についての考え方を提示するのがこの章の目的だ。理想をいえば、まずは罪悪感や恥ずかしさからではなく、意思決定の理論と信頼できるデータから始めよう。

意味のない「罪悪感」を捨てる

仕事をするかどうかの選択はどう考えればいいだろう？　3つの要素があると思う。

①子どもにとって何が一番いいのか？（「一番いい」とは、子どもの将来の人生がうまくいくとか、幸せになるなどに役立つということにしよう）

②あなたは何をしたいのか？

③あなたの選択が家計に持つ意味は？

①と③についてはよく話題になる。この章でも取り上げようと思う。ただ、②についてもぜひ考えてほしい。つまり、**自分が仕事をしたいのかどうかを考えるべき**なのだ。よく聞くのは、「働かないといけないから」「専業主婦でいないといけないから」という言葉だ。どちらも、場合によってはその通りなのだろう。でも言うほどではないと私は思っている。

問題はそこにある。自分が働きたかったから、家にいたかったから、その選択をしたと言えばいい。

私のことを書こう。

私は幸いにも働かなければいけないわけではない。それは、ジェシーと私は、１人分の収入で生活できるよう生活設計を変えられるという意味だ。私が働くのは、自分がそうしたいからだ。子どもたちのことは大好きだ！　かけがえのない存在だと思う。でも家で一緒にいるだけでは私は満足できない。私が最高に幸せになれる時間配分は、だいたい１日に仕事が８時間で、子どもとの時間が３時間だと計算している。

それは、総じて子どもたちよりも仕事のほうが好きだということではない――どちらかを選べといわれたら、必ず子どもたちが勝つ。でも子どもたちとの時間の**「限界価値」**の低下は早い。これは1つには子どもたちといると疲弊するからだ。最初の1時間は素晴らしいが、次の1時間はそれほどでもなくなり、4時間目にはワインを1杯飲みたくなるか、少し研究に時間をとりたくなる。

「わが家にいいこと」を考える

仕事はそうはならない。確かに8時間目は7時間目よりは楽しくなくなる。ただ、最高のときも、最低のときも、子どもたちとの時間ほど高みに行かないし、落ち込まない。仕事の肉体面、精神面の厳しさは、親として子育ての現場にいるときの肉体面、精神面の厳しさと比べれば、たかが知れている。私の仕事の8時間目は、普段の子どもとの5時間目よりうまくいく。だから私は仕事をしている。仕事が好きだからだ。

こういうことは言ってもいいはずだ。「家で子どもと一緒にいたいからそうしている」と言っていいのと同じだ。1日に8時間も経済学なんかやりたくないと思う人が大勢いるのはよくわかっている。

子どもたちの成長には自分が家にいるのが一番いい。そう言っておかないとまずいのだとしたら、それはおかしい。少なくとも、それだけを決定の理由にするのはやめよう。

「こういうライフスタイルが好きだから」とか「わが家はこれでうまく行くから」という選択の理由があってもいい！

これから、子どもに一番いいこととは何かをエビデンスから読み取り、家計についても考えていくが、その前にまず、本当に何をしたいのかを、あなたもパートナーも考えてほしい。

そのうえで、データや制約について考えればいい。

ここからは「仕事をする」という選択について述べていく。まず、子どもへの影響について、それから家計への影響をどう考えるべきかについて。そして最後に、育児休業の問題と、復職を考えるなら、どのくらい休業すべきかの目安についても述べる。

「親の仕事」は子どもに影響する？

最初の質問から始めよう。**片方の親が家にいることが子どもの成長・発達にとっていい（あるいは悪い）のだろうか？**

これはきわめて難しい問いだ。なぜかといえば、まず片方の親が家にいることを選ぶ家庭は、そうでない家庭と違うからだ。この違いは、親が家にいる・いないとはまったく関係なく、子どもに影響を与える可能性がある。

第2に、親が仕事に出ている間に子どもがどう過ごすかが、きわめて大きな意味を持つ。子どもは大きくなれば全員学校に通うようになるが、もっと小さな子どもであれば、きちんとした保育環境にいるかどうかが、あらゆる面での成長発達に影響する。

最後に、仕事をするということは一般にお金を稼ぐことを意味する。お金は家庭にとっても大事だが、お金があるからこそ親子が経験できる機会もある。すると、収入への影響と、子育ての時間への影響を切り離すのは難しくなる。

こうした注意事項はあるが、データを掘り下げることはできる。

長く「育児休業」してもとくに影響はなし

まず、多少の因果関係を示すエビデンスがある分野から始めよう。最初の数年間を1人の親が家で過ごした場合の影響である。

まず、親が家にいた場合の子どもへの影響について、その期間がたとえば1年間と6か月間、あるいは15か月間と1年間ではどう違うかを評価したヨーロッパとカナダの論文がある。これらの国では、国の政策で出産・育児休業が何度か延長され、右のような期間の変更があった。

この文献では、親の選択ではなく、政策の変更が研究に利用されているので、結論の信頼度は高い。出産・育児休業期間が６か月から1年に延長になったことで、一部の女性は６か月ではなく1年間家で過ごすことになった。「６か月間」の休業制度下で生まれた子どもと、「1年間」の制度下で生まれた子どもを比較することで、両親の間の根本的な違いを気にせずに、育児休業の効果を知ることができるのだ。

結論としては、**育児休業の延長による子どもへの影響は何もなかった**。[1] 子どもの学校の成績、成人してからの収入、そのほかにも影響はなかったのだ。

学校成績トップは「パートタイム」×「フルタイム」家庭

このエビデンスは、乳幼児期の親の就労に焦点が絞られている。子どもがもっと大きくなったときの、親の就労の影響を調べた研究は、因果関係ではなく、相関関係を評価したものに限られている。それでも何件かの研究はあり、学業に関するエビデンス（学力テストの得点、卒業の有無）を探してみると、相関関係はおよそゼロになる傾向があった。[2] **両親がフルタイムで共働きでも、片親が働き、片親が働いていない場合でも、結果は同様**だった。

結果には解釈が微妙なものも含まれている。

よく見られたのは、**1人の親がパートタイム、もう1人がフルタイムで働くという家の**

子どもは、学校の成績が一番いい傾向があったことだ――両親がフルタイムで働く家庭や、1人の親はまったく働かない家庭よりもよかったのだ。[3] これは就労形態によるものかもしれないが、私はおそらく家庭間の違いが原因だろうと考えている。[4]

貧困家庭は「両親共働き」がプラスになる

また、両親が働いていると、より貧困な家庭の子どもにとってはプラスの影響があり（つまり働いているほうがいい）、より裕福な家庭の子どもにとってはそれほどプラスではない（あるいはわずかにマイナス）影響があるという傾向が見られる。[5]

ここで比較されたのは、学力テストの得点、学校の成績、肥満といった結果だ。

研究者が解釈しがちなのは、貧困家庭では両親が働くことで得られる収入が子どもの発達成長に影響し、一方裕福な家庭では、親と一緒に「より充実した経験」をする時間が失われたことが影響したということだ。

それはありうることだが、こうした評価は、相関関係だけなので、データから多くを読み取ろうとしても難しい。たとえこうした解釈を受け入れたとしても、注目されているのは子どもの活動であり、育児休業制度ではないことになる。

■「子どもの将来」を左右する話ではない

最後に、共働きだと（とくに母親が働いていると）娘も後に働く可能性が高まり、性別によるステレオタイプが少なくなると主張する人がいる。[6]

面白い説だし、子どもたちが自分をモデルにすると思うと気持ちがいいだろうが、このデータのほとんどは、アメリカとヨーロッパの比較から得られたものであり、この効果の原因が母親の就労なのか、別の違いによるものなのかはわかりづらい。

まとめると、エビデンスの重さから、**親の就労が子どもの成長発達全体に及ぼす影響は小さいかゼロであることが示唆される、**と私は考える。

家庭の状況により、この影響は多少プラスかマイナスになりうる。だが、働くことを決めたからといって、その決定が子どもの将来の成功を約束するわけでも、壊すわけでもない（そもそもそんな決定はないと思うが）。

「産休」「育休」は多方面でメリットがある

恵まれた職場なら、有給の産休・育休が認められることもある。勤務先によって最長３～４か月か、短い場合もある。テック企業は、率先して女性だけでなく男性にも最大４か月の有給休暇を認めている（みんながフェイスブックで働いているわけではないが）。

産休と育休はメリットがあるようだ。**母親が産休、育休を取得すると赤ちゃんにいい影響があるというエビデンスが増えている。**たとえばアメリカでは家族・医療休業法が施行されてから、早産児が減り、乳児の死亡率は下がった[7]。母親が仕事に出ず、小さな赤ちゃんと過ごせば、赤ちゃんが病気のときに面倒を見やすいというメカニズムなのかもしれない。また、妊娠中に問題があった女性が産前休暇を取りやすくなったことが、早産予防につながったといえるかもしれない。

これに関しては同様の結果も示されている。研究者はこうした結果から、産前休暇にメリットがあると広く結論づけている[8]。

このメリットがあるのは乳児期だけであるようで、その後には及ばないようだ[9]。だが、ノルウェーの子どもを対象とした研究では、**母親が4か月間の産休・育休を取った場合のほうが、子どもの学歴が上がり、成人後の収入まで上がった**という結果が示された。このような長期に及ぶ影響は、経済的に恵まれていない母親の子どもの場合に最大となった[10]。

つまり、もし職場で産休・育休が認められているなら、取得したほうがいいということだ。そうでない場合は、無給の休暇を取得できないかどうか、検討する価値がある。

「家計」に与えるインパクトは？

親の就労で最後に検討すべきなのは、家計への影響だ。この問題は複雑だ。それぞれの親の収入と、保育費を考える必要がある。

さらに理想としては短期と長期、両方の影響を考慮したい。

保育料が「世帯収入」に響く

保育にはお金がかかる。費用の大半は、「手取り」収入から支払われる。これは、収入が保育費を相当上回らないと収支が合わないことを意味する。

この仕組みを理解するため、たとえば夫婦それぞれの年収が５万ドル、世帯収入が10万ドルの世帯を考えてみよう。

税引き後の手取り額は約８万５０００ドルだ。[11] 夫婦が共働きで、毎月の保育費が１５００ドルなら、保育費を除いた年間の可処分所得は６万７０００ドルとなる。

片方の親が家にいると、家族の収入は減る（年間の手取りで約４万６０００ドル）が、保育費はかからない。手取り収入額を比べると、夫婦が子どもを持たなかった場合の半額となる。

保育費がもっと高額だと、計算は複雑化する。フルタイムのナニーは、雇い主が法定の税金を払い、高級住宅地に住んでいると、年間で4～5万ドルかかることもある。先ほどの夫婦の例にあてはめると、親1人分の収入が完全に消えてしまう計算だ。これなら1人が家にいたほうが経済的には余裕が出るだろう。

1人の親がもう1人よりも収入が多い場合もそれがあてはまる。先ほどの例で、世帯収入は変わらず、片方が7万ドル、もう片方が3万ドルの収入だとしよう。年収3万ドルの親の手取りは年2万5500ドルだ。保育費を引くと、働いていない親との可処分所得の差は、7500ドルにしかならない。

これは例でしかない。あなたの個人的な経済状況はかなり違うかもしれない。だが、**最初のステップは、このように現状に向き合うこと**だ。1人の親が家にいるのと共働きの場合の世帯収入はどうなるのか。現実的な保育費用はいくらなのか。

子どもが大きくなるほど「費用」は減る

最初の計算は終わっても、少なくともあと2つの点を考える必要がある。まず、子どもの年齢によって計算は変わる。**子どもが大きくなるにつれて費用は減る**からだ。

学齢期の子どものほうがお金はかからない。たとえば公立学校は無料だ。働いていれば、収入はおそらく上がるだろう（これは仕事にもよるが、当てはまる人は多いだろう）。

最初の数年間は働いて損をするような気がしても、長期的には得をするということだ。もちろん、子どもが小さいときは仕事をやめて後で復帰してもいいが、再就職のしやすさは仕事によって変わる。そのうえ、実際に再就職したとき、給料が大幅ダウンとならない保証はない。もちろん、老後資金の積立もなくなる。

つまり、**0〜3歳の家計だけを考えてはいけない**ということだ。


第2に、経済学の**「お金の限界価値」**について考えてみてほしい。

たとえば、あなたが働けば、家計は収入面で余裕が生まれるとしよう。その分は数字で計算できるが、あなたがどれほど満足できるかは数字にできない。

本当に考えなければならないのは、そのお金はあなたの家族にとって、経済学でいう「効用」すなわち満足感の面で、どの程度の価値があるかということだろう。生活はどのくらい違ってくるのだろうか。

そのお金で何を買うのだろうか。もしお金を得ても満足できないなら、それほどの価値はないことになるだろう。

「専業主婦」はメリットもデメリットもない

家庭内の大人が全員、外で働くかどうかは、誰にとっても容易に選択できることではない。

誰にでも通じるアドバイスをするのはほぼ不可能だ。データからいえるのは（有意なメリットがある産前産後の休暇を除き）、**専業主婦・主夫が子どもの成長発達にプラスかマイナスの影響を与えるというエビデンスはあまりない**ということだ。

つまり、結局は自分の家族にとって何が一番うまくいく方法なのかを考えるしかない。それには家計について考えることも必要だが、同時に自分がやりたいことを考えることも必要だ。

どちらかの親が子どもと家にいたいと思っているのか。ある意味で、それこそが一番考えるべきことだろう。

ただ、複雑で、予測不能であることも確かだ。子どもが生まれる前は、子どもといつも一緒にいたいかどうかは、なかなかわからないものだ。

人によっては赤ちゃんと片時も離れたくないという人もいる。

自分の子どもは大好きだけれど、月曜日になったら仕事に戻るのが楽しみだという人もいる。

それに、気持ちは子どもの年齢によっても変わるかもしれない。赤ちゃんが大好きな人もいる。私は、子どもが大きくなるにつれて、一緒にいるのがもっと楽しくなった。今でも専業主婦になる気はないが、子どもがもっと小さいころよりも今のほうがそうしてもいいと思える。自分の気持ちに正直になってほしい。

私がいろいろ書いても、あなたの選択にはあまり役に立たないのはわかっている。**申し訳ないけれど、結局はあなたが自分で決めるしかない**。

最後に、家にいるかどうかの選択は、いろいろな方向に進む要因がある中での1つの選択に過ぎない。それを認めれば、どちらの側にもありがちな、やみくもに人を批判する態度を取らないようになれるのではないか。

私は、自分がやりたいことだから、仕事をすることを選んだと言えるようになりたい。友人にも、自分がそうしたいから家にいることを選んだと言えるようになってほしい。そして私はそうした友人を見下したりせず、友人は私の子どもたちが人生で最高のスタートを切れなくてかわいそうと言ったりせず、誰でも自分の選択を臆せずに言えるようになってほしい。

それは無理な注文だろうか？ そんなことはないと思う。

結論

- 母親が産前・産後休暇をとると赤ちゃんにメリットがある。だが育児休業期間を過ぎれば、専業主婦・主夫が子どもにプラスかマイナス、いずれかの影響を与えるというエビデンスはほとんどない。
- 専業主婦・主夫になるかどうかの決定では、短期・長期の家計への影響とともに、個人の好みを考慮すべきだ。
- 人をむやみに批判するのはやめよう！

10章 お世話は誰がする？

「親以外」が保育することのデータ

前章のように「家庭内の大人が全員、外で働く」と決めたら、すぐに次の問題に直面する。赤ちゃんはどうしよう？

ペネロピの妊娠中、ジェシーと私はセミナーのためにスウェーデンに行った。100％イケア製品で揃えられたアパートで（イケアがシャンプーまで作っていたとは！）つわりで吐き続ける合間にも、スウェーデンの親に用意されている保育制度を垣間見た私は、うらやましくてたまらなくなった。

「保育園」以外の選択

スウェーデンでは育児休業が長い。復職しても、政府から申し分のない各種保育サービスが提供される。ストックホルムの街中を歩いていると、小さな子どもたちの集団が、迷子にならないように同じロープを握りしめながら、あちこちの公園を行き来しているのをたくさん目にした。これはすごい、と思った。スウェーデンから仕事のオファーがあったら、アメリカを引き払う相談をしていたと思う。せめてペネロピが学校に通う前まで。でもそんな話はなかった。

アメリカに帰国してみると、保育は簡単ではなかった。選択肢はたくさんあるが、多くのヨーロッパ諸国のように、政府から標準で提供されるサービスはない。ヨーロッパではあらゆるサービス（たとえば保健医療など）が国から提供され、保育もその一環だ。昔からの伝統があるのかもしれない。

スウェーデン国民は政府が十分な保育サービスを提供するものと期待している。アメリカ国民は望んでいるかもしれないが、当てにしていない。

誰でも受けられる保育サービスがない場所にいるなら、自分で探さなければならない。標準的な選択は、通所保育（デイケア）か、ナニー［ベビーシッターとほぼ同義だが、決まった曜日、時間に長期契約で在宅保育を頼む場合が多い］かだが、身内に頼むこともできれば、選択肢を組み合わせることも可能だ。

こうした基本的な選択肢の中でも、バリエーションはいろいろある。デイケアを例に考えてみよう。どのタイプが合っているだろうか。個人の家で子どもを預かる保育室か、保育園か。ナニーを雇うにしても、種類はいろいろだ。私たちが最初にナニーを探したとき、あるナニーの推薦状には「フラッシュカードナニーではありません」とあった。そんなナニーがいるのだろうか。私は求めていなかったのだが。

効果的に考えるツール「ツリー」を使う

この選択のプロセスは、意思決定理論の解説書の1ページを借りて簡素化できることを説明しよう。具体的には、**「デシジョンツリー」（決定木）**を使う。

例として子育てデシジョンツリーのようなものを作ってみよう。この章の目的に合わせ、外部の保育者にお願いすることにする。家族や親戚に手伝ってもらえるなら、枝をもう1本追加すればいい。

経済学では、「ツリーを解く」方法を教える。一番下から上にさかのぼっていく方法だ。まず、ナニーでなければならないとしたら、どのナニーがいいかを決める（この例では3つの選択肢から選ぶ）。これで木の葉っぱの部分が解けたことになる。

次いで、保育園でなければならないとしたら、どんな保育園がいいかを決める（4つの

効果的に考えるツール「デシジョンツリー」

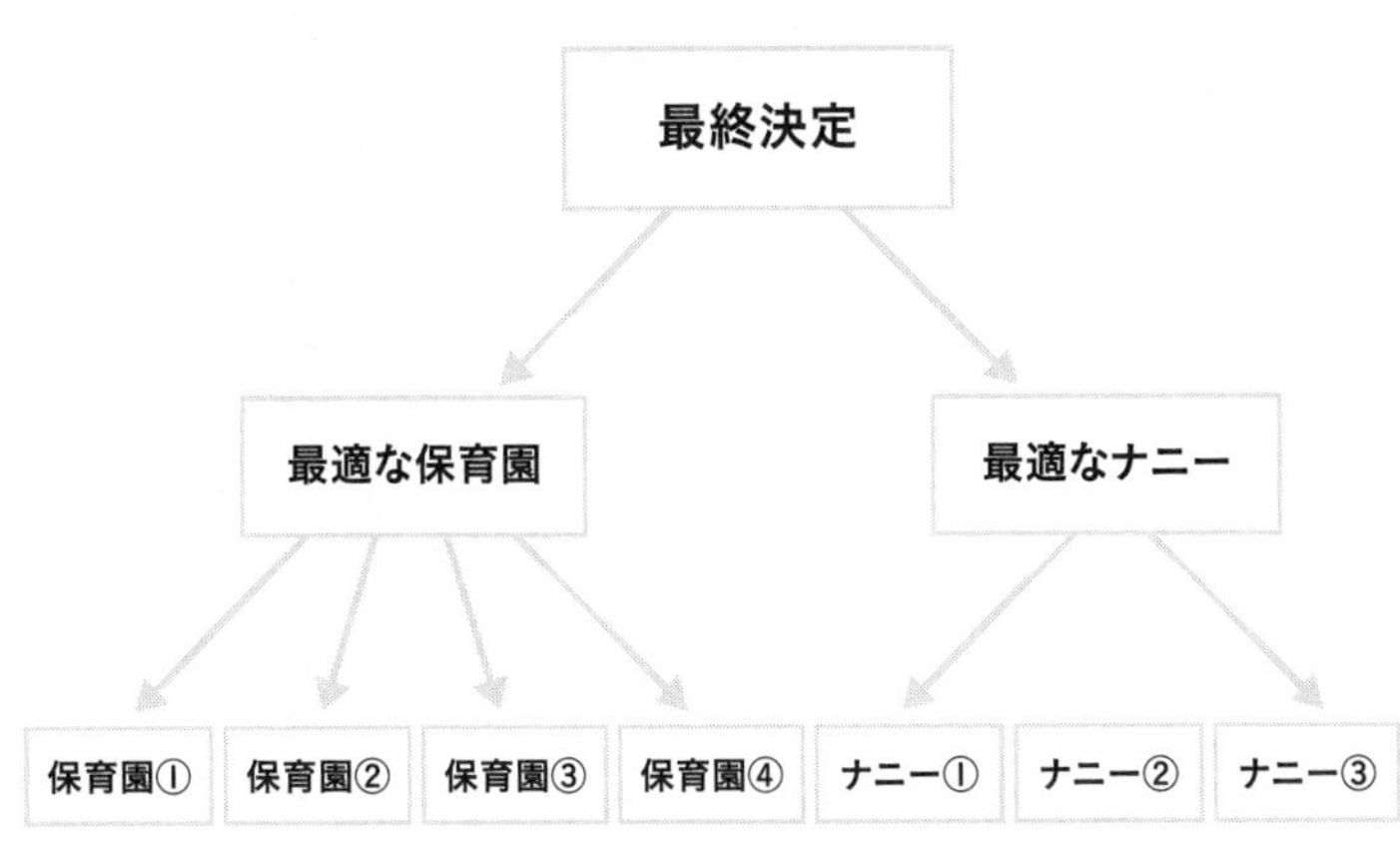

選択肢から選ぶ）。それから2つを比べる。

それぞれのカテゴリーの様々な選択肢を比べるよりも、具体的な選択をすればいいだけだ――私が選んだ「最適な保育園」と「最適なナニー」のどちらがいいのかを選ぶだけだ。

これは考え方を示す方法論で、もちろん正解を教えてくれるわけではない。答えに行き着くには、エビデンス（様々な保育サービスのエビデンスとその比較方法）を組み合わせることが必要になる。

「保育園」の影響

先ほどのデシジョンツリーの左側、つまり保育園を考えるとすれば、最適な保育園はどう選べばいいだろうか。

国立子どもの健康と人間発達研究所の「就学前保育ケアと子どもの発達」研究（以下、ＮＩＣＨＤ研究）などの研究から役立つデータが提供されている。

保育園の質が「言語発達」を左右する

ＮＩＣＨＤ研究は1000人以上の子どもを対象にした長期研究（追跡調査）で、多様な保育（保育園、ナニー、家族親族）が子どもの発達に及ぼす影響を評価することを目的としている。言語の発達や行動の問題などの結果を中心に評価が行われている。研究結果は保育園とナニーの比較にも役立つが、まずは保育園同士の比較に目を向けよう。

研究者は実際に保育園に行き、研究対象の子どもを評価した。教室に座って先生を観察し、園の情報を記録した。その後、施設の「質」の高さを判定し、ランクづけを行った。保育施設の質の高さについては、きわめて具体的な調査が行われたので、後から取り上げようと思う。その前に、質がどの程度重要なのかを押さえておこう。

調査データを使用した最初の論文は、保育と、4歳での認知能力と行動の関係を検討した[1]。そのために、質の高い保育園の園児と、質の劣る保育園の園児が比較された。子どもたちは4歳まで対象の園に通っていた（その後も同じ園に通園した子と、転園した子がいる）。

わかったことは、**質の高い保育園への通園が、子どもの「言語発達」と強い相関関係があった**ことだ。質のいい保育園の園児のほうがよく話せたようなのだ。だが、「行動」の問題を調べると、保育園の質はプラスとマイナスどちらの影響も及ぼしていないようだった。影響はほぼゼロだった。

追跡調査で、子どもたちが6年生になっても、保育園の質は依然として語彙と関連し、行動面には影響しないことがわかった。[2]

▨「オーガニックおやつ」で園の質はわからない

本書をここまで読んでいただいたら、この分析に明らかな問題があることはおわかりだろう。

保育園の質は、家族の特徴にも関係する。平均すると、質の高い保育園はより費用がかかる。すると入園する子にも差が出てくる。たとえば、余裕のある家の子どもだ。だから、子どものどの結果が家族に原因があり、どれが園に起因するかはわかりにくい。

ＮＩＣＨＤの研究の利点は、家族の背景を広範囲に調整できることだ。研究者は家庭訪問をして、育児の質についてもある程度評価できた。親の関わりは重要だが、**保育園の質について得られた結果は、研究者が観察した親の関わりの違いを調整した後もなお残っていた**。もちろん、観察されていない親の特徴が何らかの役割を果たしているかもしれないという懸念は残っている。

エビデンスは、保育施設に子どもを預けるなら、質のいい施設にすべきだという常識的な直感を裏づけている。では、どうすれば質のいい施設だとわかるのだろうか？

1つの方法は、ＮＩＣＨＤの研究者の評価方法を参考にすることだ。同じ手法を厳密に再現することはできなくても、目安はわかるだろう。

まず、研究者が質のよさの条件としなかったことを、「お飾り」の特徴と呼んでおこう。「早くから中国語に触れる」とか「オーガニックおやつ」などだ。保育施設の質の評価の中心は、保育者と子どもの関わりが圧倒的だった。

質の評価はいくつかの部分に分けられている。まず、安全性、遊び、個別対応のチェックリストがある。簡易版を見てみよう。

「良質な保育園」の特徴

多くの項目は、親も施設見学で観察、記録しやすい。保育園でも、個人の家の保育室でも、基本的に同じチェックリストが使える。

研究者はさらに子どもの様子を数回観察することで、質の評価を行った。観察期間はかなり短い。半日の間に10分間の観察を連続して4回行った。同じことをするのは難しいだ

良い保育園の特徴

安全性	遊び	個別対応
・電気のコンセント、コード、ファンが露出していない ・安全なベビーベッド ・緊急時のプランがある ・使い捨てタオルを使用 ・授乳・食事エリアとおむつ替えエリアが別 ・毎日おもちゃを洗浄 ・保育士に子どもの病気についての知識がある	・おもちゃが子どもの手の届く場所にある ・はいはいの子が遊べるスペースがある ・「大きな筋肉」を育てるおもちゃが3種類ある（ボール、揺り木馬など） ・音楽教材が3種類ある ・「特別な活動」（水遊び、スポンジお絵描きなど） ・乳児の屋外用の遊具やおもちゃが3種類ある	・個別のベッド ・担当保育士が決まっている ・少なくとも半年に1回、子どもの発達状況を正式に評価している ・発達レベルに応じたおもちゃを与える ・保育士が最低でも週1時間をチーム計画に充てている

ろうが、保育園に預けることを検討するなら、邪魔にならない場所で10～15分、静かに見学できないか頼んでみてもいいかもしれない。

私なら、採点用紙を持ち込むのは控えると思うが、あなた次第だ。

子どもに「反応」する保育園に入れる

研究者は観察で何を見ていたのか。

まずは基本的なことだ。**大人が子どもと一緒にいて、対話をしているか**（たとえば、スマホを触っているか、それとも赤ちゃんと床に座っているかなど）。**子どもたちとポジティブな身体接触をしているか**（いいことをしたらハグをしてほめる、赤ちゃんを抱っこする）。

次いで、発達への刺激についてだ。**子ど**

もたちに読み聞かせをしているか。話しかけているか。赤ちゃんが声を出したら、応えているか（「あー！」「そう、カバちゃんね、か、ば。カバちゃん抱っこしたい？　はい、どうぞ！」）。

3番目は、行動だ。赤ちゃんも子どもも、いろいろな場面で感情を行動で表す。そのとき大人はどう反応するかが問題だ。よくない行動をした子どもや関わった子どもに身体的な制限を加えるのか（チェックリストには「物による行動の制限（自力で降りられない椅子やベビーベッドに乗せる）」とある）。子どもをたたくか。子どもに否定的な言葉をかけるか。これらはみな（とても）悪いサインだ。

最後に、子どもたちの様子についての観察がある。元気そうにしているか（お腹を空かせていないか、おむつが汚れたままになっていないかなど）。大人と対話をする時間があるか。まさか、テレビを観ているのか。

観察終了時には、全般的な感想を記録する。子ども中心の施設か。つまり、大人は真剣に子どもがやりたいことに注目し、耳を傾け、応えているか。それとも形式的に仕事をしているだけで、大人同士のやりとりが中心になっているのか。子どもと大人はポジティブで愛情のある関係でいるか。子どもたちはよくなじみ、楽しそうにしているか、それとも大人の姿を見ると怖がったり畏縮したりしていないか。

保育観察の専門家でない人でも、今挙げた特徴は、自分で判断できるはずだ。見学者の目の前で子どもをぶつことはまずないと思うが、子どもへの悪い影響や、温かみに欠ける雰囲気は伝わりやすい。その逆のふりをするのは難しい。

結局、無理のない範囲で一番料金の高い保育園を選ぶべきなのかと訊かれそうだ。保育の質と料金が相関しているのは事実だ。**料金の高い保育園ほど、概して保育の質は高い。**だが、保育の質の中心にあるのは、保育者が子どもとどう関わるかということであり、料金だけがすべてではない。

「ナニー」の影響

さて、デシジョンツリーのうち保育園の側は解決した（やれることはやった）。保育園の見学と評価は終わり、一番いい候補を見つけた。

次はナニーを検討しよう。

ＮＩＣＨＤ研究では在宅保育（ナニーか、母親以外の家族による保育）の質を評価しているが、結果は同じだ。項目ごとの基準による判断で、質が高い保育ほど結果がいい。ただ、この場合の質は保育園よりももっと評価が難しい。

研究では同じ評価期間とチェックリストを用い、保育者が子どもに応答しているか、おもちゃや本があるか、どなる・たたく（どちらもダメ）が見られるかをチェックしている。残念ながら、大人と子どもの1対1のやりとりに対して信頼性のある評価はしづらい。観察中の研究者は、保育園では存在感を消しやすいが、家ではどうしても目立ってしまうからだ。

さらに保育園よりも、質の判定が家庭の社会経済的な状況に影響されやすく、保育者の質が過大評価されがちになる。たとえば、最低でも本が3冊あるという基準は、ナニーではなく、家庭の特徴だ。

「自分と似た人」がお世話になっているか

ほかにナニーの見つけ方、評価方法に具体的な目安はほとんどない。私の経験で実際に一番役に立ったのは、ナニーの推薦者の話を聞き、そのナニーのどこがいいのかだけでなく、**推薦者自身が自分と似ているかどうかを判定する**ことだった。自分と同じようなニーズを抱えた人かということだ。

ナニーを雇うときは、思い切って自分の直感を信じるしかないこともある。

娘が3歳のとき、私たちは急にシカゴから東部のプロビデンスに引っ越した。大好きだったシカゴのナニーとお別れして、短期間で別の人を探さなければならなくなった。新しくお願いすることになったベッキーとは、直接会うことはなく、2回電話で話し、私の弟に会ってもらっただけだ。それでしっくりきたし、実際うまくいった。

保育園vsナニー

これで、最適な保育園とナニーが見つかった。いよいよ比較だ。どちらかがすぐれているだろうか。

「保育園」のほうが全体的にはプラス

データで問題になるのは、保育園の研究は、とくに明示しているもの、していないものも含め、母親が家で育てる場合と比較するものが多いことだ。それ自体は興味ある比較だが、保育園とナニーとの比較とまったく同じとはいえない。

ここで一番参考になるのがNICHD研究だ。ナニー型の保育と保育園など施設型保育を明確に比較し、家庭環境の違いを、不完全ではあるが調整しようとしている。

4歳半までの子どもへの影響をまとめた論文は、認知と言語の発達と、行動の問題を調べている。[3] 認知面では、結果は一定ではない。**生後18か月までに保育を受けた月数が長いと、4歳半までの認知スコアはわずかに低いが、それ以降は保育園の時間が長い子のほう**

が、認知スコアが高くなった。

理由はよくわからない。ごく初期は、1対1で世話をするほうが早期の言語発達を促すが、もう少し大きくなると、ナニーや家にいる親が保育している子どもよりも、保育園の子どものほうが文字や数字、社会性といったスキル獲得に時間を費やしているのかもしれない。

だが、これは推測でしかない。また、単なる相関関係で、因果関係はまったくない可能性もある。

この結果をまとめた研究は、**保育園のほうが全体としてプラスの効果がある（4歳半の時点で、保育を受けた時間が長い子のほうが言語と認知の結果がよい）ことを示唆している**[4]。

行動面では、どの年齢の子でも、保育園の子どもと行動面の問題にわずかな関連が見られた。ただ、論文の著者はこの影響はわずかで、全員が「標準的な」行動の範囲にいたと注意している。

こうした影響（認知にわずかにプラス、行動にわずかにマイナス）は小学校低学年まで続くようだが、3年生か5年生で実質的に消える[5]。

▒親への「愛着」は減らない

これはたった1件の研究結果だが、別の論文でも同様の結果が得られている。保育園での保育は、認知ではよい結果[6]、行動ではわずかに劣る結果[7]との関連が見られた。

認知への効果は多少年上の子どもたちの保育に集中しているようだ。この最後のポイントに関しては様々なエビデンスがある。たとえば、連邦政府のヘッドスタートプログラムは、就学前の保育が就学レディネス(学校で学び始める準備ができた状態)を高めるとする研究に基づき実施されている。

研究ではほかにも様々なことが評価されているが、その1つが「子どもの愛着」だ。

保育園に通う子どもは母親への愛着が減るのではないか? そんなことはない。この点については子どもとの関わりの質が重要であり、**保育園での保育時間は無関係**だ[8]。

▒保育園に通えば「免疫」がつく

データによる比較の最後に、病気を取り上げよう。保育園の子どもは、病気になる頻度が高い[9]。といっても重病ではなく、風邪や発熱、ウイルス性胃腸炎などだ。

プラス面は、幼いうちにかかると、ある程度の免疫を得られることで、**トドラーの時期に保育園に通園した期間が長い子どものほうが、小学校低学年で風邪を引く頻度が少ない**[10]。

この結果を見ると、次の2つの点が繰り返し強調されていることがわかる。

保育園の本より「家の本」が発達に重要

まず、親の関わりが重要だということ。研究で関連性が指摘されている中で、何よりも一貫しているのは、親の関わりと子どもの成長発達の結果との関連だ。**家に本があり、子どもに読み聞かせることのほうが、保育園にどのような本が揃っているかよりも重要**なのだ。これは、子どもが起きている間に両親と過ごす時間と保育者と過ごす時間が同じであっても、変わらないようだ。なぜそうなるのかは厳密にはわからないが、**子どもに最も一貫した影響を及ぼすのは親**であるということかもしれない。

第2に、「保育の種類」よりもずっと重要なのが「保育の質」だということだ。質の高い保育園のほうが質の低いナニーよりも望ましく、その逆も同様だ。

子どもの保育をどうするかという選択は、子どもだけの問題ではない。最終的には、家族にとってうまくいく方法を考える必要がある。子どもの知的な発達以外にも考えるべきことがあるのだ。

経済学者が教える「保育料」の正しいとらえ方

まずは、「費用」の問題だ。概して、ナニーのほうが保育園より高くつく（必ずしもそうでない場合もある）。ほかの家庭と同じナニーに預ければ、ナニーの費用を多少は抑えられるかもしれない。かけられる予算の問題だ。

家計で保育にかけられる費用はどのくらいが適正なのだろうか。答えは1つではない。私たちは、「お金の限界効用」に立ち戻ることにした。仮にナニーのシェアと専用のナニーの差が1年で1万ドル、3年間の合計で3万ドルだとしよう。ナニーのシェアを希望しているなら、もちろん迷う必要はない。

だが、シェアはしたくないのなら、そのお金が自分たちにとってどれほどの価値があるか、つまり限界効用について考える。確かに大きな金額だが、意味があるのは金額ではなく、**「そのお金があったら自分は何をするだろうか」**という問いかけなのだ。保育に使わないとすれば、次に使いたい先は何だろうか。働くよりも家にいるかどうかの選択をするとき、自分に問いかけてみてはと提案したのと同じ問いかけだ。

今住んでいる家やマンションの住み心地を変えられるかもしれない。休暇の過ごし方が変わるかもしれない。逆に貯金が減るかもしれない。すると老後の計画を今トレードオフしているのかもしれない。

選択は容易ではない。だが、そのお金でほかに何ができるかについて言葉にしてみることで、もう少し具体性を帯びた将来計画が見えてくるだろう。専属のナニーを雇うのか、それとも毎年2回の休暇旅行に出るのか、老後の資金を増やすのか。

乳児期は「ナニー」、それ以降は「保育園」がベスト

予算のほかに、「利便性」の問題がある。（自宅か職場の）近くに保育園があるか、かなり離れたところまで車で行かなければならないのか。子どもが病気になったときにどういう選択肢があるのか。自宅なら、病児保育をしてもらえる（それに子どもは自宅にいるほうが病気になりにくい）が、保育園はできない。代替案はあるのか。

子育てに関して私が友人のナンシーからもらった一番のアドバイスが、**どのタイプの保育を選んだとしても、ナニーや子どもが病気のときに預けられる先を確保しておく**ことだった。そのときになって夫婦どちらが仕事を休むかでけんかをしても始まらないのだ。

最後に、「この選択肢がしっくりくると思える」という理由だけで選んでもかまわない！

1人の人が、1日中自宅で子どもと一緒にいると思っただけで不快になるという人も大

勢いる。自宅で保育をする保育者との関係が面倒になる場合もある。ナニーを頼んでいると、子どもがあなたのことをナニーの名前で呼ぶことがあるかもしれない。あなたは気分を害するだろうか。答えは1つではないだろうが、事前に考えておくべき問題だ。

これは、家族で決めるべきことだ。家庭内の大人全員が家の外で働くことになったら、保育には満足できるようにしたい。仕事中はどうしてもつい子どものことを考えてしまうだろう。1日中心配していては、何もできなくなってしまう。自分にとってうまくいく方法を見つけることが、子どもに合った方法を見つけるのと同じくらい重要なのだ。

最後に、デシジョンツリーの中心である二分法はたぶん誤解を招くといっておくべきだろう。

保育の選択は二者択一である必要はない。データを調べると、保育園のほうが劣るというエビデンスは、早期（1歳から1歳半まで）だと思われる。保育園のほうがまさっていると思われるのは、1歳から1歳半以降のようだ。まとめると、**乳児期はナニータイプの保育（あるいは祖父母、両者の組み合わせ）、それ以降は保育園がよい**といえるかもしれない。

結論

- どのタイプの保育でも、質が重要だ。とくに保育園については、簡単な方法を使い、自分で質の評価ができる。
- 概して、保育園で保育を受ける時間が長いほうが、わずかに認知発達の結果がよく、行動面ではわずかに劣るようだ。
- 保育園のプラスの効果が表れるのは、多少年齢が上がってからで、ごく低年齢ではマイナスの影響のほうが大きい。
- 保育園児は病気になる頻度が高いが、免疫力は高くなる。
- 親の子どもとの関わりの質が、保育の選択よりも圧倒的に重要なので、親として生活に支障のない方法を選ぶことが重要。

11章 寝かしつける
最高の「ねんねトレーニング」は？

眠り。新米の（経験者でも）親なら誰でも憧れる、とらえどころのない、見果てぬ夢。たいていの人は赤ちゃん誕生から2～3週間は眠れない夜を過ごす覚悟はできている。親戚がやってくるかもしれないし、まだ産後の疲れは残っている。ところが生後2か月になっても、赤ちゃんは連続で2時間しか寝てくれない。

小児科医からはこんなことを言われたりする。「この大きさの赤ちゃんなら、続けて6時間は眠れますよ」。ペンを突き刺してやりたくなる。

生後4か月。赤ちゃんが4時間寝てくれるという画期的な夜があったが、一晩だけだった。赤ちゃんを寝かせるまで2時間かかる。抱っこしたまま1時間眠った後でないと、ベッドに下ろせないからだ。その1時間は、本当はママも眠れるはずだったのに。

生後6か月になり、8か月になった。赤ちゃんは真夜中に遊びたがっているみたいだ。

ママはもう二度と休めないような気がしてくる。

赤ちゃんは夜中「覚醒」する

もちろん、誰もがこういう経験をするわけではない。うちの子は生後3か月から一晩中眠ったという話をする人もいるだろう。

私の経験からいえば、だいたいは嘘だけれど、中には本当のことを言っている人も少しはいるかもしれない。よく眠る赤ちゃんがいることは確かだ。でもたいていの赤ちゃんは夜中に何度も目を覚ますし、たいていの親はやめてほしいと思っている。

この問題を育児業界は見逃したりしない。子どもの安眠戦略についての本は山ほどある。子どもの寝かしつけを取り上げたある学術的な記事には40冊の本のリストが挙げられている。[1] アマゾンのサイトをざっと検索しただけでも、20冊は見つかった。

構成はどれも同じようだ。睡眠の科学的説明があり、睡眠時間を増やす方法を紹介し、成功例をたくさん挙げるのだ。

思わず信用したくなるエピソードもある。登場する人たちはたいてい自分よりずっとひどい問題を抱えている。それが新しいメソッドを始めて数日で、12時間も眠れたし、朝はすっきり目覚めているのだ！

赤ちゃんを「自力」で寝かせる

それぞれの本にはおおむね独自のアプローチがある。

たとえば、ワイスブルースの『Healthy Sleep Habits, Happy Child（健全な睡眠習慣で子どもを幸せに）』のメソッドは、授乳し、おむつを替え、気持ちよい状態にしてから赤ちゃんをベッドに入れ、泣いても泣かせておくというものだ。細かい説明がたくさんあり、かなりの部分を割いてそれを勧める理由についての研究を紹介している。

メソッドによっては複雑なものもある。私がフィンと短期間試したのは、「泣き始めたら抱っこして、泣き止んだらすぐにベッドに戻すのを繰り返す」というやり方だった。私は3日でやめた。本の成功例に倣う(なら)ことは絶対に無理だった。

こうした本は、赤ちゃんをしばらく「泣かせておく」ことを勧めているかどうかで大別できる。

「泣かせる」（cry-it-out）寝かしつけとは、基本的に夜、赤ちゃんを1人でベッドに寝かせ、夜中に目覚めてもまた自力で眠れるようにする方法だ。これをすると、赤ちゃんは初めのうちはある程度泣くことから「泣かせる」寝かしつけといわれている。

基本は同じでも、メソッドによって変わってくるのは、親が赤ちゃんの様子を確認しにいくかどうか、泣かせておく時間、目標とする睡眠時間、親が赤ちゃんと同室で（抱き上げることはしないで）眠るかどうかなどだ。

「泣かせっぱなし」派の専門家、「逐一あやす」派の専門家

それとは別に、おおむね泣かせておくことは避け、あまり泣かずに1人で寝つくことを赤ちゃんに教えるというメソッドもある。それでも多少、泣かせることにはなる（何せ赤ちゃん相手なので）。

もちろん、泣かせておくのは絶対にいけないという第3の道もある。

これは「アタッチメント・ペアレンティング」［愛着育児法］の信奉者の間で強く支持されている。提唱者であるウィリアム・シアーズ博士の名前が出されることも多い。博士は、カリフォルニアの小児科医で、30冊以上の育児書を世に出している。

基本的な考え方は、子どもが泣くのは母親を必要としているからであり、泣かせておくのは残酷だということだ。

それだけではない。アタッチメント・ペアレンティングは、添い寝も勧めている。つまり、子どもを1人で寝かせようとしないので、ねんねトレーニングは必要ないのだ。子どもが一緒のベッドにいれば、わざわざ起き上がって対応しなくてもいい。子どもがいるほうに寝返りを打ち、口におっぱいをふくませて、また眠ればいい、というのが支持者の意見だ。

添い寝をすれば、ねんねトレーニングは選択肢には上がらないだろう。だが、添い寝せず、加えて赤ちゃんが別室で寝ている場合、2時間おきに、授乳・抱っこ・お願いだから眠ってと懇願、を繰り返していると、ねんねトレーニングは魅力的に思えてくるかもしれない。

あやす派は「孤児院の事件」を根拠にする

ところが、だ。インターネットですぐに見つかるのが、ねんねトレーニングに警鐘を鳴らす様々な記事だ。子どもに長期的に幅広いダメージが及ぶというのだ。

グーグルで「cry it out」と検索すれば、検索結果の最初のページで心理学者のダーシャ・ナーヴァイズ博士の「『泣かせる寝かしつけ』の危険性——子どもとその関係への長期的悪影響[2]」と題する論文が見つかる。内容は題名から予測される通りで、泣かせる選択をする親のわがままな理由と、その結果生じうる長期的な心理学上の問題が詳しく述べられている。

「泣かせる寝かしつけ」反対派の懸念は、主に**赤ちゃんが見捨てられたと感じ、その結果、母親に対し、ひいては誰に対しても愛着形成に困難を感じるようになる**というものだ。

この考え方は、どこから来ているのだろうか。

ルーマニアの孤児院だ。

ルーマニアでは、チャウシェスク政権下の１９８０年代、人口増加政策の深刻な失敗から数万人の子どもたちが孤児院に放置された。

子どもたちは、食料不足、身体的・性的虐待などから、悲惨な窮乏生活を送っていた。そのうえ、乳幼児期から大人との接触はほとんどなかった。何年もベッドに放っておかれ、人とのふれあいはほぼ皆無で、その結果身体の発達が大幅に遅れ、精神的にも、心理的にも大きな痛手を負っていた。子どもに面会した研究者たちは、多くの子が他者との絆を結べず、生まれてからずっと苦しんでいることを発見した。

この事件がアタッチメント・ペアレンティング主義に影響を与え、「泣かせる寝かしつけ」に対する考え方も変わった。

ルーマニアの孤児院を訪問した人が気づくのは、**子どもたちの部屋の不気味な静けさ**だった。赤ちゃんは、誰も来てくれないのがわかっているから泣かないのだった。「泣かせる寝かしつけ」も同じだと反対派は主張する。赤ちゃんが泣き止むのは、孤児院の子どもと同じで、誰も来てくれないと気づくからだ、と。

だから孤児院の子のように、母親やほかの人に愛着する能力に取り返しのつかない変化が生じるというのだ。

そもそも「ねんね」はトレーニングできる？

起こってはならない、恐ろしく、恥ずべき事件だ。だが、**「泣かせる」メソッドを取り入れた親の子どもたちが同等の経験をするとはいえない**。

どんなメソッドも、子どもを何か月も、何の触れ合いもなく放っておけとはいっていないし、ルーマニアの孤児院で普通に行われていた身体的、精神的虐待を受けさせることは推奨していない。

反対記事の執筆者もそれは当然わかっているが、その人たちの意見では、「泣かせておく」のは一時的な体験ではすまないという。

ルーマニアの孤児院に放置された子どもたちは、きわめて長期間、その影響に苦しんだ。ほかにも慢性的な生活ストレス（身体的虐待、深刻なネグレクト）を経験する子どもたちは、長期間、問題を抱えることが多い。数日間のねんねトレーニングでそんなことは起きないだろうが、それでも小さなダメージを受けていないと誰がいえるのか。

幸い、文献である程度わかることがある。

ねんねトレーニングが有害かどうかの問題はデータに委ねられるのだ。それはこの章の後半で扱うこととして、まずはねんねトレーニングが本当に効くのかという基本から始めたいと思う。

長期的影響はないと考えても、実践してみれば決して楽しいことではない。たいていの親は子どもの泣き声を聞いていたくない。効き目がないなら、わざわざしなくてもいいと思える。

なら、この点から始めてみよう。このメソッドが効いて、メリットがあるのであれば、リスクの可能性の検討に進むことができる。

泣かせっぱなしで「寝つき」はよくなる

安心してほしい。**「泣かせる寝かしつけ」で、赤ちゃんの寝つきはよくなる。**

研究は山ほどあり、様々な手法が採用されている（多くはランダム化比較試験だ）。

２００６年のレビュー論文は、心理学用語から不幸にも「消去」と名づけられたメソッドの研究を19件取り上げ、そのうち17件で睡眠の改善が見られたことを明らかにしている[3]（「消去」メソッドは、「泣かせる寝かしつけ」のひとつで、赤ちゃんを部屋に残し、泣いても親は戻らない方法）。

それとは別の14件の「段階的消去」（徐々に間隔を広げながら赤ちゃんの様子を見に戻る）メソッドでは、すべての研究で改善が見られた。ほかにも「親が同室する消去」メソッド（親は部屋に残るが、泣かせる寝かしつけにする）は、研究件数が少ないが、肯定的な結果を出している。

効果は、研究の対象期間の6か月あるいは1年間は持続した。また、子どもや親によって、効果の良し悪しは見られた。

たとえば、１９８０年代からのある「泣かせる寝かしつけ」の研究では、対照群の赤ちゃんは1週間に平均で4日、夜間に目覚めたが、**寝かしつけトレーニングをした赤ちゃんは2晩しか目覚めなかった**[4]。トレーニングを受けた赤ちゃんは、夜間に目覚めることはあっても、その頻度は少なかった。

こうした結果はほかの研究でも同様に見られる。トレーニングを受けた赤ちゃん全員が、毎晩、朝まで眠ることはないだろうが、おおむねよく眠っているといえる。夜中に起こされるのが週4日よりも、週2日のほうがずっといい。

結論としていえるのは、「泣かせる寝かしつけ」には睡眠改善の効果があると示唆するエビデンスが大量にある、ということだ。

こうした研究のほとんどは、寝かしつけの一環として**「寝る前のルーティン」**を推奨している。これに関しては直接のエビデンスはない。だが、寝かしつけメソッドにはこのルーティンが含まれている。パジャマに着替えさせる、本を読み聞かせる、決まった歌を歌う、部屋の電気を消すといった行動で、赤ちゃんにもう寝る時間だと知らせるのだ。

そもそも、「赤ちゃんを着替えさせずにベッドに放り込み、電気をつけたまま、もうねんねの時間よと言って部屋のドアを閉めろ」とは誰も勧めていない。

「親のメンタル」にいい

ねんねトレーニングについて一般に取り上げられることが多いのは、有害ではないかという点だが、学術論文の多くはメリットに関心を寄せている。赤ちゃんの寝つきがよくなることだけでなく、親にとってのメリットにも注目している。

特筆すべきは、寝かしつけは産後うつ病の軽減にかなり効果があると思われることだ。一例を挙げれば、オーストラリアの研究で、328人の子どものうち、半数をねんねトレーニングを受けるグループに、半数を対照群にランダムに割りつけたところ、**2か月後と4か月後、ねんねトレーニングの赤ちゃんの母親はうつ病の割合が少なく、身体的な健康状態もよいことがわかった**。公共医療サービスの利用頻度も少なかった。[5]

これはどの研究でも一貫している知見だ。ねんねトレーニングは一貫して親のメンタルヘルスを改善する。

具体的には、うつ病の軽減、夫婦間の満足度、育児ストレスの低減などが挙げられる。[6]研究によっては、効果はかなり高い。ある小規模研究（ランダム化ではない）は、研究対象の母親のうち、参加当初にうつ病の診断基準に適合したのは70％だったが、トレーニング後は10％になったと報告している。[7]

もちろん、赤ちゃんへのリスクの可能性は慎重に考えるべきだが、ねんねトレーニングが親にとっていい影響があるという事実は無視するべきではない。それに睡眠は赤ちゃんだけでなく、もっと大きな子どもの発達にも有益だ。

長く、質の高い睡眠時間を確実にもたらす「安眠のためのルーティン」に慣れれば、子どもにとって長期的な効果があるはずだ。

赤ちゃんの「安心感」「愛着」が増す

「泣かせる寝かしつけ」には効果があり、親子がよく眠れることにもなり、親の気分や幸福感も向上する。では、子どもに害はないのだろうか。

この問題を取り上げた質のよいランダム化比較試験は多数ある。代表的なのは、2004年に発表されたスウェーデンの研究で、95の家族の中から「泣かせる寝かしつけ」のねんねトレーニングを行うグループをランダムに割りふった[8]。調査したのは、日中の活動が夜間の状態に影響を受けるかどうかだった。具体的には、赤ちゃんを夜間に泣かせておいた結果、両親への愛着が減ったかどうかを質問した。

この研究で、実は**「泣かせておく」介入の後、赤ちゃんの安心感と愛着は増大した**と思われることがわかった。また、赤ちゃんの両親の報告によれば、日中の行動と食事に改善が見られた。懸念されていることとは反対の結果が出たのだ。

この研究だけではない。2006年のねんねトレーニング研究のレビューは、13件の介入研究についてこう評している。

「行動に基づく寝かしつけプログラムへの参加の結果として、有害な副次的影響はどの研究でも確認されなかった。逆に、寝かしつけ介入に参加した乳児は、介入後、より安心し、行動が予測可能になり、いら立ちが少なく、泣いて不機嫌になることが少なくなることが確認された[9]（つまり、どの研究でも悪影響はなく、ほとんどの場合、赤ちゃんはねんねトレーニング後に以前より機嫌がよくなったようだ）」。最近の研究も同じ結論を出している[10]。

こうした知見から、赤ちゃんも、親もよく休めるから、みんなの気分がよくなると解釈することはできる。

6歳時点で「悪影響」は見られない

エビデンスはすぐに子どもに及ぶ影響が中心だ。だが、「泣かせる寝かしつけ」を避けたい人たちの大きな懸念は必ずしもその点にあるのではない。もっと長期的な影響だ。

確かに、赤ちゃんは前ほど夜泣きをしなくなる。日中も泣かなくなっているかもしれない。でもそれは赤ちゃんが満足しているからではなく、あきらめているからかもしれない。

この問題に本格的に取り組むには、寝かしつけトレーニングを受けた子どもを追跡調査し、長期的なリスクがあるかどうかまで調べる必要がある。当然、そのためのランダム化比較試験は実施しにくい。長期にわたる追跡調査は難しく、費用もかかるからだ。だが、1つの研究例がある。321ページのねんねトレーニングのメリットで取り上げた研究だ。

研究はオーストラリアで実施され、8か月の赤ちゃんのいる328家族が参加した。研究から、トレーニングで睡眠が改善され、産後うつ病も低減したことがわかったが[11]、それだけではなかった。1年後と、5年後、子どもたちが6歳になろうというときにも追跡調査が行われたのだ。**最初の研究に参加した一部の家族も含め、どの結果にも違いは生じなかった**。感情の安定性や行動、ストレス、親子の親密さ、対立、親子の愛着、一般的な愛着が調査され、ねんねトレーニングを受けた子どもは、受けていない子どもと何ら変わるところがなかった[12]。

この研究も、前述したほかの研究も、様々なレビュー論文も、「泣かせる寝かしつけ」から生じる長期的・短期的な害を指摘していない。しかも効果があり、親も助かる。こうなると、かなり「泣かせる寝かしつけ」には有利なイメージができそうだ。

だが、誰もが賛成しているわけではない。

泣くのは「SOS」ではないの？

多くの学術論文が、理論的な観点から「泣かせる寝かしつけ」に異を唱えている。その一例が2011年に『スリープ・メディスン・レビューズ』という雑誌に掲載された論文だ。[13]

「泣かせる寝かしつけ」に反論しているが、基になっている考え方は、赤ちゃんが泣くのは一種のSOSであり、親はなおざりにするべきでないというものだ。前述した愛着理論を利用し、泣かせる寝かしつけメソッドを始める親は、親とのコミュニケーションを始めようとする子どもを無視していると主張している。

「泣かせる寝かしつけ」に効果があるという事実は、こうした研究者を納得させず、むしろ有害の兆候となる。『スリープ』誌のある論文にあるように、「泣くのが止まるのは『治癒』なのか、それとも子どもが『あきらめ』、抑うつされ、愛着による対話を半ばやめてしまったのか？[14]」

この論文や同様の論文が提示している主な議論は、赤ちゃんが泣くのはストレスのサインであり、そのストレスは、数日または数週間という短期間であっても、赤ちゃんにとって長期にわたる影響を及ぼす可能性があるということだ。

こうした論文の著者らは、ストレス説を支持するためにある研究を挙げる。２０１２年に発表された研究で、ニュージーランドの25組の母子に5日間、睡眠研究室に泊まり込んでもらい、赤ちゃんのねんねトレーニングを実施した。[15] 看護師が、ストレスホルモンであるコルチゾールのデータを母子それぞれから集め、赤ちゃんを寝かしつけ、トレーニングを監視した。

毎日のねんねトレーニングの前に、母子のコルチゾール量が検査、記録された。赤ちゃんが寝ついた後にも同じことが行われた。初日には赤ちゃん全員が泣いた。トレーニング前と入眠後のコルチゾールレベルは同じだった。母親のコルチゾールレベルも、赤ちゃんが泣く前と入眠後は同じだった。２日目も同様だった。

３日目、赤ちゃんは誰も泣かなかった（前述のねんねトレーニングの効果）。だが、コルチゾールのパターンは変わらなかった。就寝前と入眠後は同じだったのだ。だが、母親のほうは変わっていた。**赤ちゃんが泣かないと、入眠後のコルチゾールレベルは下がった**のだ。

著者らは、これがねんねトレーニングの問題だと示唆した。とくに、トレーニング後、母親のストレスレベルは子どもと同期していないので、母子間の愛着が弱くなっているエビデンスの可能性があると解釈したのだ。

ねんねトレーニングは「ネグレクト」ではない

当然、これは研究の拡大解釈であるという論評が多数寄せられた。

1つには、コルチゾールのベースラインレベルが示されていないので、赤ちゃんがストレス上昇を経験していたのかどうかさえ実際にはわからない。また、実験は3日目で終了した（少なくともデータの報告は終了している）ので、その後のことはわからない。

だが、これ以外にも、トレーニング後の母子のコルチゾール濃度の違いがなぜ問題なのかが不明瞭だ。実際に研究で明らかになっているのは、母親はねんねトレーニング後によりリラックスし、赤ちゃんには何の変化もなかったということだ。

これは肯定的な結果であり、否定的な結果ではないように思われる。

根本的にねんねトレーニングに対する反対論は、理論だけの反論だ。

虐待とネグレクトが長期的に影響することはわかっている。赤ちゃんが4日間泣いて、寝つくようになるのは、それと違うと断言できるのだろうか。長期的な影響のデータを見れば、何の問題もないことに気づくではないかと思うかもしれない。だが、理論による反論は、「一部にはひどい結果になる子どももいる」とだけ主張する。その一部の子どもたちがどういう子どもなのかはわからないのに、だ。

こういう主張を否定することはほぼ不可能だ。正しいという証明も、間違っているという証明もできない。膨大な規模のサンプルが必要になるだろうし、たとえそれが可能でも、この種の異種性をとらえることを目的にした研究はまずないだろう。

子どもは5～6歳では元気そうに見えても、ねんねトレーニングで生じるダメージは成人になるまで表れないかもしれないという議論もある。これも、研究は難しい。

「やる」と決めたら堂々とやろう

データがもっとあればいい、とはいえるだろう。いいに決まっている！　データが増えれば、わずかなマイナスの影響が見つかることもある。手元にある研究は完璧ではない。それでも、不確定要素があるからといって、ねんねトレーニングを避けるべきだというのは間違っている。

ひとつ簡単な反証をしよう。おそらくトレーニングをしたほうがいい子ども（連続した睡眠が必要な子ども）はいて、ねんねトレーニングをしなければ、子どもにダメージが生じるリスクがある。これを示すデータはない。同様にトレーニングで悪影響があることを示すデータもないのだ。

また、産後うつ病が子どもに及ぼす影響は長期にわたるので、トレーニングには長期的な効果があると論じることもできるだろう。多くの点で納得が得られると思う。

この選択は完璧なデータなしで行わなくてはならない（育児の選択は、事実上、すべて同じだ。文句は育児法の研究者に言ってほしい！）。だが、ねんねトレーニングをしないことが「最も安全な選択肢だ」とはいえないだろう。

では、ねんねトレーニングは絶対にすべきなのだろうか。もちろん、そうではない。家族はそれぞれであるし、あなたは赤ちゃんを「泣かせておく」のは嫌だと思うかもしれない。

ほかのことと同様に、何を選ぶかは自分で決める必要がある。だが、もしねんねトレーニングをしたいのなら、その決定を恥ずかしいとか、気まずいと思ってはいけない。不完全ではあれ、データはあなたの味方だ。

どの「メソッド」を、いつ？

大部分の「泣かせる寝かしつけ」メソッドは次の3つの方式が変化したものだ。

①消去型（子どもの部屋を出たら戻らない）
②段階的消去型（部屋に戻る間隔を徐々に延ばす）
③親が同室する消去型（親は同じ部屋にいるが、何もしない）

３つの方式はどれも効果があるというエビデンスがある。おそらく、①と②が多く、③が一番少ない。

だが、どれが一番効果的かというエビデンスは比較的少ない。段階的消去型のメソッドは、親にとっては実行しやすく、一貫性を保ちやすいとする論文がある一方で、別の論文では夜泣きを長引かせるとしている[16]。

共通している唯一の原則は、一貫性がポイントだということだ。**どれか１つを選び、それにこだわることが成功率を高める**。したがって、自分でできることはどれかを考えるのが一番重要だろう。赤ちゃんの様子を確認できるとわかっていたほうが、気持ちが楽なのか。それとも、一度部屋のドアを閉めたら、そのままのほうがいいのか。

ねんねトレーニングの始めどきについての目安は、比較的少ない。ほとんどの研究は、生後４～15か月の赤ちゃんを対象としているが、研究には睡眠に問題があると診断された赤ちゃんが参加しがちなので、平均して月齢が高い。一般にトレーニングは、生後３か月よりは6か月のほうがしやすく、2歳の子は難しいだろう。だが、どのメソッドも様々な月齢、年齢の子に効果があるようだ。

注意が必要なのは、**子どもの年齢によって、ねんねトレーニングの目標が変わってくる**ということだ。たとえばワイスブルースは、生後8〜10週間で始められるとしている。

この月齢の赤ちゃんは、ほとんどが授乳なしで一晩眠ることはできない。生後2か月の赤ちゃんが12時間連続で眠ることは期待できないし、それであなたがイライラしたり、失敗だと感じたりする必要もない。生後10週間の赤ちゃんのねんねトレーニングの目標は、夜1人で寝つくことができ、夜中お腹がすいたときにだけ目を覚ますことでいい。

一方、生後10～11か月になれば、授乳なしに一晩眠れるはずで、その月齢の赤ちゃんにトレーニングをするなら、夜1人で寝つき、一晩中眠っていられることが一般的な目標になる。

まとめれば、ねんねトレーニングの目標は、授乳やおむつ替えなどの基本的な要求に応えないことではない（メソッドによっては違うものもあるが）。そういう要求に応えた上で、赤ちゃんが自分の力で寝つけるように手助けすることだ。

「お昼寝」はトレーニング不要？

寝かしつけの本の大部分が、夜間のトレーニングと同じ方式を日中も使えると述べている。これには「泣かせる寝かしつけ」メソッドも含まれる。

だが、日中のねんねトレーニングに特化した研究は見つかっていない。日中に泣くのは、夜泣きと比べて弊害があるとはとくに考えられないからだろう。

では、日中のねんねトレーニングに効果はあるのだろうか。

日中のお昼寝は夜間の睡眠よりも複雑だ。昼寝の回数は少し多くなってから減っていき、そのうちなくなる。

夜よく眠る子でも、日中のお昼寝スケジュールは様々だ。

つまり、**お昼寝のトレーニングは、夜間よりもなりゆきまかせになりがち**だと書いておきたい。

私は「一度」も部屋に行かなかった（で、成功した！）

ペネロピが赤ちゃんの頃はシカゴに住んでいて、小児科医のリー博士という素晴らしい先生にかかっていた。

先生はワイスブルース診療所に勤務していた。ワイスブルース本人に会ったことはないが、診療所全体がねんねトレーニングの支援をしていた。私たちも実際にペネロピにトレーニングをした。ワイスブルースの本の内容をおおよそ実践してみたのだ。

だが正直にいえば、私たちは一貫性をきちんと守れなかった。「段階的消去型」（泣かせるが、様子を見にいく）を始めると、確実に効果はあったのだが、完全にうまくはいかなかった。何か月も、夜泣きをする日・しない日があり、様子を見にいく間隔をどのくらいにすべきか、誰が見にいくべきかなどを散々話し合った。

とうとう、小児科を受診したときに、リー先生に自分たちのやり方を説明した。すると、先生は感じよく、でもきっぱりと、「様子を見にいくのをやめなさい」と告げた。言われた通りにすると、トレーニングはついに実を結び、ペネロピはぐっすり眠るようになった。

2回目のねんねトレーニングはもっとうまくやりたい。

そう思った私たちは、フィンのときはきちんと計画を立てることにした。ちゃんと文書にして、皆で同意し、やり通すつもりだった。

あれこれ話し合った末に、私たちは次のようなシステムにすることで同意した。

「第1子」が力になる

このプランはだいたいワイスブルースの方式だ。

目標はフィンを就寝時間に1人で入眠させることだが、授乳はやめない。これを始めたのは生後10週間あたりで、まだ夜中に2～3回授乳していたが、それでも夜には1人で寝つく準備ができていると私たちは判断した。

このやり直しは実にうまくいった。フィンはペネロピよりもずっと楽だった。最初の晩にはたぶん25分くらい泣いたが、2日目には数分間になり、その後はごくわずかだった。

フィンは最初に寝つく第1段階の後は夜中に（頻繁に）目を覚ました。実際に一晩通して眠るようになったのは生後7～8か月だ。

フィンの成功の一因が、単にペネロピよりも手がかからなかったからだとはわかってい

私たちが決めた「ハウスルール」

第1部　夜の就寝

- フィンは、ペネロピの就寝時間6:45pm頃に就寝する
- おやすみ前のルーティンとして、パジャマに着替え、本の読み聞かせをする
- 授乳してからベッドに寝かせる
- **10:45pmまでは、一度も部屋に様子を見にいかない**

第2部　夜中のスケジュール

- フィンが10:45pm以降に泣いたら1回目の授乳をする
- 最初の授乳後は、各授乳後から最低2時間経つまでは応じない
  例:12:00〜12:30amに授乳したら、次の授乳は2:30am以降にする

注意:夜の睡眠時間が一番長いのは、入眠直後なので、ワイスブルースによると、夜中は入眠直後よりももっと頻繁に応じなければならないとのこと。

第3部　朝

- 起床時間は6:30〜7:30am
- 6:30amに目を覚ましたら起こす
- 目を覚まさなかったら、7:30amまで眠らせておく。眠っていても7:30amには起こす

る。それに、私たちも親として経験を積んでいた。きょうだいをまったく同じように扱っているつもりでも、子どもは同じではない。反応がいい子とそうでもない子はいる。

最後に、私たちが挑戦2回目で成功できた大きな要因は、**ペネロピがいたこと**だ。ねんねトレーニングの間は、次に赤ちゃんを見にいったら、嫌われているのではないかと、心配で気が気ではなくなる。

そんな中でのトレーニングの成功は、「これは自分の家族のためになることで、赤ちゃんも自分たちも、もっと休めるようになるんだ」と自分に言い聞かせられるか、そして長期的な害はないことを思い出せるかにかかっている。

もちろん、こういうことを一気に思い出すのは難しい。フィンとトレーニングを始めた最初の晩に、フィンは泣いていた。

ちょうどペネロピをベッドに連れて行ったところで、私は心配でたまらなかった。ちゃんとプランは立てたんだ、とどんなに自分に言い聞かせても、自分の赤ちゃんの泣き声を聞くのはつらい。ペネロピは私をじっと見て（とても真剣に）、こう言った。「ママ、絶対に行っちゃダメ。フィンは自分で寝られるようにならなきゃいけないの。みんなで助けてあげなきゃ」

ねんねトレーニングを受けた子どもが目の前にいて、明らかに自分を嫌っていないとわかると、心配は自然と消えていった。

結論

- 「泣かせる寝かしつけ」メソッドは、夜子どもを寝かしつけるのに効果的だ。
- こうしたメソッドを使うと、産後うつ病が低減し、母親の精神的な健康が全体に向上するといった、親にとってのメリットがあるというエビデンスがある。
- 赤ちゃんに、長期的・短期的な害があるというエビデンスはない。もしあるとすれば、短期的なメリットのエビデンスはある。
- 様々なメソッドが成功するエビデンスがあるが、それぞれメソッドの違いを判定するエビデンスはほとんどない。
- ・最も重要なのは一貫性だ。自分で続けられると思うメソッドを選び、やり通してほしい。

12章
「おっぱい」を卒業する
「離乳食」へのスムーズなシフト

ギデオン・ラックはキングス・カレッジ・ロンドンの研究者だ。子どものアレルギー、とくにピーナッツアレルギーを研究している。

あるとき、イスラエルの同僚との議論を通じて、**イスラエルの子どもは、イギリスの子どもよりピーナッツアレルギーがずっと少ないのではないか**と考えた。

2008年、ラック博士は仮説を検証する論文を発表した。イスラエルとイギリスで、それぞれ約5000人のユダヤ系の子どもたちを対象にアンケート調査を行った結果、**イギリスの学齢に達した子どもは、イスラエルの子どもより10倍もピーナッツアレルギーになっていることが判明した**のだ。[1]イギリスの子どもはほぼ2％がアレルギーだが、イスラエルの子どもはわずか0・2％だった。

イスラエルの子どもに「アレルギー」が少ない理由

この論文でラック博士らは有病率を示しただけではなく、差が生じる理由を推測していた。それは**早期からのピーナッツ摂取**だった。

イスラエルの子どもたちは、乳児期からピーナッツを食べている。「バンバ」という、ピーナッツが原料の赤ちゃん向けスナック菓子が定番なのだ。これを食べていることが、イスラエルの子どもたちにピーナッツアレルギーが少ない原因ではないかと博士は論じた。

注意深い読者なら、この種の主張に私が懐疑の目を向けるのに気づくだろう。イスラエルとイギリスでは違うことが山のようにある！　イギリスのユダヤ系の子どもだけを調べたのでは、この問題に十分に取り組んでいるとはいえない。

診断率の差も明らかだ。たとえば、イギリスでは軽度のアレルギーも診断されているのに、イスラエルでは重度のアレルギーしか診断されていなかったとしたら？　アンケートのデータだけでは、アレルギーかどうか、どの程度なのかも検証できない。

ラック博士がそこでやめてしまっていたら、何となく面白い事実と、理由に納得のいかない推測しか残らなかったはずだが、博士は研究を続けた。もっと説得力のある、ランダム化比較試験の手法を使ったのだ。

ピーナッツを食べた子ほど「ピーナッツアレルギー」になりにくかった

最初の論文から数年後、博士らは生後4か月から11か月の赤ちゃん約700人のコホート［同一の性質を持つ集団］を募集し、ピーナッツを摂取するグループと回避するグループにランダムに分けた。ピーナッツ摂取群の親は、毎週約6グラムのピーナッツを、イスラエルのスナック菓子「バンバ」またはピーナッツバターで食べるように指示された。もう片方のグループの親はピーナッツを避けるようにと指示された。

研究者らは一般的な母集団よりピーナッツアレルギーを発症する可能性のある子どもたちを選んでいた。これは、比較的小さな規模のサンプルで強力な結論を得やすくするためだ。また、サンプルは研究開始時点でピーナッツに反応しない子どもと、多少の反応のあった子どものグループにも分けていた。これで、全体的な影響と、アレルギーを発症しやすい子どもへの影響とを調べることができた。

子どもたちは当然、有害な反応を起こさないかどうか、注意深く監視された。

低アレルギーリスクの子ども（530人）

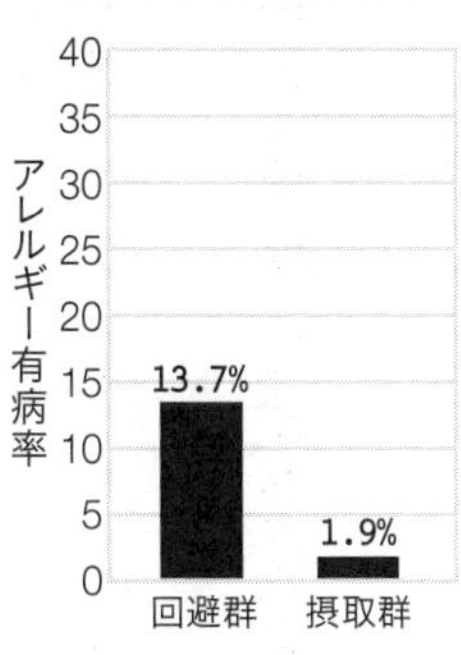

高アレルギーリスクの子ども（98人）

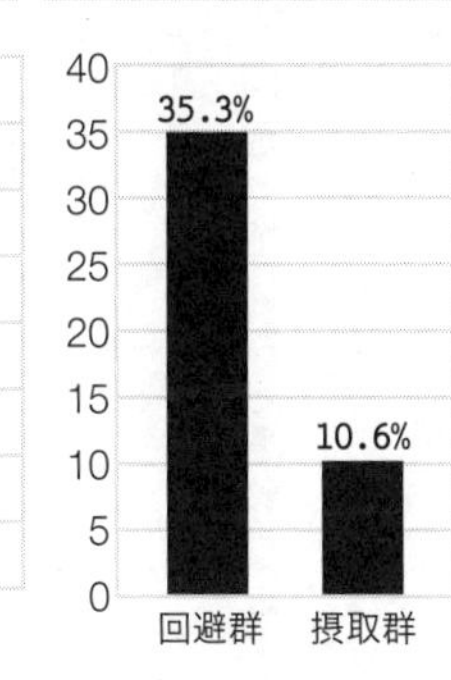

両コホートの子ども（628人）

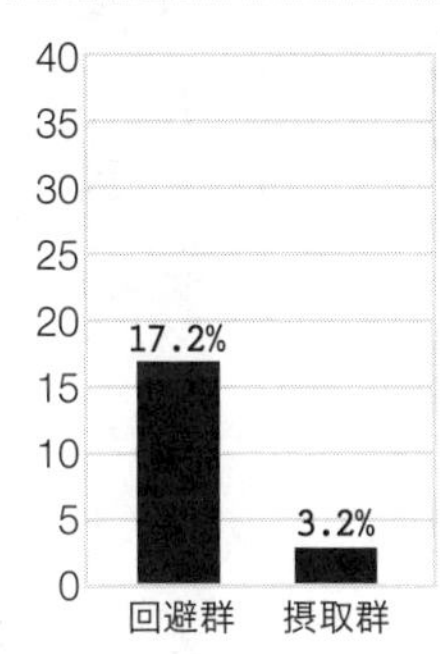

研究は2015年に『ニューイングランド・ジャーナル・オブ・メディシン』誌に発表された[2]。

結果をグラフにしたが、衝撃的だ。**ピーナッツを摂取した子どもは、5歳の時点で、摂取していない子どもよりもアレルギーになる割合が大幅に少なかった**のだ。

ピーナッツを食べていない子どものグループでは、5歳で17%がピーナッツアレルギーだった（研究者の選んだサンプルなので、一般的な母集団よりも数値が高いことに留意してほしい）。一方、ピーナッツを食べた子どもでアレルギーを発症したのは3%だけだ。

ランダム化比較試験なので、アレルギー

の発症率が異なる理由としては、ピーナッツ摂取以外はない。この差は、アレルギーの高リスクグループと低リスクグループの両方で表れている。

ピーナッツを「早期」に食べさせる

控えめにいっても、衝撃的な結果だ。早期のピーナッツ摂取がピーナッツアレルギーの予防に役立つと示唆されたのだ。

とくに注目すべきは、それまでピーナッツに関して親が受けていた標準的なアドバイスが、まったく間違っていたとされたことだ（ペネロピのときは、「１歳になるまでピーナッツは食べさせないように」といわれた）。このアドバイスは、とくにアレルギーのリスクの高い子どもに対してされていた。[3]

そのアドバイスが事態を悪化させ、実際、過去20年にわたりピーナッツアレルギーを増加させた大きな原因であるといっても言い過ぎではないだろう。給食のピーナッツバターの代わりに、子どもにサンバター［ひまわりの種のバター］を持たせているのは、保健医療のアドバイスが間違っていたせいかもしれない。

こうしたピーナッツに関する知見を受け、食物の摂取に関する推奨はすっかり変わった。今では、ピーナッツは早期に食べさせることが標準として推奨されている。アレルギーのリスクのある赤ちゃんにはとくに重要だ。こうした最新のアドバイスが、もっと広く活用され、命に関わるピーナッツアレルギーが減ることを願ってやまない。

離乳食は「生後4か月」経ってから

当然だが、以前の推奨はほとんどエビデンスに基づいていなかったという問題も明らかになった。

食べ物について推奨されているのは、ピーナッツを与えるタイミングだけではない。アメリカ小児科学会（ＡＡＰ）などは、ウェブサイトに子どもの離乳食の専用ページを設けている。

ここで推奨されていることの大部分は、確固としたエビデンスがほとんどない。

ＡＡＰの推奨には、西洋流の伝統的な離乳食の進め方が反映されている。まず、生後4～6か月にライスシリアルかオートミールから始める。

数日から1週間後に野菜と果物を食べさせる。1回の食事で1種類ずつ、3日間続ける。まず野菜から始めるのがよく、子どもが好きな果物の味は先に覚えさせない。それから1か月後に肉を始める。どれもピュレの状態にして、スプーンで食べさせる。最後に、子どもが手で食べられる食べ物が登場する。チーリオス［リング状のシリアル］やライスパフ［ポン菓子］だ。1歳前後でピュレ状の食べ物は消えていく。

こうした推奨は、それ自体何も間違っていない。長年、多くの人がそれでうまくやってきたのだ。

それにこのやり方には一定の論拠がある。**生後4か月未満の赤ちゃんはまだ離乳食を食べられない可能性が高い**（食べることは、おっぱいや哺乳瓶から飲むのと、基本的にやり方が違う）ので、母乳以外のものを与える理由がない。

また、食物で胃を満たすことには懸念がある。母乳や人工乳と違って、月齢にふさわしい栄養素が摂取できないからだ。それで推奨時期が決まってくる。

ライスシリアルから始めるのは、味がないので、母乳や人工乳と交ぜると赤ちゃんが食べやすいからだ。こうしたシリアルは鉄分が強化されており、母乳育児には有効だ。この月齢では母乳に十分な鉄分が含まれなくなってくる。

新しい食べ物を食べさせるのに間をおくのは、アレルギーを起こす食品がないか確認するためだ。同じ日のうちにイチゴと、卵と、トマトと小麦を食べさせて、アレルギー反応が出ても、アレルギー源は突き止めにくい。

何からあげても構わない

ここまでの議論は論理的だが、具体例の検証はあまりない。そこで、私はこうした推奨事項を、エビデンスより論理に基づいて説明していこう。

たとえば、**食品を食べさせる順番にはエビデンスはない**。ライスシリアルでなく、ニンジンやプルーンから離乳食を始めたいなら、すでに発表されている論文のエビデンスにはそれを止める理由は見当たらない。確かに赤ちゃんはライスシリアルのほうが食べやすいかもしれないが、客観的にニンジンのほうが味はある。フィンはライスシリアルをまるで受けつけなかった。彼が口にしたのは、私たちのお気に入りの中華料理店のお粥だけだ。

同様に、新しい食べ物を食べさせるのに間隔を空けるという考え方の裏には配慮がある。たいていのアレルギーの原因は数の限られた食物だ（牛乳、卵、ナッツ類）。こうした食物を一度に食べさせないようにするのは賢明だといえる。

だが、ほとんどの人は大部分の食品にアレルギーがない。豆のアレルギーはあっても、ごくまれだ。新しい食べ物は3日間空けてから、というアドバイスは何も間違っていないのだが、子どもが新しい食べ物を好きになるまでには何回か食べてみなければならないというエビデンスも別にあるので、一度に新しい食材を複数足しても合理性はあるかもしれない。一方、1歳になるまでにすべての食材を食べさせるつもりなら、どこかでスピードを上げなければならない。

ここまでは、昔からの離乳食プランに小さな変更を加えるだけだ。

もっと踏み込んで、スプーンでピュレ状のものを食べさせる方法自体に異議を唱える人たちもいる。新しい方法として最近人気なのが、「赤ちゃん主導の離乳」といわれる方法だ。離乳食を導入せず、子どもが食べ物を手づかみできるまで待ち、だいたい家族の食べるようなものを食べさせるというやり方だ。

フィンにはこの手法を用いた。「赤ちゃん主導の離乳」なら、親が食べているものを子どもにあげればいいのだ。これはいい！　もう料理は作っている。

赤ちゃんに「自分」で選んでもらう

赤ちゃん主導の離乳派の人たちは、手抜き育児を目指しているわけではない。むしろ子どもにとってのメリットを強調する。子どもは自分の食べる量を調整できるようになり、体重の増えすぎや肥満になる子どもが減る。子どもは多様な食材を受け入れることがわかっているし、家族の食事時間も充実する、というわけだ。

ところが、**こうした主張の裏づけとなるエビデンスは限られている**。[4] 大きな問題は、この手法を試してみようとする親は、従来の離乳食の進め方をする親とはタイプが違うということだ。前者は、収入が多く、学歴が高く、家族で食卓を囲む頻度が高い、などというタイプだ。こうした因子は食事の体験や質にも関連するので、離乳食の役割だけを切り離して分析することは難しい。

今ある一番すぐれたエビデンスは、200家族に対して行われた1件の(小規模な)ランダム化比較試験から得られたものだ。[5] 結果は赤ちゃん主導の離乳派の主張を一部支持しているが、すべてではない。参加した親の報告では、子どもが食べ物を嫌がって騒ぐことは少なかった。赤ちゃん主導の離乳グループの赤ちゃんのほうが家族と一緒に食事をする頻度が高かった。母乳の授乳期間も長く、離乳食の開始は遅かった(生後4か月ではなく6か月前後)。

一方で、子どもが2歳の時点での体重過剰や肥満に違いは見られなかった。子どもが摂取した栄養素や総カロリー摂取量も同様だ。

こうした値を測定するのは難しいと研究者は述べている。赤ちゃんは食べ物をあちこちにこすりつけたりするからだ。

赤ちゃんの食べ方には多少の違いが見られた（たとえば、赤ちゃん主導の離乳グループのほうが肉と塩分を摂取していた）。だが、こうした違いが何かしら系統的な方向に向かうことはなかった。

離乳食が遅れても問題はない

この手法に関する大きな懸念のひとつは、赤ちゃんが食べ物の大きな塊を飲み込めずに窒息する可能性があるということだ。研究では従来のスプーンから食べさせるグループよりも頻度が多いとは示されていない。

ただ、窒息はどの赤ちゃんにも十分起こり得ることで、研究に参加した人々は窒息の危険が高い食材は食べさせないようにと助言を受けた。**生後4か月の赤ちゃんには、赤ちゃん主導の離乳であってもなくても、硬い果物を大きく切って食べさせてはいけない。**

研究で調査されたのは200家族だった。明らかにもっと多くのデータがなければ細かい疑問には答えられない。赤ちゃん主導の離乳を試してみたい人に、**エビデンスからやめたほうがいいといえるものは何もない**。反対の人に対しても、**「いやぜひやったほうがいい」と強く勧める裏づけはない**。

最後に、離乳の時期についてひとこと。

離乳食を始める適正な時期については議論がある。**とくに開始時期が早すぎると、将来肥満になるのかどうかが問題にされている**。

そもそも生後4か月まで待つ理由は何なのだろう？ 6か月以上待つべきなのか？ 前者の答えは、多分に生理学上の問題だ。赤ちゃんは4か月以前には食べることができない。

だが、**離乳を6か月より遅らせることはあまり問題にはならない**ようだ。離乳の開始時期と子どもの肥満にはある程度の相関関係があるが、親の体重や食事など、ほかの要因が原因だと思われる。[6]

「どんなもの」がいい離乳食？

ピュレ状の離乳食から始めるかどうかは1つの選択だが、もっと大事な問題がある。**「具体的に何を食べさせるべきか」**ということだ。

はっきりいえば、地球上の人間は誰もが食べ物を食べ、ほとんどは固形食を食べているのだから、離乳食の進め方には関係なく、最終的には子どもは何かを食べることになる。

ただ、子どもが何でもよく食べ、新しい食材も喜んで食べようとするようになる保証はない。チキンナゲットやホットドッグを食べる子どもにするのはたぶん簡単だろうが、青菜炒めとイカ入りキムチが好きな子どもにするにはどうすればいいのか？

好きまでいかなくても、せめて口にしてみようと思う子にするには？

「野菜」を食べる子になるかどうかは親次第

この問題は誰にでも重要というわけではないことは認めよう。人によっては、子どもには少しは野菜を食べてほしいと思うかもしれないが、偏食は気にしないかもしれない。ブロッコリーとパスタしか食べなくても、家族がそれでいいのなら何の問題もない。

さらにいえば、子どもがパスタしか食べなくても、大きくなればブロッコリーを食べるようになるからと気にしないかもしれない。この場合、子どもは必要なビタミンをどう摂るのかということは慎重に考えなければならないが、それを除けばとくに問題はない。

こういったことをどの程度気にかけるかは、家族の食の問題になる。しばらくの間、私は2種類の夕食を用意していた。ペネロピ用と、その後の自分たち用だ。それが重荷になってきた。結局自分たちの分も、娘の分も、両方変えて、一緒に食べられるようにした。だが、2種類の夕食でうまくいく人も大勢いる。

それでは、「健康な食事」を実践したいと思ったらどうだろう。この問題については研究がたくさんあるが、残念ながらその多くは質があまりよくない。

メディアの注目を集めた2017年の論文をみてみよう。[7] 生後9か月から6歳までの911人の子どもの、早期の食事と後の食事との関連を調べると、生後9か月時点で多様な食材を食べた(とくに果物と野菜を幅広く摂った)子どものほうが、6歳になっても野菜の種類が多い食事を食べていた。

その結果、味覚は早期に形成され、幼いときから様々な食材を食べさせたほうがいいという結論が出された。

結果の1つの説明としては確かにありうる。だが、最も可能性の高い解釈とはとてもいえない。**1歳の子どもに野菜を食べさせていた親のほうが、子どもが6歳になっても野菜**

を食べさせていると解釈するのがずっと妥当だろう。これはきわめて基本的な因果関係の問題にすぎず、この研究から何かを得ることは難しい。

だが、もっと小規模の、間接的な研究から、隠れている本当の関係の糸口を得ることができる。

「ママが食べたもの」を赤ちゃんは好む

次の好例を考えてみよう。研究者はまとまった人数の母親を募集し、妊娠中と授乳中に「ニンジンの多い」食事グループと「ニンジンの少ない」グループにランダムに割りつけた。「ニンジンの多い」母親にはニンジンジュースを多飲してもらった。

子どもたちがライスシリアルを食べられるようになると、研究者は水で作ったシリアルと、ニンジン味のシリアルを出した（母親でなく、赤ちゃんに）。**たくさんニンジンを摂った母親の子どものほうが、ニンジンシリアルが好きだった**（食べる量と表情、皿を手にして床に投げないかで判定）[8]。これは、味覚体験（この場合では、胎盤と母乳を通じて）が新しい味を受容できるかどうかに影響することを示唆している。

「何度」も食べると好きになる

これに関連して、**離乳食を始めた子どもが一つの食品を繰り返し摂取する（たとえば、**

1週間毎日洋ナシを与える）と、その食品がもっと好きになるというランダム化のエビデンスがある。果物だけでなく野菜にも、苦い味のものにも効果がある。[9]

子どもは様々な味に慣れることができ、食べ慣れた味を好むという説が裏づけられた。

これは意外な結果ではないはずだ。人間は文化が違えば、食べるものも違う。それに子どもの頃に食べたものがずっと好きで、それは別の場所に移っても変わらない。[10]

まとめると、広い保健医療の観点からいえば、1歳の時点で野菜不足であることが、その後の子どもの食事の大きな問題になると結論づけるのは、ひどくためらわれる。どちらの時期の食事も問題だと考えたほうがいい。

その一方で、個々の親の観点からすると、**子どもにいろいろな食品を食べてほしいのなら、いろいろな味を（繰り返し）体験させることが役立つ**ようだ。

2歳前後に「好き嫌い」が激しくなる

ただ、母乳育児中に母親がいろいろ妙な味のものを散々食べて、子どもに芽キャベツを慎重に何週間も食べさせたとしても、結局子どもに好き嫌いがある可能性はある。

こうした好き嫌いを研究者は2つに分類している。「フード・ネオフォビア」（食物新規恐怖症、食べたことのないものへの恐怖）と、単にいろいろなものを食べたがらない「好き嫌い」だ。

詳しい説明と治し方（難しい）に入る前に、**ほとんどの子どもは2歳前後に好き嫌いが激しくなり、小学生になると徐々にそれがなくなっていく**ということを知っておいてほしい。

親はびっくりすることがある。１歳半のときはもりもり食べていた子どもが、２歳ぐらいで突然好き嫌いが出て、あまり食べなくなったりするのだ。わが家でも、夕食時にどちらかの子どもが一口食べただけで「ごちそうさま！」と言う場面を何度も経験している。

こうした変化から、親は幼児期の子どもの食べる量を現実的に判断しにくくなりがちだ。２０１２年のレビュー論文にあるように、「食べるのを拒否すると言って親が受診させた1歳児から5歳児の大半は健康で、食欲は年齢と成長率に対して適切である」[11]。さらに論文はこの問題の最も有効な治療法は、親のカウンセリングであり、子どもには何もしなくてよいと述べている。

子どもは「勧められ方」で食べたり食べなかったりする

子どもがある時期あまり食べなくなっても、心配しすぎることはないと示唆しているのだが、好き嫌い一般をどう治療すればいいのか、またどうしたら避けられるのかという問題の答えにはなっていない。

このテーマを研究したものもある。私がとても好きな研究は、1歳から3歳の子どもに新しい食品を食べさせようとした60家族を対象とした研究だ。ある晩の夕食でのやりとりを録画し、新しい食品の受け入れに何が影響を及ぼすのかが研究された[12]。

この研究は、親が言葉で申告したことではなく、実際の行動そのものを報告している。誰だって自分の行動をうまく説明できるわけではないから、これは役に立つ。

親が新しい食品についてどう話すかに関して、わかったことがあった。**子どもたちが食べてみようとするのは、研究者のいう「自律性支援型プロンプト」があった場合**だ。たとえば「ホットドッグを食べてみたら」とか、「プルーンは大きなレーズンみたいだから、好きだと思うよ」などの声かけだ。逆に、親が「強制コントロール型プロンプト」の声かけをすると、子どもは試そうとしなくなる。たとえば「パスタを食べたら、アイスクリームを食べていいよ」とか「食べないと、iPadを取り上げるから!」などだ。

ほかにも、親が新しい食品や、食べること一般に圧力をかけると、子どもの拒否が減るどころか、増長することにつながると指摘する論文がある[13]。

また、**食べ物を拒否するのは、親が別の選択肢を提示する家族のほうが多い**こともわかった。つまり、子どもがブロッコリーを食べず、親が代わりにチキンナゲットを出すと、子どもは新しいものを食べなければごほうびをもらえると学習するかもしれない。親が、うちの子はちゃんと食べていないのではと心配することで、問題は悪化するのだ。

嫌がっても、粘り強く

まとめると、一般的なアドバイスはこうなる。

赤ちゃんには多様な食品を食べさせ、最初に拒否しても、続けて出してみよう。少し大きくなったら、期待しているほど食べなくてもパニックにならず、いろいろな新しい食品を出そう。新しい食べ物を食べようとしなかったら、子どもが好きなものや食べるものを代わりに出さない。無理に食べさせようとして脅したり、ごほうびをあげたりしてはいけない。

アドバイスするのは簡単だが、実行は難しい。美味しいとわかっている食事を前に、4歳の子どもが大嫌いと叫んで一口も食べようとしないと、本当にイライラする。これについては耳栓をするくらいしか、解決策はない。

ここまでの話は、子どもの体重増加や栄養面に問題がないことを前提としている。心配があるなら、小児科の出番だ。体重の増え方や栄養不足、ビタミン不足などをチェックしてもらえる。栄養不足の子どもには細かいガイドラインがあり、食事量を増やす、もっと強力で、積極的な対策が用意されている。

「卵」「牛乳」に早くから慣れさせる

本章の冒頭で、ピーナッツに関する推奨内容がどれほど変わったかを理解していただいたはずだ。早期から食べさせること。遅らせないということだ。

同じことをほかのアレルギー食品にも広く適用できるのかどうか、どのように食べさせていけばいいのかには触れなかった。

最初の問いについては、答えはおそらくイエスだ。

大多数のアレルギーの原因は、8種類の食品類である。牛乳、ピーナッツ［落花生、厳密には豆類］、卵、大豆、小麦、ナッツ（木の実）、魚類、貝類だ。アレルギーの発症は増えている。おそらくは**衛生状態の改善（早期のアレルゲンへの曝露が少なくなった）の結果であり、乳児期に食べさせないことがある程度影響しているのは明らかだ。**

なかでも牛乳と卵、ピーナッツの占める割合は大きい。ピーナッツのエビデンスはすでに確認した。ほかの研究で、**同様のメカニズムが卵と牛乳にも働いている**ことが示唆されている[14]。牛乳に関するエビデンスはほかの2つと比べると強力とはいえないが、おそらく大規模な研究がまだ発表されていないためだろう。

こうした結果は、これらのアレルゲンは早期に（おそらく生後4か月から）摂取を始めたほうがいいという可能性を示唆している（牛乳はヨーグルトやチーズで摂取できる）。

しかも大事なのは、ここでは「始める」という言葉を使っているが、研究では定期的な摂取も行われている点だ。つまり**ピーナッツバターや卵を試しに食べさせてみるだけでは十分でない**のだ。定期的に、継続して食べさせる必要があるということだ。

それはどうすればいいのだろう。

ゆっくり進めることだ。まずはほんの少しから始める。1日に与えるアレルギー性の食品は1種類だけにする。そして反応を見る。何もなければ、もう少し与える。そうやって、普通の量まで増やしていく。

その後は、その食品をローテーションに組み込む。

これは大ごとだ。しかも赤ちゃんは量を食べない。いろいろな食材のほかに、常にピーナッツとヨーグルトと卵（豆類も？）を食べさせるためには、食材の調達や管理に頭を使わなくてはならない。

「禁止食品」は食べさせないで

アレルゲンのほかに、「禁止食品」とされているのは、牛乳、ハチミツ、窒息の恐れのある食品、砂糖で甘味を加えた飲料だ。それぞれ検証してみよう。

ジュース——飲み物は「乳」か「水」

最後の飲料については、もちろん乳児に限ったことではない。炭酸飲料は乳児も子どもも（大人も）極力飲まないほうがいい。6か月の赤ちゃんにコーラはもってのほかだ。

ジュースは議論の分かれるところだ（私が子どもの頃はオレンジジュース一辺倒だった）。だが一般に**赤ちゃんと小さな子どもは人工乳か、母乳、（離乳期には）水を飲ませるべきだ**。果汁より、生の果物や果物のピュレのほうが望ましい。

固いもの——「窒息」の可能性をなくす

窒息の危険のある食品（ナッツ、ぶどうの粒、硬いキャンディーなど）も当然、避けるべきだ。赤ちゃんもトドラーも窒息の危険がある。

ぶどうは小さくすればよく、ナッツは、ナッツバターのような形態なら大丈夫だ。キャンディーはほかの理由からも勧められない。

牛乳──「母乳」の代わりにならない

牛乳はおそらく一番複雑だろう。1つには、前項のアレルゲンと関連するからだ。乳製品（ヨーグルト、チーズ）はアレルギー防止のために食べさせるべきだが、**牛乳自体はあげてはいけない**。

牛乳は乳児の栄養として完全ではなく、たくさん牛乳を飲ませると、人工乳や母乳の摂取量が抑えられてしまうという懸念がある。とくに、**牛乳を主な栄養源とする赤ちゃんは、鉄分不足になりやすい**[15]。エビデンスが示しているのは、牛乳が母乳や人工乳の代わりにはならないことだけだ。たとえばオートミールやシリアルにかけるのは問題ない。

ハチミツ──赤ちゃんが「呼吸」できなくなることも

最後に、ハチミツは乳児ボツリヌス症の原因となる恐れがある。これは重篤な病気で、毒素が神経機能を妨げ、赤ちゃんが呼吸できなくなることもある。6か月未満に多く発生し、治療は可能で、治癒率も高い。それでも、治療は簡単ではない。自発呼吸ができるようになるまで、赤ちゃんを数日間、人工呼吸器につなぐ必要がある。

毒素の原因となるボツリヌス菌は、土壌などどこにでも存在し、ハチミツにも含まれている。1970年代と80年代に、ボツリヌス症を発症した乳児がハチミツを食べていたという症例報告が重なり、1歳までは（2歳から3歳まで含まれることもある）ハチミツを与えないようにという勧告が出された。

だが、ボツリヌス症の原因としてハチミツがどれほど大きな割合を占めているかということ、まだ答えが出ていない。ここ数十年間でハチミツ禁止は広く取り上げられているが、乳児ボツリヌス症の発症率は基本的に変わっていないのだ。[16]

これは、実際にはほかにもっと大きな原因があることを示唆している。もしかしたら、ハチミツ禁止は行き過ぎかもしれないが、ハチミツを避けるデメリットもほぼないといえる。

子どもに「ビタミン」を追加したほうがいい？

「母乳は完璧」「地球上で最高の食品」「赤ちゃんに必要なものが全部入っているのよ！」とはよく聞く話だ。

そう言っている人たちが、次の瞬間にはビタミンDの液体サプリを出すのだ。「でもね、母乳にはビタミンDが不足しているから、赤ちゃんには毎日欠かさずこれをあげたほうがいいの、くる病になるかもしれないから」

ビタミンが不足する子は極めてまれ

このサプリメントは、私たち家族にとってけっこう大変な「宿題」だった。わが家で、大声でどなり合った会話の多くは、その日にサプリを与えたかどうかをめぐるものだった。

日々の区別は曖昧になっていく。この前あげたのは昨日だっけ？　それとも3週間前？　ペネロピもフィンもくる病にならなかったのはラッキーだったというべきだろう。

ただ、ここでもリスクが過大評価されているかもしれない。

ビタミン補給（大人、子ども、赤ちゃんを問わず）の常識はわかりにくい。

特定のビタミンが不足すると、重大な病気の原因となることがある。ビタミンD不足はくる病を引き起こす。ビタミンC不足が壊血病の原因になるのは有名な話だ。初めて確認されたのは、新鮮な野菜や果物を食べずに何か月も船に乗っていた船乗りだった。

だが、いろいろな食品を普通に食べていれば（多くの基準からかなり不健康とされる食品でも）深刻なビタミン不足になることはまずない。

トドラーも、幼児も、一般にはマルチビタミンは不要だ。かなり栄養不足なら、マルチビタミンが必要かもしれないが、めったにないだろう。**偏食と思われる子どもでも、ほとんどのビタミンは足りているはず**だ。母乳育児の赤ちゃんも同様だ。

「粉ミルク」にはビタミンDも鉄分も入っている

ただ、ビタミンDと鉄分は例外である可能性がある。

ビタミンDは多くの食品には含まれておらず、母乳に含まれる濃度は高くない。日光に当たることで摂取できるが、サバンナのような場所ではなく、低温の地域で、家の中で生活することが多いと、いつでも日光浴ができるわけではない。

そのため、**多くの乳幼児はビタミンD不足になる**と考えられている。その割合は、白人の子どもの4分の1以上、白人以外ではもっと高い可能性がある（肌の色が濃いほうが日光からのビタミンDの吸収が低下する）[17]。ここでいう不足とは、血中のビタミンD濃度が一定の限界値以下の場合を指す。

はっきりしないのは、この不足状態が実際の健康に大きく影響するのかということだ。ビタミンDと関連する、骨の成長のような実際の結果を調べた研究は比較的少ない。その2件の研究（ごく小規模のランダム化比較試験）では、ビタミンD補給により、赤ちゃんの血中ビタミンD濃度の上昇は見られたものの、骨の成長や骨の健康状態への影響は認められなかった[18]。

だからといって、ビタミンＤの補給はやめたほうがいいというわけではない。確かにくる病は栄養状態が深刻な開発途上国を中心に発生している。だが、１日あげるのを忘れたとしても、あわてなくていいことでもある。

赤ちゃんに直接サプリを与えるのはどうしても気が進まないという人が、母乳育児をしているなら、**母親がビタミンＤを大量に補給すれば、血中のビタミンＤ濃度が上昇し、同様の効果が得られる**というエビデンスがある。[19]

母乳育児の赤ちゃんには鉄分が不足することもあり、貧血の原因になりかねない。母乳には鉄分が少ないのだが、赤ちゃんが貧血症状を示さない限り、鉄分の補給は一般に勧められていない。鉄分はライスシリアルに含まれているので、離乳食が始まれば、この問題は解消する。

こうした栄養補給はすべて母乳育児の赤ちゃんを対象としている。人工乳は鉄分もビタミンＤも、そのほかのビタミンも含んでいる。**一時的であれ、粉ミルクを使っていた赤ちゃんにはこの問題は起きないだろう。**

結論

- 早期からアレルゲンを摂取することで食物アレルギーの発症は減る。

- 子どもは新しい味に慣れるのに時間がかかる。初めに拒否反応を示しても、続けて食べさせてみる価値はある。早いうちから様々な味を体験させると、受け入れやすくなる。
- 従来推奨されてきた離乳食の進め方にはあまりエビデンスがない。嫌ならライスシリアルから始める必要はない。
- 赤ちゃん主導の離乳には、魔法のような効き目があるわけではないが、希望するならやってはいけない理由はない。
- ビタミンD補給は妥当だが、ときどき忘れてもあわてなくてよい。

第3部 赤ちゃんからトドラーへ

「意思」を持ち始め、歩き、話し、悪さする時期

赤ちゃんはいろいろな点で疲れる存在だ。眠らないし、自分の欲求を言葉にできないし、予想不可能なタイミングでいつでもお腹を空かせる。

4か月の赤ちゃんの親は、いつかわが子が食卓で食事をして、自分のしたいことを言葉にできるようになる日を待ち望んでいるかもしれない。

だが、いざそれが実現してみると、必ずしも望んでいた通りにはならないものだ。靴下バトルがいい例だ。赤ちゃんの靴下は脱げやすい。でも履かせるのは簡単だ。履かせると赤ちゃんは楽しそうにしている。この点は思い通りにしやすい。靴下を履かせる時間を見込んで朝早めに支度をしようとは、まず思わない。

ところが、よちよち歩きを始めたトドラーはそうはいかない。親は家を出る11分前に「靴

下と靴を履こうね！」と叫ぶ。「ヤダ！　くつしたヤダ！　ヤダ！」地団駄を踏んで、顔はクシャクシャ、両腕を組んだ怒りのポーズ。

「靴下を履こうね」大暴れ。

「アーーーーー!!!!　イヤアーーーーーー!!!!!」

「履かないなら、パパに手伝ってもらうから」

「ヤダーーーーー!!!!　ヤダーーーーーーーー!!!!!!」

「あなた、手伝ってもらえる？」パパがやってきて、子どもを押さえる。靴下は履けた。よし。靴を取りに行って戻ってくる。子どもは靴下を脱いでいる。裸足で、ニヤニヤしている。今度はズボンも脱いでいる。

トドラーはまったく別の生き物だ。面白くて、ふざけたがりで、ちっともじっとしていない。抵抗も始める。この時期には、親ができるようにしたいことはどんどん増える。それには、子どもの協力が必要だ。ねんねトレーニングや予防接種は親の力で何とかなるが、トイレトレーニングはそうはいかない。親は計画を立てて、ごほうびやビデオを用意できるが、最終的には子ども本人がトイレを使うと決心しなければならない。

紛れもない事実だ。うんちは強制できない。

トドラーの子育ては、赤ちゃんよりも、結果が重大であるように思える。

子どもの個性が表れてくると、その子がこれから苦労することも見えてくる。そして親は突然、選択を迫られる。**テレビやパソコン、スマホの視聴時間、幼稚園・保育園の選択など、子どもの将来にずっと関わりそうなこと**だ。さらに、**しつけの問題**が加わる。いきなり判断を迫られるのだ。しかも複雑な問題はどんどん増えていく。

子どもが大きくなっていくと、エビデンスに基づく育児法はだんだん難しくなっていく。子どもの間のばらつきが大きくなり、データから強力な結論を引き出しにくくなるからだ。子どもの間の異質性は、1人の子どもに当てはまることが、ほかの子には当てはまらない可能性を意味する。ある手法の平均的な効果を推定すると、それが一部の子どもには効果があっても、全体としては何の効果もない結果になるかもしれない。

それでも、一般的な原則を学ぶことはできる。

第3部では、成長発達の目安についても話そうと思う。乳児でも参考にした身体の成長と、その後出てくる言語の発達の目安だ。たいていの親は、一時的であっても、子どもが正常な成長を遂げているのかが心配になる。

「うちの娘はどうしてはいはいしないの、歩き始めないの、走らないの?」

「どうしてうちの子は16か月なのに『ダーダー』しか言わないの?」

データを少しかじっておけば、神経過敏な親でも少しは心が落ち着くのではないだろうか。あいにく、靴下の問題を扱ったデータは見つかっていない。技術の進歩で脱げない子どもの靴下ができないものか、希望は捨てていない。期待していよう。

13章

歩きはじめの早い遅い

「うちの子の成長は平均？」

友人のジェーンの息子はペネロピの3か月後に生まれた。少し大きくなると（5、6、7歳）その差にはまったく気づかなくなるが、最初のうちは信じられなかった。ベンジャミンが生まれた頃のペネロピは巨人だった。彼が生後6週間のとき、娘は4か月半で、まるまるした元気な赤ちゃんになろうとしていた。

ところが、あんよの時期がやって来た。1歳のベンジャミンは、平均的な子どもと同様に立ち上がって、よちよち歩き始めた。ペネロピは違った。**ベンジャミンは歩いているのに、1歳3か月の娘は立ち上がる気配もなかった。**

ペネロピは「急」に二足歩行になった

わが子が平均から外れていてもそれほど気にしなくてすむことはある。それでも絶えず平均像を突きつけられていては、そうはいかなくなる。

ペネロピの15か月健診の折、いつも冷静なリー先生は、歩かなくても心配しないようにと話してくれた。

「18か月になっても歩かなかったら、早期介入をお願いしましょう。でも心配しないで！自分で気づくから」

早期介入は、心身の発育に遅れのある子どもたちに早くからサービスを提供して支援を行う、アメリカ連邦政府のすぐれたプログラムだ。誰でも利用できる、きわめて価値の高いサービスだが、私は、そこに近づいていると暗に言われたことが気に入らなかった。

私は歩き方を教えようとしたが、ペネロピは無関心だった。ごほうびで釣ろうとしたが、無茶ぶりでしかなかった。

ところが健診から2週間後、ペネロピは歩いた。大したことじゃないというように。歩き始めたときにはすっかり大きくなっていたせいか、転ぶことも少なく、はいはいからあんよまで、1日か2日しかかからなかった。

私は、娘が歩かないのではという心配をただちに忘れ、別のことを心配し始めたのだった。

「成長」はばらつく

私の経験は珍しくはないと思う。

この時期は身体的な発育の目安（おすわり、はいはい、歩き始め、走り始め）がとくに重視される。ペネロピの生後数か月間の記録を見ると、寝返りのことがたくさん書いてある（早くから左に寝返りができたが、右は苦手など）。首のすわりなどは、子どもの発育の最初の目安になっている。

期待された時期に目安に達しないと、親は心配になる。

問題のひとつは、**平均的な月齢や年齢が中心になっていること**だと思う。「大部分のお子さんは1歳前後で歩きだします」などという書き方だ。間違いではないのだが、典型例でも幅広いばらつきがあるという事実が抜けている。

ばらつきは、たとえば子どもの体重にあることはよく知られている。1歳の平均体重は約10キロだが、これよりずっと重い子、軽い子がいる。1歳健診では、小児科に行くと、「お子さんの体重は25パーセンタイル上にありますね」などと言われる。

身体の発育や、言語発達の目安の場合、ばらつきの話は出ない。なぜかはわからない。データ不足なのか、この分野でパーセンタイル値を割り当てる気がなかったからか。だがその議論とは関係なく、ばらつきは存在する。それを知るだけでも少し安心できるかもしれない。

確かに、平均的な歩き始めの年齢は1歳だ。だが、平均よりもいくぶん早く、あるいは遅く歩き始める子がいても、体重が25パーセンタイルや75パーセンタイルの子どもと同様にまったく問題ないのだ。

では、なぜこれを気にするのだろうか。小児科医はなぜ運動能力を評価するのだろうか。

ちゃんとした根拠がある。目的は**基準の分布範囲を外れた子どもを見つけ出すこと**だ。とくに小児科医はかなり発達の遅れた子どもを探す。**首のすわりや寝返りなど、早期の発達の目安からかなり遅れた子どものほうが、発達上の重大な問題がある可能性が高いの**だ。

なかには、認知や行動の問題として表れる場合もあるが、その分野ではもう少し年齢が上がらないと遅れのエビデンスが見られない。

文献では、**早期から重大な運動の遅れがある子どもは、学童期の空間認知能力が低く、**[1]**中年期の読解テストの得点が低くなる可能性もある**[2]と指摘されている。小児科医が注意する理由があるのだ。[3]

運動の遅れが「病気」のケース

運動の遅れが、特定の病気や障害の兆候である場合もある。

その代表例が「脳性まひ」（ＣＰ）で、おおざっぱにいえば、妊娠中から新生児期までの神経系の損傷が原因で生じた、発達上の障害を指す。１０００人の赤ちゃんのうち１．５～３人に発生している。

まれではあるが、多くの小児科医が通常の診療で遭遇する症例だ（正期産で外傷を負わずに出生した赤ちゃんであれば発生率ははるかに低い）。過去にはＣＰの原因は出産時の損傷に限られると考えられていたが、最近のエビデンスでは、出生前の状態も赤ちゃんのＣＰに影響している可能性が示唆されている。[4]

脳性まひは（ウイルス感染症やガンのような）病気でもなければ、遺伝性の欠陥でもない。神経系の損傷が引き起こした運動障害だ。ＣＰから生じる障害は人によって大きな幅がある。影響を受ける部位は四肢など様々で、程度も様々だ。

出生時に、医師は赤ちゃんにＣＰのリスクが高いかどうかを（分娩時の外傷、早産などのリスク因子から）把握する可能性はあるが、出生時に確定診断はできないのが普通だ。

生後「9か月」「18か月」の発育が大事

通常ＣＰが認められるのは、運動発達に異常が見られたときだ。重度のケースは４〜６か月で発見できるが、それ以外は1歳以降でないと不明なことがある。赤ちゃんの運動の遅れを正確に評価できれば、早期発見の機会が増え、それだけ早い介入につなげられる。

同じように運動の遅れから発見できるのが、進行性の神経疾患だ。どれもきわめてまれだ。筋ジストロフィーが一番多いが、それでも発症は出生数１０００に対して０・２人だ。ほかの疾患はもっと少ない。進行性なので、初期の発見はよけいに難しい。それでも、小児科医はこうした疾患の兆候がないか注意する。

出生時に診断できる病気から運動の遅れが生じることもある。

たとえば、二分脊椎症（脊髄が閉じない先天異常）や、ダウン症候群などの遺伝子疾患だ。こうした疾患の子どもたちは運動発達を注意深くチェックされるが、運動発達だけでこうした疾患が発見されることはまずない。

小児科健診（3歳まで何度もある）では、運動発達に重度の遅れの兆候がないか診られるのだが、実際にはどのような兆候があり、どう診ているのだろうか。

まず、小児科ではどんな場合も、赤ちゃんの全身を調べて、筋肉の発達を確かめ、身体のあちこちを動かす（赤ちゃんは嫌がる）。ちゃんとした反射があるか、運動の「質」がいいかを診ていく。これは重要だが、数値化は難しい（素人の評価はきわめて困難）。

さらに、医師は健診のたびに基本的な発達の目安を参照する。生後9か月、18か月、30か月か36か月の健診内容の例を挙げる。

この中では、**9か月、18か月の目安が最も重要**だ。30か月には大きな病気や障害は特定できているので、医師は小さな兆候を探す。

順調なら「寝返り」は3～5か月でする

こうした目安は、それぞれの時点でほとんど全員の赤ちゃんが到達している。

健診で「診ていること」

健診	目安
9か月	両側に寝返りをする／支えがあるとおすわりできる／左右対称の動き／両手で物をつかみ、移動させる
18か月	おすわり／ひとり立ち、ひとり歩き／小さな物をつかみ、操作する
30か月	粗大運動［全身運動］をわずかに間違えるなど、以前にできた能力が喪失しているかを診る（進行性疾患の指標）

発育が順調な赤ちゃんは、一般的に3か月から5か月の間に寝返りする。9か月を過ぎても寝返りしていなければ、確実に基準範囲からは外れている。

同様に、一般的な歩き始めは8か月から17か月（平均は12か月）なので、18か月の健診で基準範囲から外れた子どもを見つけることができる[5]。

公式の健診時期を設定するのは、発達の遅れた子どもを見逃さないために大切だが、信頼できる小児科医は、受診のたびに子どもの運動発達を評価し、子どもが特定の目安の基準範囲から外れていないかを注意している（複数項目が外れているととくに注意する）。

基準範囲とは何だろうか。答えにはデー

タが必要だ。世界保健機関（WHO）は6か国のデータを使い、健康な子どもの様々な成長発達について1パーセンタイルから99パーセンタイルまでの範囲を計算した。対象となった子どもたちは、運動機能に問題があると診断されていないので、発達の基準範囲を示しているとされている[6]。

早く歩く子が「アスリートタイプ」かはわからない

このデータから、娘が歩かないと大騒ぎするのは18か月まで待ったほうがいいというリー先生のアドバイスの理由がわかった。目安の基準範囲がかなり広いこともわかった。たとえば、**ひとり立ちは、7か月から17か月のいつでもいい**。赤ちゃん時間では永遠に近い長さだ！

小児科医は基準範囲の上限を気にする（それは正しい）。だが、もし子どもがたとえば7か月で歩き出したらどうだろう？　素晴らしいアスリートになるということ？　それより、基準範囲のぎりぎり最後だったらどうだろう？　キックボールチームの補欠扱い？

遅い歩き始めの長期的な影響については、エビデンスはほとんどない。子どもはほぼ全員（歩き始めが遅かった子どもの大半も含め）、歩いたり、走ったりできるようになる。

赤ちゃんができるようになること

目安	範囲
支えなしのおすわり	3.8か月〜9.2か月
つかまり立ち	4.8か月〜11.4か月
はいはい（5%の赤ちゃんはしない）	5.2か月〜13.5か月
つたい歩き	5.9か月〜13.7か月
ひとり立ち	6.9か月〜16.9か月
ひとり歩き	8.2か月〜17.6か月

「早く歩き始めると、その後の歩き方を予測できますか？」という質問があっても「いや、誰でも歩きます」と答えるしかない。

一流アスリートになるかどうかには、何のデータもない。研究者が一流アスリートの予測に関心がないからなのかはわからない。多少の関係があったとしても、可能性があまりに低いから、データに表れないのかもしれない。ほとんどの人にとってオリンピック選手になることは現実的な目標でないということだろう。データに感謝だ。

歩きだしや、ひとり立ち、寝返りや頭を上げるのが早いことが、将来と結びつくと考えられるデータは、単にないということだ。発達の遅れを見つけ出すのは大切なことだが、特殊な例外を見つけようとすることと、基準範囲の端にいる子どもの心配をすることは、おそらく意味がないだろう。

「風邪」は引くもの

厳密には、目安でもなんでもないのだが、赤ちゃんが最初に引く風邪は、親にとってひとつの事件だ。それも悪いほうの。

その後は、2回目の風邪、3回目の風邪、延々と続いていく。

子どもがいると、10月から4月までは鼻水まみれでお手上げになる。多くの親からすると、子どもは文字通りいつでも、風邪か何かしらの病気にかかっている気がする。子どもが2人、3人以上ともなれば、冬は病気の連続、もうろうとなる季節だ。ママ、第1子、第2子、パパ、もう1回第2子、そして第1子。ウイルス性胃腸炎が途中に加わったりもする（全員なることも）。

当然、こんな思いになるだろう。「これって普通なの？　みんな貯金に回すお金をティッシュにつぎ込んでいるの？」

「冬の半分」は風邪を引いている

ほとんどの場合、イエスだ。

就学前の乳幼児は、1年に平均6〜8回風邪を引く。ほとんどは9月から4月の間だ。[7] 1か月に1回の計算になる。1回の風邪は平均で14日間続く。[8] 1か月は30日。要するに、**冬は平均50％の時間、風邪を引いていることになる**。加えて、ほとんどの子どもは風邪の終わりに咳が出て、それが数週間続くことがある。計算は合う。

大部分の風邪は軽症だが、風邪で中耳炎や、長引く細菌感染症（気管支炎、マイコプラズマ肺炎など）のリスクは高くなる。そのため、親が心配だったり、発熱が3日以上続いたり、一旦落ち着いたのに悪化したら、たいていの小児科医は受診を勧める。中でも一番かかりやすいのが中耳炎だ。1歳までに4分の1の子どもがかかり、4歳までに6割がかかる。[9]

子どもが病気になったら、かかりつけの小児科医が一番頼りになる。病気で小児科を受診する子どもの大部分は風邪だ。本当はわざわざ受診の必要がない場合が多くても、とりあえず診てもらおうと思う親は大勢いる。

「学童期」に風邪にかかりにくくなる

私たちの子ども時代とは違うのは、「抗生物質」だ。風邪の症状には、（少なくとも一時期は）抗生物質の処方が普通だったが、今は違う。

風邪はウイルスが原因であるため、抗生物質は効かない。医師も処方すべきでない（普通はしない）。世界的に、抗生物質の過剰投与は、耐性の原因となることから、公衆衛生上の問題になっている。

子どもにとっても、抗生物質は完全にリスクがないわけではない。たとえば**下痢を起こしたりする**。抗生物質の処方が控えられる方向に進んでいるのは望ましいことだ。

耳の感染症などには、今も抗生物質が処方されることがあるが、中耳炎には必要ない可能性もある。中耳炎に対する処方の指針は非常に複雑で、耳の状態やそのほかの症状により変わってくる。子どもが耳を痛がっていたら、受診したほうがいい。

せいぜい鼻水の季節を満喫するしかない！　前向きな話をすれば、**学童期の子どもは病気になりにくくなる（年に2〜4回）**ので、今の状態は必ず変わる。

結論

- 運動発達の遅れは、重大な病気や障害の兆候の場合がある。脳性まひが一番多い。
- 運動発達が基準範囲（かなり広い）内であれば、心配することはない。
- 運動能力の評価にはいろいろな方法がある。かかりつけの小児科医が一番の相談相手だ。
- 子どもはとにかく風邪を引く。少なくとも就学前は冬に毎月1回はかかる。大量のティッシュが必要。

14章 ベイビーアインシュタイン vs テレビの視聴

「知育教材」は本当に効果がある？

＊この章では、アメリカで人気の商品名を例として取り上げるが、子どもの年齢によるテレビ番組や知育用ビデオ・DVD教材の効果については、日本にも当てはまるといえる。

私が子どもの頃、家のテレビは1台だった。置いてあったのは屋根裏部屋だ。弟たちと私は夕食前の1時間だけ見ることを許されていた。それも公共放送PBSの子ども向け教育番組「3・2・1コンタクト」と「スクエア・ワン・テレビジョン」だけだ。7年生（中学1～2年生）になって母を説得し、ようやく「ビバリーヒルズ高校白書」を見る許しを得た。見ていないと、まわりにまったくついていけないからだ。

両親の番組の選択（「スクエア・ワン」の前は「セサミストリート」だった）は、「教育的な」番組を選びたいという希望を反映していた。そう、テレビが許されていたといっても、結局文字と算数を教える番組だけだった。

研究で「セサミストリート」がすぐれた番組とわかった

番組から、私たち姉弟は何か学習したのだろうか。何ともわからない。確かに「スクエア・ワン」の一部は覚えている（「さんすうネット」と「さんすうマン」のコーナーだ）。ただ、それが何かの数学の概念と結びついているわけではない。具体的に思い出せるのは、歌だ――「無限には手が届かない、どこまでいっても、届かない……」。「無限」について何か学んだのは確かだ。番組のおかげといっておこう。

しかし、**「セサミストリート」については、3～5歳の子どもの就学レディネスを高めたと示唆するすぐれた研究がある。**

過去30年間にはテレビの教育番組が、過去10年間にはパソコン、スマホ、タブレットなどスクリーンメディアの教育用コンテンツがすさまじい進歩を遂げてきた。私の親の世代には「セサミストリート」しかなかったが、私たちが親になってみると、教育用のｉＰａｄゲームやＤＶＤ、ストリーミング配信などあふれんばかりだ。どれも、早期に読み書きと算数の基礎能力を身につけられるとうたっている。「セサミストリート」や同種の番組（「ドーラといっしょに大冒険」や「ブルーズ・クルーズ」）は、就学前の幼児を対象としている。

赤ちゃん向けには、ＤＶＤの「ベイビーアインシュタイン」シリーズが人気だ。ベイビーアインシュタインは、赤ちゃんとトドラー向けに音楽、単語、形、絵を組み合わせた映像コンテンツを制作し、絶大な人気を博しているブランドだ。こうしたビデオは教育目的であることをはっきりうたっている。たとえば、新しい単語や、音楽を教えるビデオだ。確かに、販売元は効果があると主張している。

その一方で、**テレビ（もっといえば、あらゆるデジタル機器の画面）の視聴は認知能力の発達に悪影響があると示唆するエビデンスが多数ある**。テレビを長時間見る子どもは健康でなく、学力テストの得点も低いという研究だ。

どちらが正しいのだろう？　生後9か月の赤ちゃんにベイビーアインシュタインのＤＶＤを見せると、早くおしゃべりができるようになるのか。それとも「テレビの見過ぎ」を助長していることになるのだろうか。

アメリカ小児科学会（ＡＡＰ）は後者の意見に大賛成だ。生後18か月未満の子どもには、テレビなどの画面をまったく見せないこと、それ以上の子にはできれば保護者と一緒に、1日1時間以内の視聴にとどめることを推奨している。さらに、公共放送で放送されているような「質の高い」番組を選ぶことも勧めている。

だが、こうした推奨は保守的すぎるという議論もある。むしろ、AAPには迷いが見られる（最近までは、「2歳まで視聴しない」とされてきた）。答えを得るには、データを見るしかない。

「画面」より「人」から多くを学ぶ

発達心理学は、とりわけ子どもの学び方に関心を寄せている。この分野の研究者は、子どもや、ときには赤ちゃんを研究室に連れてきて、他人や、新しいおもちゃや、外国語などとどう関わるのかを研究している。

こうした研究の中から、まず赤ちゃんとトドラーがビデオから学習する可能性を見てみよう。**結果はあまり芳しくない**。

ある研究では、生後12か月、15か月、18か月の子どもに、生身の人かテレビの人のどちらかが、パペットと一緒に何かの動きをしているのを見せた。[1] 子どもがその時点と24時間後に動きをまねできるかを評価した。

3つの年齢グループすべてで、実際の人の動きを見ていた子どもの一部は、1日後でもまねることができた。動画では、成功率はぐっと下がった。12か月の子どもは何も学習せず、年上の子どもたちも実際の人を見ているときより学習していなかった。

もう1つの研究例では、DVDから、母国語でない音を聞かせ続けた。出生時の子どもはどの言語の音も学習できるが、成長とともに普段から聞いている音だけを聞きとるようになる。

研究では、英語を母国語とする9～12か月の赤ちゃんに、実際の人間かDVDを通じて中国語の音声を聞かせた。[2]**人間では効果があったが、DVDではなかった。**[3]

「語彙数」は親が読み聞かせれば増える

こうした結果は、ベイビーアインシュタインの効果には期待がもてないことを示唆している。だが、この問題についてはランダム化比較試験があるので、さらに検討してみよう。

2009年の論文では、12～15か月の赤ちゃんがDVDから学習できるかを直接検査した。[4]実際に使ったのは、ベイビーアインシュタインの「ベイビーワーズワース」というDVDで、単語の理解を深めることを目的としたものだ。介入群の子どもの親はこのDVDを与えられ、6週間、定期的に子どもに見せるよう指示された。対照群の子どもはDVD

をもらったり、見たりすることはなかった。

2週間ごとに子どもたちは研究室に集められ、新しい単語を話すか、理解するようになったかをテストされた。研究中にも子どもたちは成長するので、話し、理解する単語は増えた。だが、**DVDグループと非DVDグループで単語の学習に差はなかった。**

論文の著者らは、**子どもが話す単語数と語彙の増加速度に最も影響するのは、親が本を読み聞かせたかどうか**だと指摘した。ほかにもこの研究を2歳の子どもまで広げた研究者がいたが、結果は同様だった。[5]

「3歳」を超えるとテレビから学べる

ベイビーアインシュタインは名前ほどではないようだ。保育園のクラスのトップになれる方法ではない。

もちろん、親がたとえば、シャワーを浴びる間子どもの気を紛らわせるのにあえてビデオを見せたいというなら、語彙の発達は目的ではないかもしれない（好ましくない影響については後で）。

ビデオは赤ちゃんの学習に役に立たないかもしれない。だが、**少し大きくなると、子どもはテレビから学習できる。**就学前の幼児に何でもいいからテレビを見せれば、それが本当のことだとわかる。

フィンは2歳のとき、アニメ「カイユー」のまねをするという困った習慣を身につけた（「だって、マーーーミーーーー、ごはんはいらなああーーーい」フィンにはこれが楽しかったようだ。両親からも、姉からも学んでいるはずがない）。

子どもは映画やテレビ番組から歌を覚える。キャラクターの名前や話の要素も覚える。研究では、**3〜5歳の子どもはテレビから単語を学習できる**ことが示されている。[6]

すると、いいことも覚えられるはずだ。その一番有力なエビデンスは「セサミストリート」の研究から生まれている。1970年代に始まり、絶大な人気と幅広い評価を獲得した番組だ。番組の目的はあきらかに学習で、3〜5歳の子どもの就学に向けた学びの基礎（レディネス）を固めるのがコンセプトだ。番組を見ると、すぐにわかる。数字や文字、社会性のある行動が中心になっている。

当初から、研究者は「セサミストリート」の効果をランダム化比較試験で評価しようとした。ある研究では、介入群の家庭にテレビ機器を設置し「セサミストリート」を見やすくした。[7] **2年間で、語彙など、就学前のレディネスを示す様々な尺度に向上が見られた。**

た。

■セサミストリートで「勉強についていけない子」が減る

「セサミストリート」効果は長く続くようだ。最近の研究では、番組の初期を振り返り、当時視聴できた子ども（受信状態がよかったため）と、その後視聴した子どもとを比較した。

早くから視聴した子どもたちは、後に学校で勉強が遅れる子が少なかった。[8]「セサミストリート」は、社会経済的に恵まれていない子どもにより大きな効果があった。原因はテレビ以外の活動の違いか、それとも別の要因かもしれない。

これで、赤ちゃんより少し大きな子どもには、テレビで学習をする可能性があるといえる。すると、何を見せるかがとくに問題になる。

赤ちゃんは、テレビからは学習しないので、何を見せてもそれほど関係はないかもしれない。とにかく赤ちゃんにテレビを見せても天才には育たない。

テレビのデメリット

親として告白する。私はテレビが学習の機会になるとは考えたこともなかった。

うちの子どもたちはテレビを多少は見るが、私が何かをしなければならない時間に集中している。週末の夕方、まる1日子どもたちと過ごし、夕食の準備にかからなければならないとき、30分テレビを見せておくととても助かる。私が「ベイビーアインシュタイン」に興味をもったのは、学習面ではなく、赤ちゃんのときにもっと注意を引いておけるかもしれないと思ったからだ。

静かな気晴らしを求めている親が知りたいのは、テレビが学習機会になるかどうかではなく、**有害かどうか**ということだろう。テレビは子どもの脳を腐らせるのではないか。

3歳未満で視聴時間が長い子は「テスト」が悪かった

多くの研究はイエスと答えている。たとえば、2014年の研究では、就学前にテレビを多く視聴している子どものほうが、「遂行機能」（自己管理、集中など）が弱かった。[9] 2001年の研究では、テレビをよく見る女の子のほうが、肥満が多く見られた。[10]

これらは一例に過ぎず、**数多くの研究でテレビの視聴時間と子どもの学力低下との相関関係が報告されている。**中でも影響力が一番あるのが、2005年のフレデリック・ジマーマンとディミトリ・クリスタキスの論文だ。[11] 全米規模の大きなデータセットを用い、乳幼児期のテレビ視聴と6～7歳の子どもの学力テストの得点の相関関係を調べようとした。子どもたちは2つの時期でのテレビ視聴時間によって、4つのグループに分けられた。3歳未満の時期と3～5歳の時期で、それぞれ視聴時間が1日3時間以上の「高視聴」グループと、それに満たない「低視聴」グループだ。

20％の子どもが、3歳未満の時期と、3～5歳の時期の両方で、1日3時間以上テレビを視聴した「高・高」グループになった。26％が「低・高」グループ（3歳未満では視聴が少ないが、3～5歳は多い）、50％が「低・低」グループで、「高・低」グループはわずか5％だった。

6歳時の算数、読み、語彙のテストの得点に、グループ間で違いがあることが報告された。**3歳未満でテレビ視聴時間が長いと、学力テストの得点が低くなる**ことが示唆されたのだ。差は大きくないが、ＩＱ値では2点に相当する。

この論文の著者らのように、このデータからテレビはよくないというエビデンスを求めたいなら、3歳までの高視聴があてはまりそうだ。

「3歳以降」ならテレビは悪になりにくい

だが、年齢が大きくなると視聴は問題がないと思える。たとえば、**3歳前にはほとんどテレビを見なかったが3～5歳の間にたくさん視聴した子どもと、3歳以前も以降もあまり見なかった子どもを比較すると、テストの得点は変わらなかった。**それどころか、後からたくさん見た子どものほうが、テストの得点は高かったのだ。

大きな子どもにはテレビを見せないという意見に水をさす結果だが、表面上は3歳までテレビは避けるという推奨に根拠があることを示唆している。

一方、注意すべきこともある。まず、この研究の子どもたちは、かなりテレビを見ている。3歳前の平均視聴時間は、1日2・2時間で、「高」視聴グループは、1日3時間以上も見ていた。これをもとに、1週間に2時間のテレビ視聴を許すかどうかというような問題を推測するのは、難しい。

第2に、著者らは調整しようとしていたが、視聴時間の長い子どもとそうでない子どものすべての違いを調整するのはかなり困難だ。サンプルの子どもたちの大多数（75％）は、出生時から3歳まであまりテレビを見ていなかった。すると、視聴時間の多い子は、どこか普通とは違うところがあったに違いない。

ほかの点ではなく、テレビだけが影響したとどうしてわかるのだろうか。わからないのだ。だから、解釈の難しい結果だといえる。

テレビ視聴と学力に「因果関係」はない

この第2の点について調整しようとした研究がある。

私の見たところ、最もすぐれた因果関係のエビデンスは、2人の経済学者による200

8年の論文だ。著者の1人は私の夫だ（それとは無関係にいい論文であると思うので、あしからず！）[12]。複雑な問題から因果関係の結論を出す好例だと思う。また、テレビに関する意思決定にも役立つ。

夫のジェシーと共著者のマットは、アメリカでは地域によってテレビが視聴できるようになった時期が違うという事実を利用した。テレビが普及し始めた1940年代と50年代には、テレビを視聴できた子どもと、できなかった子どもがいたのだ。地域でテレビが受信可能になった時期は、育児のほかの要因とは関連がないので、ほかの論文で生じた多くの問題を回避できた。

幼児期にテレビを視聴できたことと学齢期の成績の関連を調べると、**幼児期のテレビの視聴がのちの学力テストの得点に悪影響を及ぼすことを示すエビデンスは見つからなかった**。つまり、ほかのデータで見られる相関性は、因果関係ではないことを示している。

もちろん、1940～50年代のテレビは今と違うが、当時の子どもたちは実は長時間テレビを見ていたので、視聴時間はあまり変わっていない。

「スクリーン」の影響は未知数

これらの研究はすべてテレビに関するものだ。だが、今の子育て環境では、デジタル端末の画面を見ている時間が増えている。今や子どもでもスマホやiPadでテレビ番組を見られるうえ、ゲームやアプリもできれば、あらゆることができる。このいわゆる「スクリーンタイム」はテレビと同じなのだろうか？　制限すべきだろうか。

厳密には、まだわからない。いくつか研究はあるが、大きな欠陥がある。ある論文は、生後6か月から2歳までの間にスマホの使用が多い子どもほど言葉の発達が遅れると発表し、メディアの注目を集めた[13]。

だが、これも先ほどのテレビの論文と同じ問題がある。もっと極端な例かもしれない。家族の特徴と、6か月の赤ちゃんがスマホを使った時間に相関性があるのではないか。そうした特徴が言語発達の遅れと関連しているとはいえないのだろうか。

もちろん、デジタル端末を長時間使ってもかまわないという意味ではない。本当にまだわかっていないということだ。

iPadは本当に無害？――「ベイズ統計」で現実的に考える

この問題に関するデータはかなり限られている。入手できるデータからわかることは、次のようなわずかなことだ。

①2歳未満の子どもは、テレビからあまり多くを学習できない。

②3〜5歳の子どもは「セサミストリート」のような番組から単語などを学べるように、テレビから学習できる。
③最も質のいいエビデンスは、乳児も含めた子どもにテレビを見せても、学力テストの得点に影響しないことを示唆している。

これだけでも役立つが、答えがない質問もたくさんある。

iPadのアプリはいいの？　悪いの？　テレビでのスポーツ観戦はテレビ視聴になるの？　テレビの見過ぎになる時間はどのくらい？　iPadでテレビ番組を見るのはどう？　コマーシャルがないのはいいこと、悪いこと？

データはこうしたことに答えてくれない。ただ、アプローチを広げれば、もう少し前に進める。

統計学では、主に2つのアプローチがある。「頻度論的統計」と「ベイズ統計」だ。頻度論は、入手できたデータだけを用いて、データの関係を調べる手法だ。ベイズ統計は、事実についての事前の直観的な信念を出発点とし、それをデータによって修正していくことで、関係性を調べようとする。

直観的に「よくない」と思うことはだいたいよくない

1例を挙げよう。仮に、信頼できる研究で「『スポンジ・ボブ』のアニメを見ている子どもは、2歳で文字を読める可能性が高い」という結果が示され、これ以外にこのテーマを論じた研究はないとしよう。頻度論では、「スポンジ・ボブ」は素晴らしい教材だと結論せざるを得ない。

ベイズ統計からすれば、この結論は不明瞭だ。データを見る前であれば、2歳の子が「スポンジ・ボブ」で文字を学習するとは考えにくい。データを見た後であれば、この関係は本当だと考えておかしくないはずだが、初めからかなり懐疑的であれば、データを見てもなお疑わしいと考えるだろう。

ベイズ統計のアプローチは、世界について自分が知っていること（あるいは知っていると思っていること）をデータとともに結論に組み込む方法論だ。

なぜこのアプローチがここで意味を持つのだろうか。私たちはこの問題について事前の直観的信念を抱いていると思う。子どもの起きている時間は1日13〜14時間だ。そのうち8時間もテレビを見ていれば、ほかのことをやる時間はほぼなくなってしまう。これがマイナスの影響を及ぼさないとはとても思えない。

一方で、「セサミストリート」を1週間に1時間見たことで、子どものＩＱが下がるとか、長期的な影響があるとは想像できない。

iPadも同様の論理で考えられる。2歳の子が1日中iPadで遊んでいるのは悪影響がありそうだ。1週間に2回、30分ずつ算数ゲームをするのは、たぶんいいことだろう。

ここから始めれば、乏しいデータも役立つようになる。私たちが直観的にはわからないこと（ベイズ統計では「事前信念が弱い」という）について、データはまさに多くの情報を提供してくれるからだ。

親が「楽になる」効用を忘れずに

たとえば、私は赤ちゃんがビデオから学べるかどうか、直観的にはわからない。そのため、（ビデオからは学習できないと示している）データは有益で、役に立つ。

同様に、常識から1日に8時間テレビを見るのはよくなく、1週間に1時間ならいいと考えるが、たとえば、1日に2時間といった「正常範囲の視聴」についてはわからない。この問題についてはジェシーの研究が役に立つ。まさにこの視聴時間を調べ、影響なしと判定したからだ。

学力テストの成績とテレビの視聴時間の関係をすべて解明することはできていないが、事前信念（データを見る前の信念）と、データを見てわかることを組み合わせ、わかっていないところを埋めていくことはできる。

ここから、今後研究が増えれば解明できそうな点も明らかになっている。

多くの子どもは、毎日ある程度ｉＰａｄやタブレットのアプリを使っている。これについての研究はそもそもないし、直観でわかるテーマでもない。子どもが使うのはいいことだという信念を持つかもしれない。ｉＰａｄには算数や読み書き用のよくできたアプリがたくさんあるからだ。一方で、使わないほうがいいという信念も持てる。実際には学習はできないし、単にタップして遊んでいるだけだと思うからだ。

最後に、直観は、経済学でいう「時間の機会費用」の考え方を前提とするべきだ。子どもはテレビを見ていると、ほかのことはできない。そのできたはずの「ほかのこと」によっては、テレビの視聴はよくも悪くもなる。

この点に関しては多くの研究が、「セサミストリート」で文字や単語を覚えられるが、親から教わったほうがもっとよく学習できると強調している。たぶんほぼ正しいだろう。

だが、二者択一すべきなのはこの点なのだろうか。多くの親が子どもにテレビを見せるのは、一息ついて、体を休めるため、食事を作るため、洗濯をするためだ。

テレビを1時間見せる代わりに、親が余裕を失い、不機嫌に1時間子どもにどなり散らしていのであれば、テレビのほうがましだといえるのではないか。

結論

- 0〜2歳児は、テレビから学習することはできない。
- 3〜5歳児は、テレビから学習できる。
  - ・視聴内容に注意することは必要。
- 全体として、エビデンスは乏しい。疑いがあるときは、「ベイズ統計の事前信念」でデータを補完する。

15章 言葉の早い遅い

いつからしゃべるのが普通？

私が1歳10か月のとき、両親（そう、どちらも経済学者だ）が出席したカクテルパーティで、母はキャサリン・ネルソンという教授と会話を始めた。教授の専門は子どもの言語発達で、母は娘（つまり私）の話をした。よくしゃべる子で、とくにベビーベッドで眠りにつく前に1人でしゃべっている、と言ったのだ。

するとネルソン教授は勢い込んで、研究のために私のおしゃべりを録音する気がないかと母に尋ねた。もちろん、母は応じた。

それから18か月間、両親はほとんど毎晩録音し、テープをネルソン教授と研究チームに提供した。初めは、私の意味不明の言葉遣いをわかってもらうよう、母がテープの内容を書き起こすことが多かった。このテープとテキストの膨大な言語資料（私の独り言の部分と、両親と話している部分がある）は、子どもが言語を獲得していく過程を研究する人たちの貴重な研究データになった。

研究者が興味を持っていたのは、子どもの未来の概念は過去の概念よりも先に発達するのか、といった問題だ。このテープを基に、論文や学会発表、研究論文を集めた本が生まれた。

「2歳10か月5日」のおしゃべり

本は『Narratives from the Crib［ベビーベッドからの語り］』[1]というタイトルで、私が9歳の頃出版された。鮮明に記憶しているのは、学校から帰ってくると、ベランダのテーブルに見本が置いてあったことだ。

私は、幼い自分について何か鋭い指摘があるのかと興味津々だったが、残念ながらその手のことは何もなかった。何の面白味もない学術書だ。動詞形や文の構造を分析した言語学者の論文が並んでいた。私は自分の変なおしゃべりの引用を読んで、興味を失くした。

ペネロピが同じ年齢になって初めて、その本をまじめに読んでみた。今度は、永遠に続く親としての不安から、つまり、わが子を人と比べるためだ。私は本をくまなく読んで、ペネロピと自分を比べようとした。

本の冒頭にはこんな引用があった。「パパが来ると、あたしはそれをそこに置いてそれから朝ごはんを食べて、パパはベッドを直すの」2歳10か月と5日のときのおしゃべりだ。ペネロピは同じ頃にこんなことをしゃべっていたっけ？　わからない。

私は母に迫った。「本当に、私はこんなことを言っていたの？　それともこう言ってたってママが思っただけ？」言うまでもないが、母は思い出せなかった。

人とコミュニケーションをとること（話したり、歌ったり、書いたりすること）は何より人間らしいことだ。子どもが泣きながら必死に冷蔵庫を指さすのをやめ、代わりに「牛乳ちょうだい」（「牛乳！」だけでもいい）と言えた時点で、子どもの中にかすかな人間のしるしが見え始める。

上が女の子、下が男の子なら「差」が強烈

話すことはごく自然に比較の基準にもなる。わが子をほかの子と、きょうだいと、（私のように）自分と、比べるのだ。フィンが生まれる前に、私は注意を受けていた。**上が女の子、下が男の子なら、落差を覚悟したほうがいい**と。

「男の子は言葉が遅いのよ」と上品な友人たちは注意してくれた。気を遣わない友人たちからは、「息子はバカかと思うわよ」と言われた。逆に男、女の順番で子どもを産んだ人たちは、娘は天才かと思ったと言っていた。

だが、うちの子はほかの子と比べてどうなのかと知ろうとしても、簡単にはできない。小児科の健診は、体の発達と同様、早期介入が必要な子どもを見つけることが主眼だ。

2歳健診でよく聞かれるのは、**子どもが日常的に少なくとも25語を話すかどうか**だ。25語を下回る場合は、外部の相談先で異常がないか診てもらったほうがいいだろう。ただこれは問題がある可能性を示す基準値であり、平均や、何らかの範囲は示されていない。平均的な子どもは2歳で25語以上を話す。でも「以上」とはどのくらいなのか？

小児科ガイドブックもだいたい同じ姿勢だ。心配な状態は教えてくれるが、子ども全体の分布については触れていない。

全体の分布がわかったとしても、訊きたいことはまだある。早い遅いは重要？　早く話し始めると後で何か影響が出るの？

どちらの質問にも答えはある。最初の問いのほうが2番目よりも満足しやすい。データを調べてみよう。

子どもが話す「単語の数」研究でわかったこと

理論的には、データは「子どもが話す単語数」で集めるのが定石のように見える。要するに、数えればいいのだ。

確かに子どもが小さければ（話すのが5語とか、10、20語なら）、親が思い出せるだろう。だがこのやり方は、子どもがもっと話すようになると持たない。子どもが400語話し、その中によく話す語とめったに話さない語があれば、親は全部記憶していられるだろうか。

同様に、その子独特の言葉をどう数えるかという問題もある。たとえば、フィンは2歳を過ぎた頃、「バンブルビー・バラエティ・ショー」という歌に夢中になった。地元の幼児音楽教室の講師、ジェンの作った曲だ。フィンは、車でも、ベッドでも、お風呂でも、大声で歌っていた。

歌詞の最初に出てくるのが「バンブルビー・バラエティ・ショー」だ。つまりフィンはこれを言えるわけだが、「バンブルビーバラエティショー」と1つの単語として発音していた。単語を数えるなら、「バラエティ」は知っている単語になるのだろうか。フィンは文の中で使わないだろうし、別の単語だとも思っていないだろう。だから、たぶん単語にはカウントされない。なら「バンブルビーバラエティショー」を1語として数えるのだろうか？　そのほうが妥当なようだ。それでもフィンが、これを音ではなく単語として考えているのかどうかはわからないし、実際、単語ではない。

「親の記憶違い」を最初に調整

研究者はこういう問題（親の記憶と、単語の照合）を回避するために、一貫して利用されているチェックリストで、標準化された語彙数の測定方法を使う。一般的なのは「マッカーサーコミュニケーション発達質問紙」（The MacArthur-Bates Communicative Development Inventory、MB-CDI）だ。

MB-CDIは保護者が記入する（試してみたい人は、巻末の原注を参照してほしい[2]）。語彙編には様々なカテゴリー（動物の鳴き声、行動語［かむ、泣く］、体の部位など）の680語が掲載されている。親は子どもが話しているのを聞いたことがある単語をチェックすると、語彙数に反映される。

この方法は2つの理由で効果的だ。

まず、単語を挙げて親に質問するので、親は子どもの話す単語を思い出しやすい。私も、息子が「シャベル」という単語を知っていることを、自発的には思い出せないかもしれないが、息子が「シャベルをちょうだい」と言った場面なら覚えているかもしれない。第2に、全員に同じ単語を訊くことで、子どもの比較がしやすくなる。

この方法の明らかな欠点は、子どもが珍しい単語をたくさん知っていても、一般的な単語でわからないものがあると、話す能力が過小評価されることだ。たとえば、リストに「コーラ」があるが、炭酸飲料を飲まない子どもはこの単語を知らないかもしれない。同様に、ハワイの子は「そり」を知らないかもしれない。

この過小評価の問題は、子どもがほとんどの単語を知る年齢に達したときにとりわけ顕著になる。675語を言える子どもと680語を言える子どもは、実は話す能力が同等である可能性も考えられるのだ。

語彙数の少ない年齢の子どもでは、知っている単語が多少違っても（「そり」を知っている子どもがいれば、「ビーチ」を知っている子どもがいるなど）、総じて語彙数は同じになるから問題になりにくい。

24か月で平均「300語」になる

多数の親がこの質問紙に回答している。研究に利用されることが多いが、発達の遅れの

使用語彙量

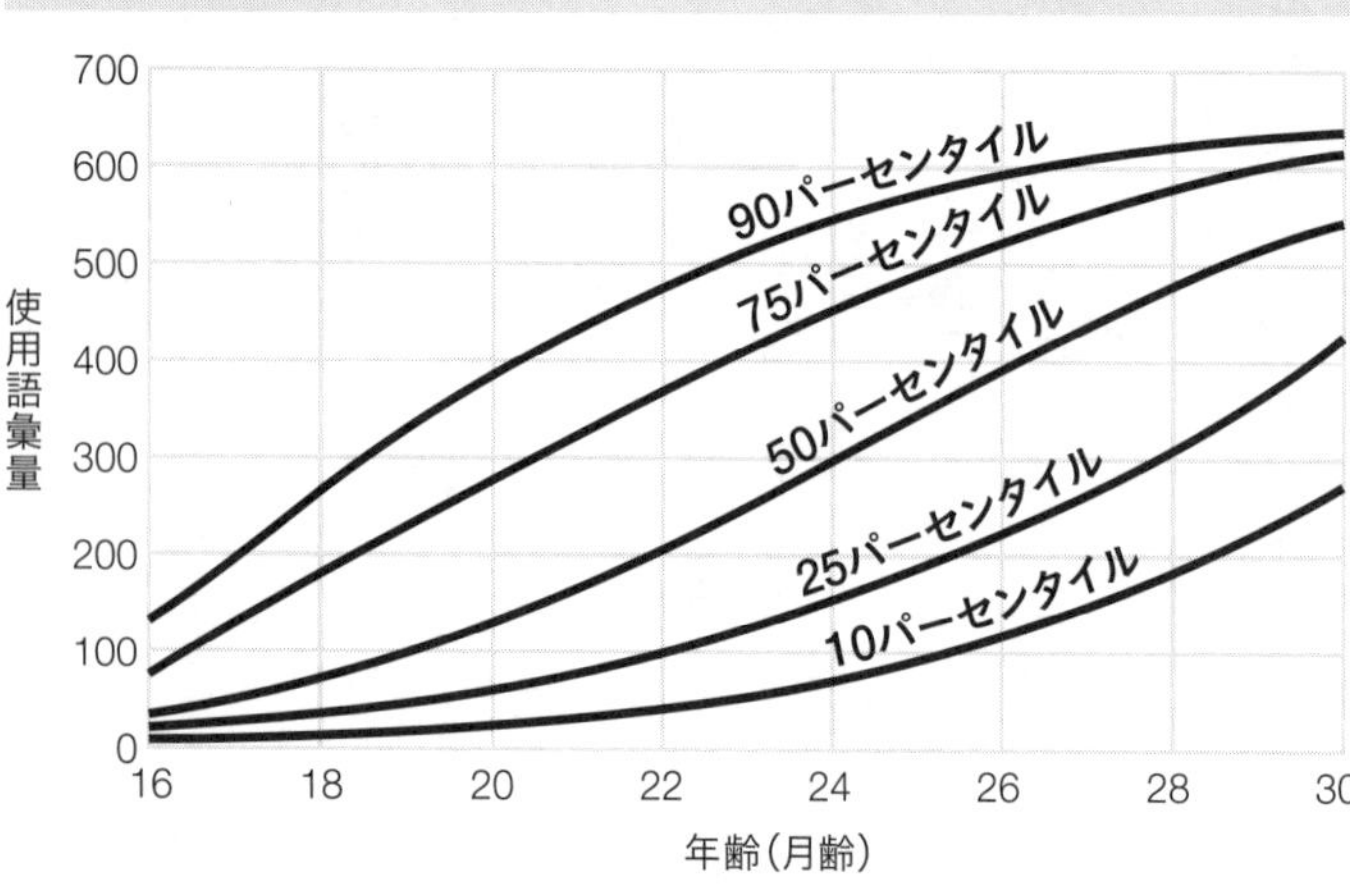

評価や、単に親の好奇心を満足させるために使用されることもある。

理由はともあれ、この調査の開発者は、結果をアップロードできるウェブサイトを開設している。ここから、単語数の分布の問題の答えが１つ得られる。上に示すグラフはこの調査データから作成された。横軸は年齢、縦軸は調査で集計された得点だ。

グラフの線は「分位」を表す。おおまかにいえば、各年齢の単語数の分布だ。

たとえば、24か月を見てみよう。データは、24か月の平均的な子ども（50パーセンタイル）は約３００語の使用語彙があることを示している。10パーセンタイルの子（分布の最も下に近い）は、約75語だ。90パーセンタイルの子は５５０語に近い。

■「14〜16か月」で言葉数が爆発的に増える

月齢の低い子どもは、言葉と身ぶりからデータがとられる。次の411ページ上のグラフは、生後8〜18か月を対象にした同様のグラフだ。

重要なポイントは、**14〜16か月以降の言語の爆発的な発達**だ。最も発達の早い12か月の子どもでも、語彙量は少ない。8か月では、言葉や身ぶりのできる赤ちゃんはほぼいない。

■「男の子」は語彙が増えにくい

このデータを掲載したサイトは誰でも閲覧できる。[3] サイトでは、たとえば親の学歴やきょうだいの順番（遅く生まれたほうが、言葉が遅い）などでデータを分類できるし、ほかの言語の同様のデータや、子どもが話す以外に理解できる言葉の数のデータもある。バイリンガル（親や保育者が2言語で話す）の子は、言葉が遅いが、一日話すようになると、2か国語を話す［29言語のデータが掲載されているが、日本語は含まれていない］。

一番興味深いのは、おそらく性別だろう。一般に男児のほうが言葉の発達は遅いと考えられているが、**実際にデータからも裏づけられている**。

411ページ下のグラフは男女別で、どの時点でも男児の語彙量が少し下であることがわかる。たとえば**24か月では、平均的な女の子の語彙は、平均的な男の子と比べると約50語多い**。30か月では、一番言葉の進んだ男児は女児と同じだが、ほかの時点ではまだ大きな差がある。

このデータは有効な基準を示してくれるが、データの出所には注意が必要だ。これは（大部分が）全国調査のデータではない。このデータには全国平均より多い大卒の親が含まれている。つまり、全国の子どもの平均よりも過大な値を示している可能性がある。

それでも、いつから言葉の心配をすればいいのか、一般的なガイドラインよりもう少し詳しい情報が得られる。同時に、乳幼児期のそれぞれの年齢で大きなばらつきがあることは安心材料になる。

「早く話した子」は天才？

私たちはみんな親バカだから、自分の子がグラフのどこに当てはまるかを調べるのは楽しいかもしれない。実際にはほぼ全員が話せるようになるのだが、それでも、赤ちゃんの頃の差から長期的な差を予測できるかどうかは気になるところだ。

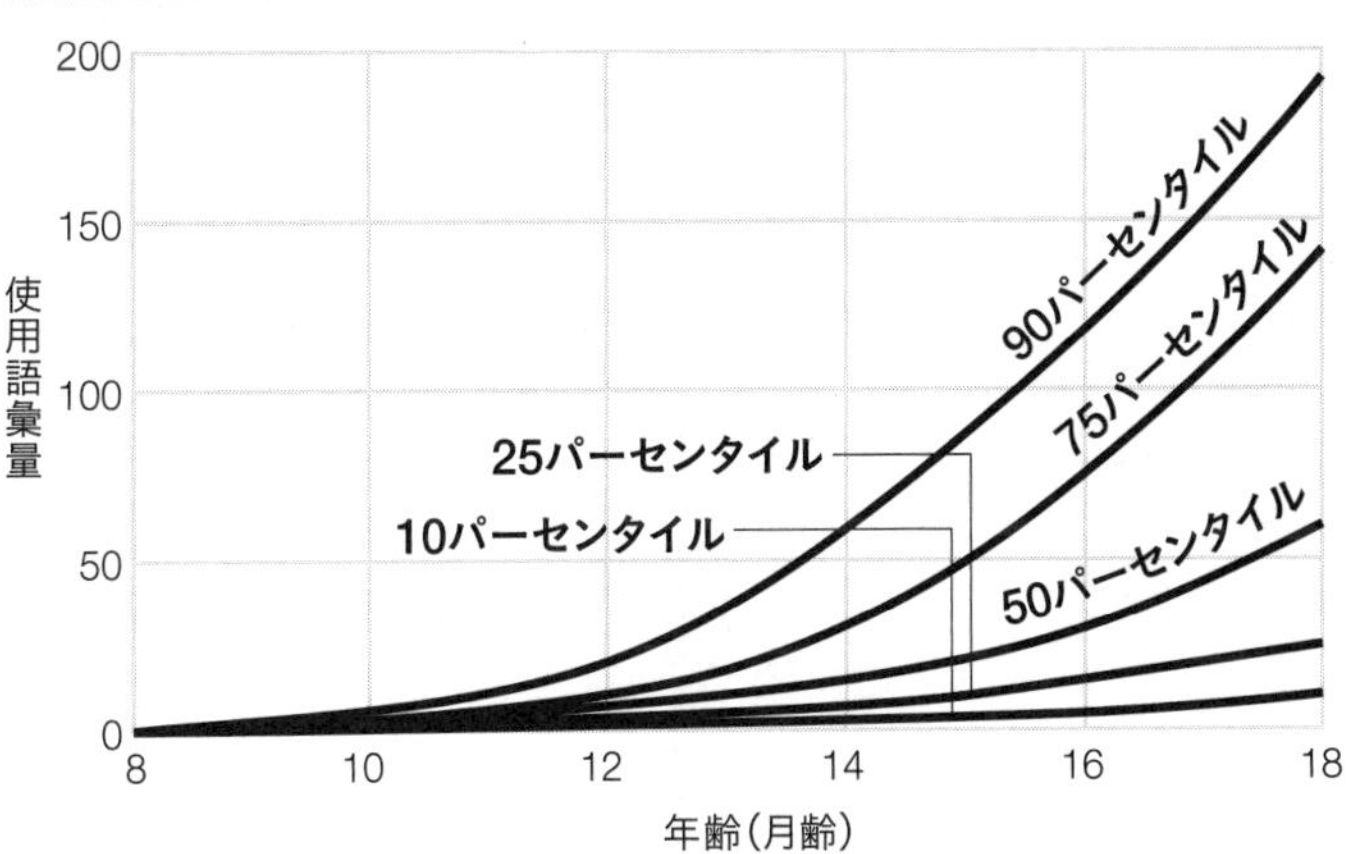
使用語彙量
200
150
100
50
0
使用語彙量
90パーセンタイル
75パーセンタイル
50パーセンタイル
25パーセンタイル
10パーセンタイル
8
10
12
14
16
18
年齢（月齢）

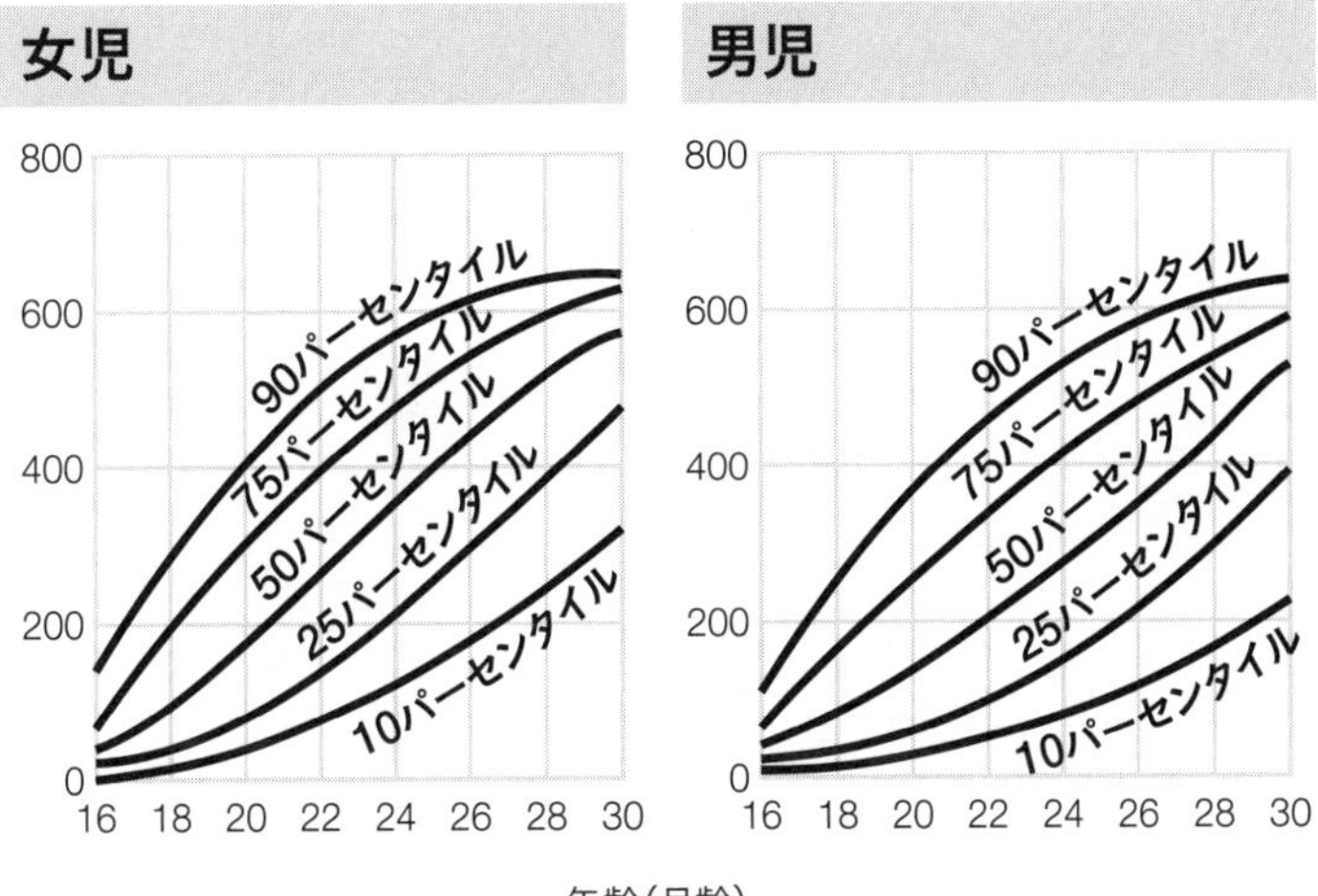
女児
男児
800
600
400
200
0
90パーセンタイル
75パーセンタイル
50パーセンタイル
25パーセンタイル
10パーセンタイル
16
18
20
22
24
26
28
30
年齢（月齢）

早くおしゃべりを始めた子は、文字や単語も早く読めるようになるのだろうか。学校の成績もいいのだろうか？

確かに反対の例はある。話し始めは遅かったのに、1歳半で読めるようになったきわめて早熟な子どもたちの話だ。また裏づけになるエピソードもある。早く話し始め、ほかの面でも非凡だった子どもたちだ。

だが、こうした例は、どちらの場合も平均的な関係については教えてくれない。

本書で繰り返し述べていることだが、データにはほかの関係も含まれるので、長期的な影響はわかりにくい。**言語の発達は両親の学歴と明確な関連がある**。だが、両親の学歴は、子どもの幼児期の読む力や、後の学力テストの得点など、ほかの結果とも関連する。

私たちが知りたいのは、「乳幼児期の言語の発達が、親についてわかっていることを条件として、後の指標になるのか」ということだ。だが、データにある両親の情報は、不完全である可能性が高い。したがってこれから取り上げる研究は、乳幼児期の言葉と、将来の結果との関係を過大評価している可能性がある。

基本的に、2つの質問が考えられる。

①言葉が非常に早かったか、非常に遅かった子どもは、何か問題があるのか？

②分布の中央にいるとすれば、何か意味があるのか？　25パーセンタイルにいる2歳児と50、75パーセンタイルの子どもとは、後に差が出るのか？

言葉の遅い子は「学力スコア」がわずかに低い

この分野での、最も大規模で厳密な研究が注目したのは、言葉が基準より遅かった子どもは後にほかの面でも遅れを見せるのかというテーマだ。

一連の研究で、レスリー・レスコーラという研究者は生後24～31か月の32人の言葉の遅い子どもを集めた[4]。

この言葉の遅いコホート（ほとんど全員が男児）の子どもたちは、この時点で平均21語を話した。前出のグラフでは、かなり平均を下回っている。対照群として、同様の特徴があるが、言語能力は正常に発達している子どもたちが集められた。

特筆すべきなのは、子どもたちの追跡調査が行われたことだ。全員ではないが、17歳まで調査が実施された。年齢が上がると、言語能力、学力テストの得点などが調査された[5]。

結果から示されたエビデンスは様々だった。**言葉の遅れた子のグループは、かなり後になっても学力テストの結果はわずかに劣るようだった。**17歳時点のＩＱスコアは対照群よりも低かった。

だが、**得点が特別に悪いとはいえなかった**。たとえば、言葉の遅れでは下位10％であっても、17歳でのＩＱテストで下位10％に入る者はいなかった。

「11歳」で差が同じになる

この基本的な結果（相関関係はあるが、将来を予測する力は弱い）は、多くの研究で一致している。

中にはもっと大規模な研究もある。たとえば、米教育省教育統計センターの幼児期追跡調査の論文では、６０００人の子どもたちを調査し、24か月の時点での語彙量が不十分だと、5歳までの言語能力も低いと予測できるものの、やはり**大多数の子どもは基準範囲に入っている**ことが報告されている。[6]

こうした研究は言葉の遅れた子を対象としている。基準範囲内の子どもの研究は少ないが、少なくとも1件は見つかった。２０１１年の論文だが、2歳時点で言葉の早い子と遅い子を比較している。[7]「言葉の遅い子」グループは2歳で平均２３０語を話した。早い子のグループの平均は４６０語だった。どちらも位置は違うが、基準範囲内だ。

11歳でも、グループ間の差は持続していたが、重複する部分も多かった。具体的には、ある言語能力の測定方法（「ワードアタック」）のグレード1では、言葉の遅いグループの

言葉の早い子と遅い子

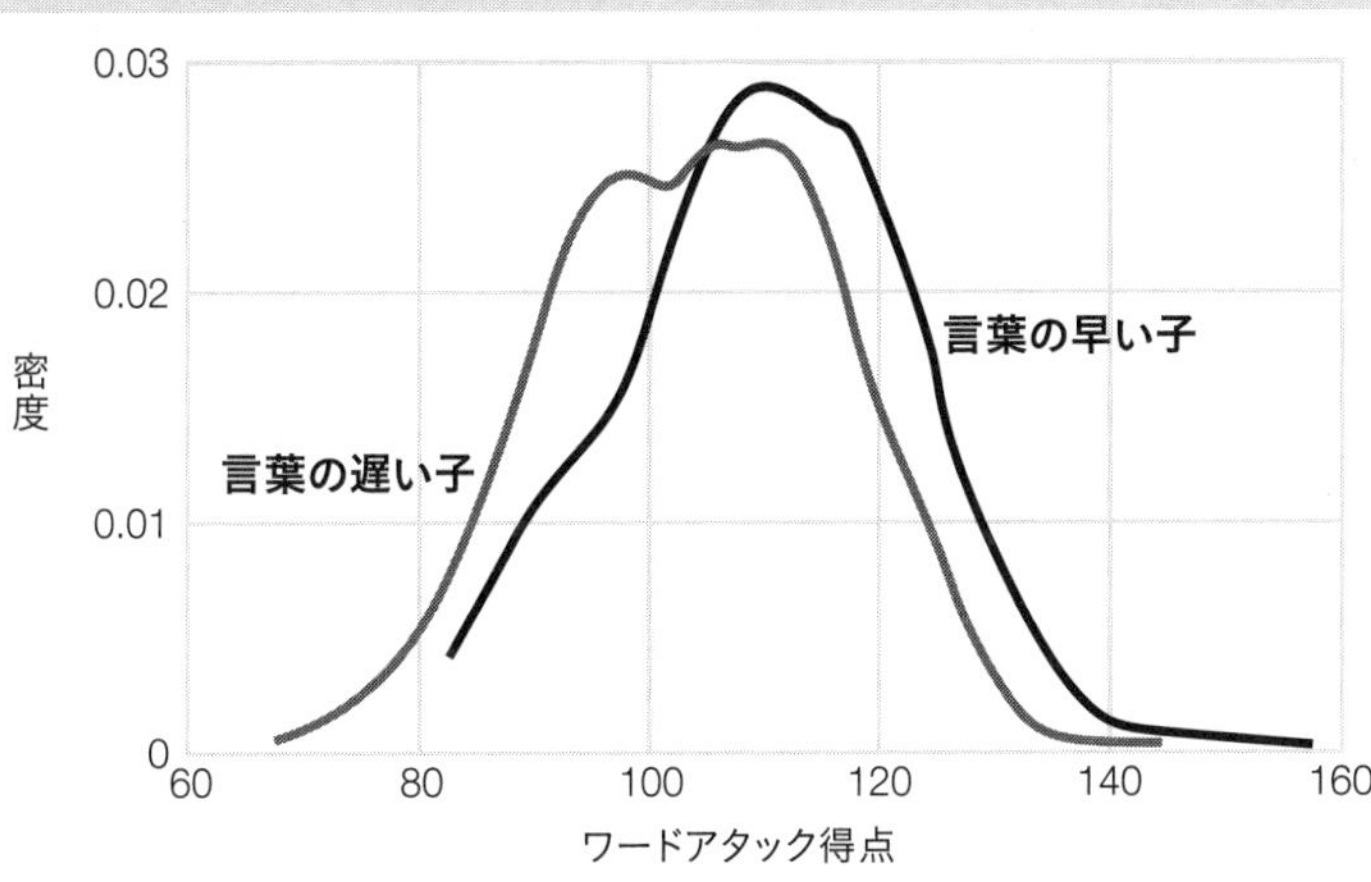

平均は104点、早いグループでは110点だった。明らかに言葉の早いグループのほうが成績はいい。だが、それぞれのグループ内では大きなばらつきもあった。

上のグラフで2つのグループの得点範囲を見てみよう。[8] 言葉の早いグループの得点が（平均で）高いことがわかる。その一方で、分布にはかなりの重複が見られる。個々のばらつきは平均の差を完全に圧倒している。

言葉の早さは「将来」を約束しない

ごく例外的な言語能力の場合はどうだろう。これにも、言語の早熟と後の成長具合に相関性があるという小規模なエビデンスがある。[9]

だが、相関関係は、この研究でも別の研

究でも、あまり大きくなく、**2歳前によく話せることが、必ずしも早く文字を読めたり、ほかのことを達成できたりすることの決定因子にはならない**[10]。

親がわが子をほかの子と比べようとするのは、自然なことで、おそらく避けようがないだろう。

言語の発達は、最初に目の当たりにする認知過程であり、比較の対象になるのは当然だ。どうしても知りたいなら、ここに挙げたデータを使ってもっと具体的な比較をすることもできる。だが、言葉が早いから将来の能力が予測できるかといえば、その可能性はあるにせよ、きわめて低い。言葉の早さは将来の（4歳でも）成功を約束はしない。

言葉の遅い子も、大半は数年以内にほかの子と変わらなくなる。

結論

- 子どもの語彙量を計る標準ツールがあり、利用することができる。比較の尺度もある。
- 概して女の子のほうが男の子より言語発達が早いが、男女でかなりの重複はある。
- 言語発達の時期は、後の発達（学力テストの得点や読む能力）にある程度つながっているが、個々の子どもの将来の能力を予測する力は乏しい。

16章 トイレトレーニング

「ごほうび」はシール or M&M'Sのチョコ？

母は、私のトイレトレーニングの話をするのが好きだ。「あなたは2歳10か月のある日に宣言したのよ、『あたしはもう女の子のパンツをはく』って。それは金曜日のことで、月曜日には保育園におむつなしで行ったわ」

いくつかの点で、これは本当とは思えない。母が最初にこの話をしたとき、私は年齢的に無理だと思った。2歳10か月？　嘘でしょう？

この手の母の話は、母が育児について書いた記録を見ると（どこのお母さんも詳しいメモを残している訳ではないのはわかっている、うちの話だ）、たいていは大げさだったことがわかるのだが、この件は違った。当時の母のメモは、ほとんど感想など書いていないが、私がこの年齢でパンツをはいていたことをうかがわせる内容だった。

義母も負けじと、ジェシーが18か月までにおむつが取れ、13か月にはトイレでうんちをしたと言っている。とくに珍しいことではなかったらしい。

だが、はっきり覚えているが、弟は（ごめん、スティーヴ）3歳で幼稚園に入園したとき、おむつが取れていなかった。これは当時珍しいことで、両親はずいぶん心配していた。

「開始時期」がどんどん遅くなっている

いつトイレトレーニングを始めるかは、今も親のストレスの元だ。早いほうがいいのか。子どもにストレスを与えるのではないか。でもやらないと人より遅れてしまうのではないか。

祖父母は何かと口出ししてくるが、この世代の経験が今も通用するとは思えない。弟は、当時の標準からすればおむつが外れるのが遅かったが、今であればごく普通のようだ。生後18か月でおむつを外すほうがよっぽど（とくに男の子は）珍しいと思える。

だがこれは私の漠然とした印象であり、実際のデータと一致するのかどうかが知りたくなった。

私はもう少し体系的に調べようと決めた。つまり、友人たちに訊いてまわるのではなく、アンケート調査を行ったのだ。

友人やその両親、両親の友人、フェイスブックやツイッター上の友人など、考えられる人全員にアンケートを送った。質問は簡単だった。「お子さんはいつ生まれましたか?」と「トイレトレーニングはいつでしたか?」だけだ。

次ページの上のグラフは、私の調査による、出生年代別のトイレトレーニング終了の平均年齢だ。[1] **実際に、平均年齢は時代とともに少しずつ上昇している。** 1990年代より前に生まれた子どもは平均生後30か月だったのが、直近は32か月を超えている。

もっと注目すべきなのは、下のグラフに示された、生後36か月（3歳）以降におむつの外れた子どもの割合だ。一番出生年が早い子どもでは25%だが、**一番遅く生まれた子どもたちでは35～40%**になっている。

「今の子」はなぜ遅い?

もちろん、厳密にいえば、科学的に有効なサンプルではない。専門家の審査も受けていない。だが、個人的な印象とこのデータからの知見を裏づける論文がある。

トイレトレーニング終了の平均年齢

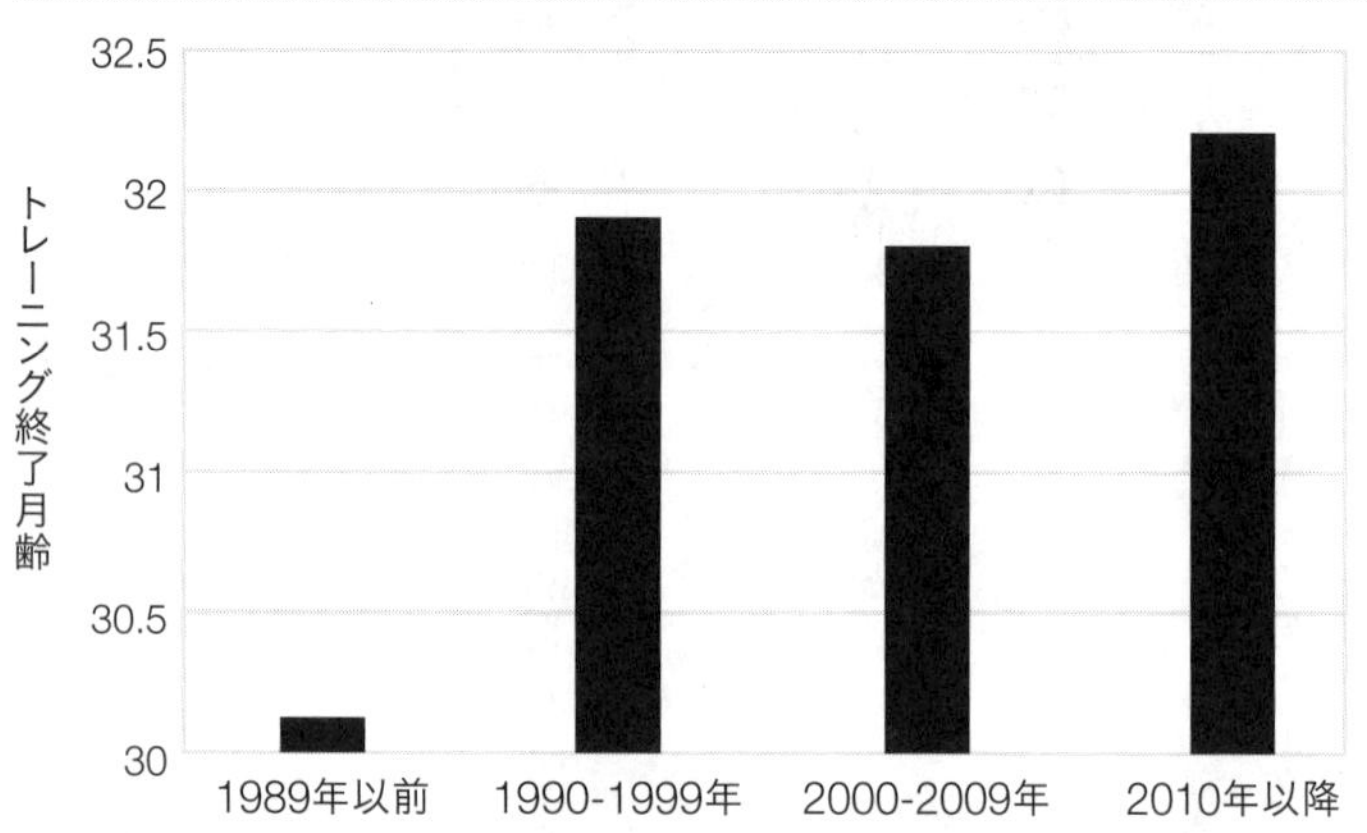

3歳以降におむつが外れた子どもの割合

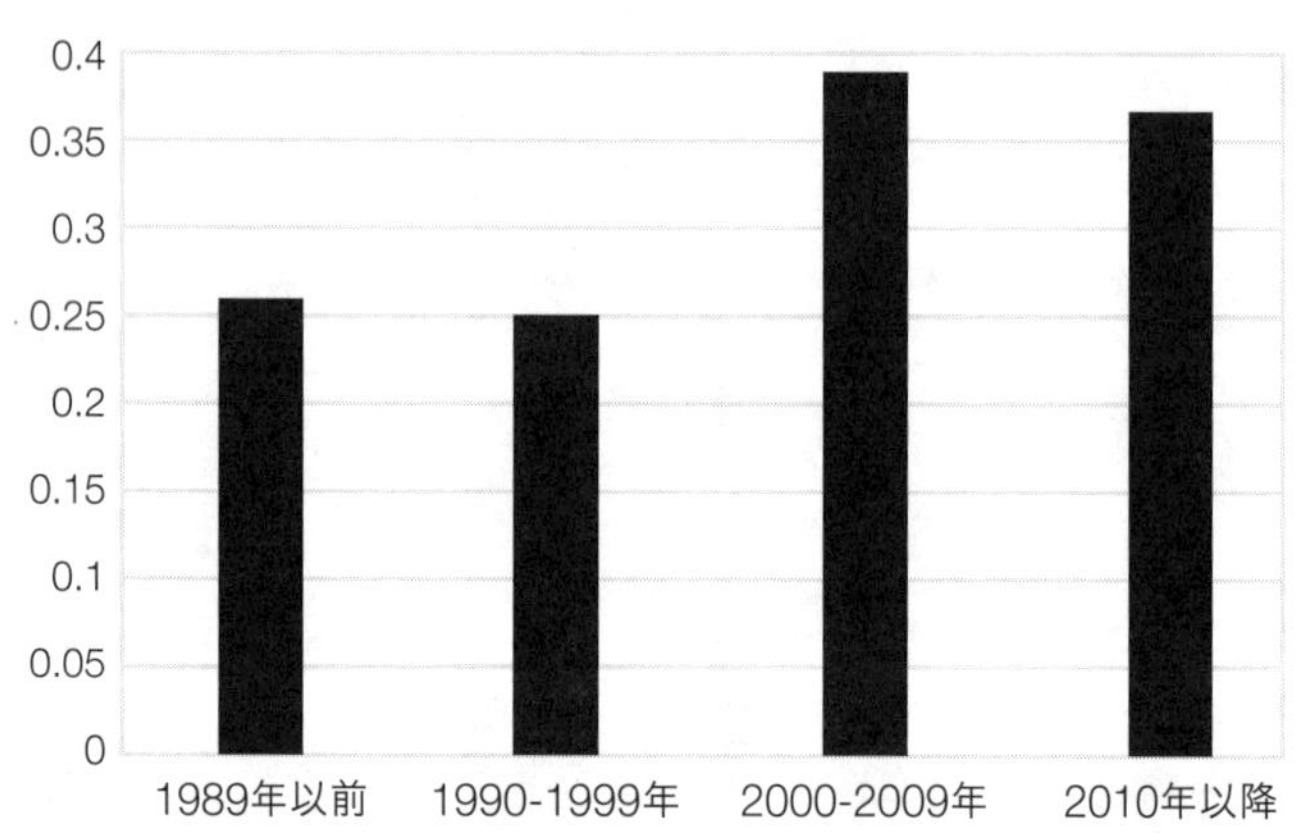

1960年代と80年代の研究は、昼間のトイレトレーニング終了時期の平均は25〜29か月で、事実上全員の昼間のトレーニングが完了した時期が36か月であることを示している。逆に、最近のコホート研究では、36か月でトレーニングを終えたのは40〜60％に過ぎない。[2]

トイレトレーニングは遅くなっていることが示唆されている。なぜだろうか。

2004年の『ジャーナル・オブ・ペディアトリクス』誌はまさにこの問題を問う論文を掲載した。[3]研究では生後18か月の子ども400人を集め、トイレトレーニング終了まで追跡調査をした。

■「いいおむつ」が入手しやすくなったから

トレーニングが遅くなったことには3つの要因が大きく関連することがわかった。

1つ目の要因は、「開始時期が遅くなったこと」である。遅く始める子は、終了も遅くなる。

残りの2つの要因は「排便」と関係がある。よく便秘をする子と、トイレやおまるで排便することに抵抗を示す子（「トイレ排便拒否」、後述）は、トレーニングが遅くなる傾向がある。

研究者は、この2つの要因も増大してきた可能性はあるが、何よりトレーニングの開始時期が遅くなったことが主な原因だと指摘している。

近年トイレトレーニング開始が遅くなった理由を考えると面白い。母は**おむつの品質向上**に関係があると主張している。昔のおむつはよく漏れたので、使うのは面倒だった。1970年代末から80年代初めに生まれた世代が使い捨ておむつを愛用し始めた。おそらく、80年代初めの技術革新で、使い捨ておむつが劇的にコンパクトになったためだろう。[4]

収入も一因だろう。**平均年収が上がり、インフレ調整済みの紙おむつの価格が下がった**。これで、おむつの使用期間が長くなっても許容できるようになった。

また、フィードバックループが働いた可能性もある。周りが2歳でトイレトレーニングを始めたら、自分もそうしなければと社会的なプレッシャーを感じる人も多いだろう。みんなが3歳まで待つとなれば、それが標準になる。たとえば、保育園でのトイレトレーニングにも影響するだろう。

早く始めると終わるまで「1年」かかる

原因はともあれ、トレーニングの開始の遅れと終了の遅れが相関するなら、もっと小さいうちからトレーニングができるのではないか。そうすべきなのだろうか。

早めにトイレトレーニングをする大きな、そしておそらく唯一のメリットは、おむつ替えが減るということだろう。

反対に、トレーニングを遅くする大きな理由は、**早くから始めると、終了までに時間がかかる**ということだ。先ほど挙げた、18か月でトレーニングを始めた子ども400人のデータをもう一度見てみよう。

424ページの上のグラフは、研究[5]データから作成し直したもので、トイレトレーニングの開始年齢別にトレーニング終了年齢を表している（どちらの年齢も親の報告による）。

ここでいう開始年齢とは、親が子どものトレーニングに挑戦し始めた（1日に最低3回、子どもにおまるかトイレを使うかどうか訊いた）年齢だ。終了年齢は、昼間に完全におむつが外れたと親が申告した年齢だ。**21〜30か月の間に始めると、終了年齢はあまり変わらない**ことがわかる。

下のグラフはトレーニング期間を表し、早く始めたほうが、終了までの期間は長いことがわかる。少し気が滅入るのは、**早くから始めると、トレーニング期間は約1年に及ぶ**ということだ。

トイレトレーニングの終了

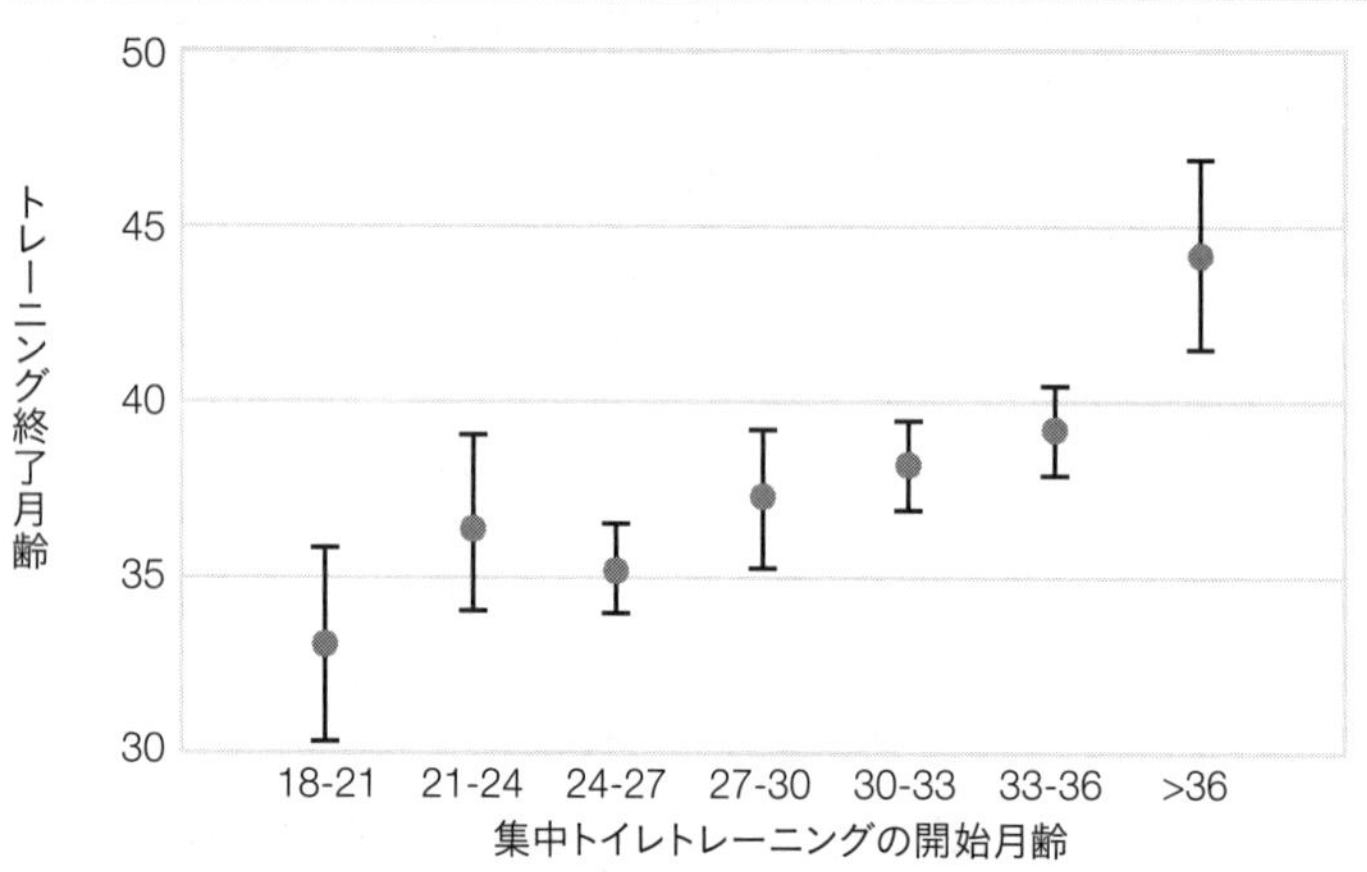

トイレトレーニング期間

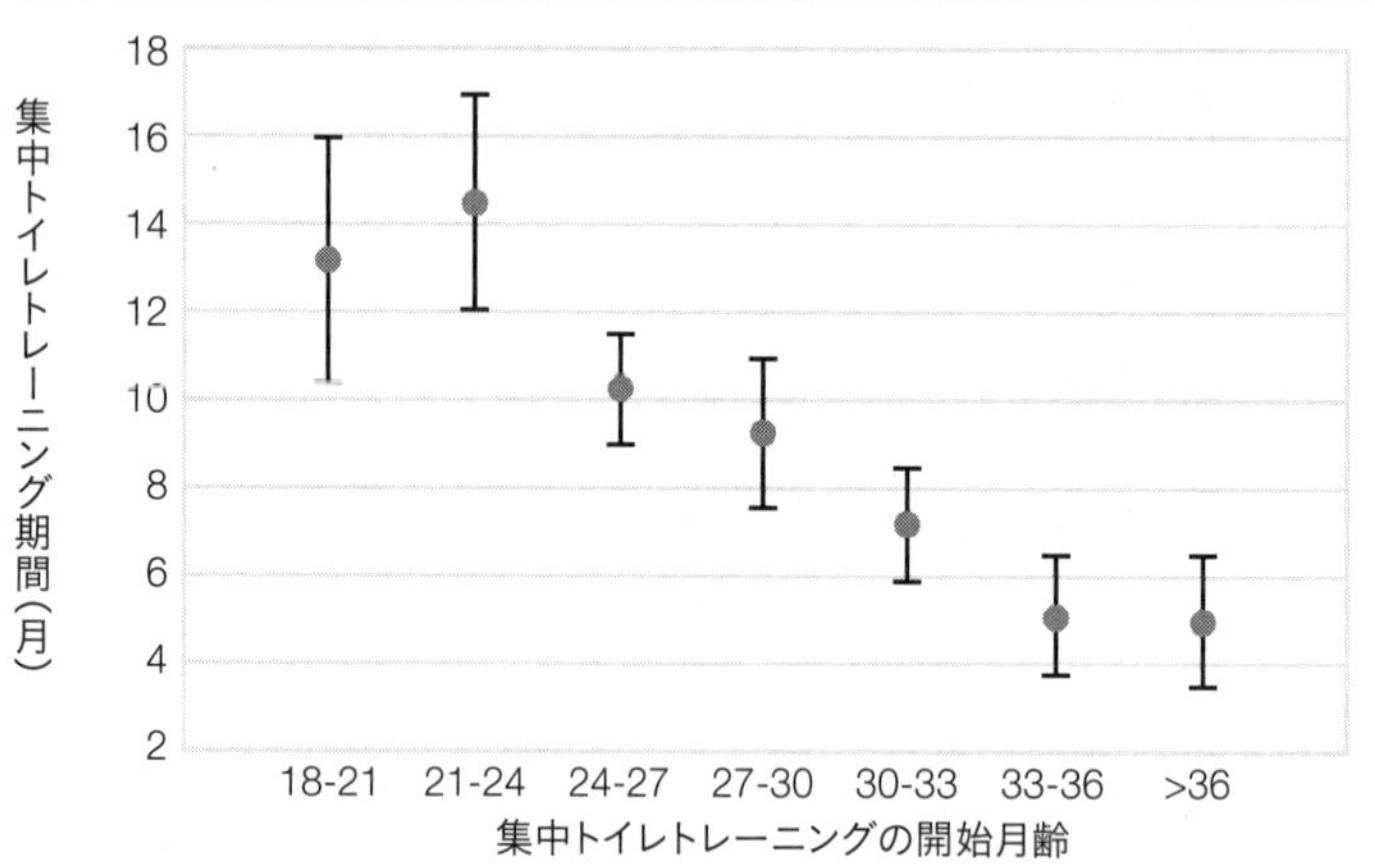

「27か月」以前に始めるのは意味がない

論文は、トイレトレーニングの終了時期を気にするなら、**27か月より前に始めるのはあまり意味がない**としている。だが、それ以降は早く始めたほうが一般に早く終えられる。27〜28か月に始めたら、3歳前後に終えられそうだが、10か月かかる。3歳で始めれば、終了は遅くなるが、半年以下でおむつを外せる。

トイレトレーニングを2歳でする場合と、3歳でする場合の違いを考えると、それぞれの年齢でトレーニングの難易度が変わることを考慮したほうがいい。

3歳児は自分で排泄機能をコントロールする力がついている（親をコントロールする力もあるだろうが、それはまた別の話）。これは身体面と精神面、両面での話だ。18か月の子は、親が何を言おうと絶対にトイレで排便しないと決心することはあまりない。親に反抗する意思もそれほどないのだ。その点、小さい子のほうがやりやすい。

一方で、**3歳児には理屈が通じ、ごほうびで釣ることもできる**。親の言うことを聞かない意思もあるが、子どもの理解力や自己コントロール能力を利用することもできる。

トレーニング時期のデータは、結論としてたぶん遅く始めるほうがいいことを示唆している。

どうすれば「トイレ」でしてくれる？

トイレトレーニング挑戦の時期を決めたら、方法が問題になる。大きく2つの方式がある。

方法① 親が率先してさせる

まず、親が主導する**「最終地点志向」**のトレーニングがある。[6]おおむね、子どものおむつを外して、何度もトイレやおまるに座らせるという集中方式だ。うまくいけば、数日間で（ほぼ）おむつがとれる。

そこまで集中的ではない（またはもっと集中的な）メソッドもあるが、どれも基本的な考え方は同じだ。親がトレーニングの時期を決め、目標に向かって突き進むのだ。先ほど見たトレーニング時期のデータを見ると、**この方式を採用している人はあまりいないか、あるいは成功している人はあまりいない**かのいずれかだ。

（私は本書でわが家のトイレトレーニングの詳細を明かさないと子どもたちに約束したが、このメソッドを実際に試し、おおむね満足したことは言っておこうと思う。それで

も、2人とも同じようにうまくいったわけではないし、3日間では完了できなかった）

■方法② 子どもが「したいとき」にさせる

反対に、もっとなりゆきまかせで、ある程度子どもなりのタイミングを選ばせる方式がある。子どもの出すサインを見守り、明らかになったらトイレに行くよう励ます。最終的には子どもにトイレを使ってほしいという意味で、やはり目標志向だが、期間はまったく違う。

別の方式もある。「排泄コミュニケーション」（おむつなし育児）という、生まれたときから子どもにトイレを使わせようとする方式だ。これは後で説明する。

■「パンツ」を穿かせてみる

どの方式も何十年も前に開発された。子ども主導のトイレトレーニング方式が初めて登場したのは1962年だ。

方式の主な違いは、妥当とされる年齢だ。一般に**子ども主導のトイレトレーニングのほうが開始年齢は遅い。**

どの方式がうまくいくのか、あるいは個別の成果さえ、データはほとんどない。[7] 研究があることはあるが、解釈はきわめて難しい。

たとえば、ある研究では20人（たった！）の子どもたちが幼稚園の教室でのトイレトレーニングの介入を受けた。[8]

介入は3種類だった（パンツを穿かせる、子どもを頻繁にトイレに座らせる、トイレを使ったらごほうびをあげる）。1つのグループの子どもたちには、教師が3種類の介入を同時に行った。ほかの子どもたちには、順次行った。

向上が見られた子どもとそうでない子どもがいたが、実質上、一貫した相関関係はなかった。せいぜいいえたのは、「パンツを穿いた子どもに向上が見られたようだ」ということだ。一番重要なのは、子どもたちは結局、全員がおむつを外せたということだろう。

ほかにも規模の小さい研究はある。

1つはイギリスで39人の子どものおもらしアラームメソッド（おむつに排尿したらアラームが作動する特殊なおむつを穿かせる）と、一定の間隔をおいて子どもをトイレに座らせるメソッドとを比較したものだ。

おもらしアラームのほうが効果的だというエビデンスが得られたが、これもサンプルが小さく、特定のアプローチを対象にした包括的な研究ではない。それに、アラーム方式は誰にでも使えるものではない。

どうしてもエビデンスに基づく目安が必要なら、1977年に71人の子どもたちで、子ども主導方式と集中方式を比較したランダム化比較試験がある。[9]集中トレーニンググループのほうが、1日あたりの排泄の失敗が少なく、成功例が増えたとして、集中メソッドを支持している。

だが研究はかなり古く、小規模であり、子どもたちのほかの影響（トレーニングでストレスを感じたかどうかなど）については検討していない。

「シール」に釣られる子もいれば、「ミートボール」で動く子もいる

このテーマに関して文献からいえるのは、最も効果的なメソッドはわからないということだ。そもそも最高のメソッドが1つに絞れるのかということもわからない。

この最後のポイントがおそらく最も重要だ。あらゆる家庭のあらゆる子どもにとって一番いい、たった1つのメソッドというものはない。

私の双子の甥たちがトイレトレーニングをしているとき、私の母は『ライオンがトイレに行く』という本を作って読み聞かせた。双子の姉（私の姪）とぬいぐるみのライオンの

写真を使っていた。彼女がライオンにトイレを使う練習をさせようとして、いろいろなごほうび（M&M'S、スキットルズ、キンカンなど）を用意する。最終的に、ライオンにはミートボールをあげてトレーニングは成功する。

私はこの本をフィンに何度も読み聞かせた。この本にはいろいろな意味で、トイレトレーニングの体験が凝縮されている。子どもにトイレに行ってもらおうと、親は何でも試してみるが、強制はできないのだ。

たぶん一番大事なのは、子どもはみんな違うということだ。シールに反応する子もいれば、M&M'Sに反応する子もいる。たぶん、ミートボールに反応する子もいるだろう。

結局、トイレトレーニングこそ、それぞれの家庭と子どもにとってうまくいくことでなければならない。

時代によって変化があったというエビデンスは、親が望めば、今の標準よりもっと早くトレーニングができる可能性を示している。それをするには、目標型のアプローチ（子ども主導ではない方式）を選ぶべきだろう。

そうでないなら、準備ができたと子どもが判断するまで、待ってもいい。**おそらくは3歳近くか、それより少し遅い時期かもしれない。**

子ども主導のアプローチのほうが時間はかかるかもしれないが、そちらのほうが楽だと思えるかもしれない。それとも、末っ子だから、もうおむつ替えはたくさん、25か月の子どもにトレーニングをしたいと思うかもしれない。その場合は、短期集中の、目標志向メソッドを試して、子どもの様子を見てみるといい。

トイレトレーニングの年齢と、後のＩＱや学歴などの成果とを関連づけるエビデンスはない。[10] だから、早くおむつが外れたら、親にとっては素晴らしいことであっても、長期的にはとくに意味はない。

20分おきに子どもを連れてトイレに走り、パンツの中のうんちを片づけていると、先の見通しは立たないかもしれないが、結局みんなトイレを使うようになる。

「おむつ」を卒業させる

「ウンチ」だけおむつにしたい子は多い

ペネロピが生まれる前に、私は友人に子どもの様子を訊いた。

「元気にしてる？」

「元気だけど、ＳＴＲ問題は大変よ」

「何の問題？」

「トイレ排便拒否（stool toileting refusal）」

世の中に広まっているらしいSTR問題に触れた最初の瞬間だった。以来ずっと、トイレで排便しない子どもを指す絶好のネーミングだと思っている。

この問題は意外にもよくあることだ。意外にも、というのは〝子どもがまだいない人にとって〟といったほうがいいかもしれない。

程度の差はあれ、**トイレトレーニング中に子どもの4分の1は経験する。**[11]変に思われるかもしれないが、**おむつにうんちをしたがる子どもは多い**のだ。トイレでおしっこを上手にしても、うんちは絶対にしないという子はいる。しかも排尿とは違い、排便は小さな子どもでもある程度コントロールできる。

「トイレ」でおむつにウンチをさせる

トイレで定期的に排尿できるのに、排便をずっと拒否し続けると、問題といえるレベルに発展する。

大きな問題は、がまんして便秘になることだ。

ようやく排便したときに痛みを伴うと、問題はさらに悪化する。子どもはトイレと痛みを関連づけ、本当にトイレを嫌ってしまう。

慢性的な便秘は、排尿の問題になることもある。

大きな子どもの排便問題（学齢期の子どもでもがまんする子が多い）を扱った研究はあるが、幼児の体系的な研究はほとんどない。[12]

2003年の400人の子どもを対象にした研究では、**拒否の期間（この状態が持続した月数）が減少するのは、子どもの視線に合わせた介入があった場合だった**とわかった。[13]

たとえば、親がトレーニング開始前に、子どもがおむつに排便すると、「わあ！ うんち出たね！ すごいね！」などと言って大げさに反応した場合だという。介入グループの子どもたちでも、やはり拒否の問題はあったが、その期間は短かった。

この問題に対処するための一般的なアドバイスは、子どもにおむつをつけて、トイレに入らせ、おむつに排便させるということだ。

一歩後退と思えるかもしれないが、便秘のリスクと便秘から生じる悪循環を低減させる考え方だ。

これが有効かどうか、エビデンスはない。小さな研究では、**おむつに戻った子どもは3か月以内にほぼ全員おむつがとれた**という。

だがこの場合でも、時間が経てば誰でもトイレを使うようになるうえ、対照群がないので、あまり参考にできない。[14]

おねしょは「6歳まで」なら問題なし

夜おねしょをしない、または起きてトイレに行けるのは、日中トイレに行くのとは根本的に違う能力だ。

日中、おむつが完全に外れてからも、夜は（お昼寝中でも）ずっと紙パンツやおむつを使っているという子どもは多い。

昼間とは違い、おねしょをしないためには、基本的におしっこをしたくなったときに体が覚醒しなければならない。

この能力が発達するのは、子どもによって時期が様々だ。**5歳の時点で、おねしょをしない子は80～85%**だ（これは夜間おしっこをしないという意味ではなく、したいときには夜起きてトイレに行けるという意味だ[15]）。

一般に**医師は「子どもが6歳まではおねしょをしても問題ない」と考えている**。それ以降は、何らかの介入を考えることが多い。

たとえば、子どもを起こしてトイレに行かせる、寝る前に飲み物は控えさせる、おねしょアラームを使うなどだ。おねしょ問題は10%くらいの子ども（大半は男児）に及ぶが、結局ほぼすべてが解消する。

特殊な育児法——最初から「おむつなし」で育てる

大多数の人は、子どもがおむつを使うのは当然だと思っている。だが、「排泄コミュニケーション」という、おむつなし育児法がある。

これは親が（出生直後からでもいい）、赤ちゃんのおしっこやうんちのサインに気づき、すばやくおまるやトイレで排泄させるというメソッドだ。

もちろん、まだおすわりができない赤ちゃんは、抱っこしながらボウルなどで排泄させ、関連性を覚えさせる。

排泄コミュニケーションの研究はほとんどない。

ある初期の報告では、実践した両親を調べたところ、実際に多くの親が、たとえ小さな赤ちゃんでも排泄の前にサインを出していると話した。[16] この研究の子どもたちはかなり早い時期（平均で生後17か月）でおむつがいらなくなり、悪影響はなかった。

注目すべきなのは、おむつなし育児は、トイレトレーニングのメソッドではなく、トイレでの排泄を促すためのシステムだとうたっていることだ。

この区別はよくわからないが、私の考えでは、正式の「トイレトレーニング」では比較的短期間に目標の達成をねらうのに対し、**おむつなし育児は赤ちゃんのときから始めるので、必然的に時間がかかる**のではないかと思う。

個人的な成功例の報告は見つかる。おむつのない文化では、お母さんは子どもの尿意や便意に気づくのが早いようだと記す簡単な論文などもある。

興味があるなら、やってはいけない理由はないが、生活様式に相当影響を及ぼす選択であり、保育園などであまり対応してもらえないことは書いておくべきだろう。

結論

- トイレトレーニングの年齢は時代とともに上がっている。原因は、親が遅い時期を選んでいるためだと思われる。
- 早くトレーニングを開始すると、おおむね終了時期も早くなるが、一般に時間はかかる。集中的なトレーニングは生後2歳3か月より前に始めると早く完了しないようだ。

- 子ども主導のトレーニングと、集中的な目標重視型メソッドの効果の優劣についてエビデンスはほとんどない。
- トイレでの排便拒否はよくあるが、解決策は限られている。

17章 しつける

「悪いことをした」「ぐずった」ときのベストな対応

私が幼い頃に悪いことをすると、母の対応は「階段に座って考えなさい」と言うものだった。私は階段までよちよち歩いて行き、しばらく座って悪かったことを考えてから、戻って何が悪かったのかを説明し、もうしませんと言うのだった。

母は、自分が子どもと深く通じあい、ほかの人たちがよくやっていた「お部屋にいなさい！」式のしつけをする必要のない、素晴らしい親であることに満足していた。

やがて、弟のスティーヴが生まれた。

弟は、階段に座って自分の悪いことを考える気はなかった。むしろ、大声で拒否した。事態はエスカレートして、弟は部屋に行きなさいと言われた。それも拒否した。母は実力行使で弟を部屋に引きずっていき、ドアを閉め、弟が金切り声を上げて出ようとしても、ありったけの力でドアを押さえつけ、ふんばっていた。

子どもは「悪さ」で試している

ここでも、子育ては親の問題というより、子どもの問題だということがわかるだろう。私の2人の子どもが生まれたときも、同じパターンが繰り返された。ペネロピはかんしゃくを起こしたことがなかった。フィンがやってみせたときは信じられなかった。絶叫が止まらない！　私はジェシーに「病気じゃない？　お医者様に連れていったほうがよくない？」と尋ねた。ジェシーは私の顔をまじまじと見て、頭がおかしいのかと言いたげだった。「病気なんかじゃないよ。2歳なんだ」

かんしゃくは、トドラーの感情が行動に出る一番極端な形だ。

ほとんど誰にでも経験がある。たいていは、公共の場でのことだ。友人のジェンナは、4歳のときにケイマートでかんしゃくを起こしたことを母親がいまだに根に持っていると言った。私の甥は、混雑したショッピングモールで床にひっくり返って泣き叫んでいる間に、母親がどんどん歩いていってしまい（正しい反応だ）、通りがかった人たちが手を貸そうとしてくれた。

もちろん、子どもが一度かんしゃくを起こすと、どうにも助けようがない。

トドラーは別の方法でも感情を行動に表す。まるで科学者のように、可能なことを実験しているのだ。

「ママにこのカリフラワーの茎を投げつけて、『これキライ！』と叫んだら、どうなるかな？」

「妹の頭を本でぶったら、やり返してくるかな？　大人が止めてくれるかな？」

絶え間ない実験に親は疲れ果て、混乱することもある。子どもの身体を押さえきれないほどになるとお手上げだ。

たとえば、息子が博物館で何度言ってもシャツを脱ぐのをやめないとき、あなたならどうするだろうか。無理やりシャツを着せるだろうか。あきらめて、シャツなしで走り回らせておくか（そもそもなぜシャツを脱ぎたがるのだろう。朝、そのシャツを絶対に着るんだと言い張っていたくせに）。

「目的」をもってしつける

多少の安心材料は、しつけに関しては、エビデンスに基づくアプローチが存在していることだ。

「多少の」と言ったのは、かんしゃくを完全にやめさせて、2歳児を7歳児に変身させるような、失敗のない方法はないからだ。代わりに、**悪い行動をしたときの対処と、再発防止を中心とした親の介入方法がある。**

エビデンスを説明する前に、立ち止まってなぜ子どもをしつけたいのかを考えてみよう。何を達成したいのか。

答えは、ほかの子育ての選択で目指していることと同じだ。幸せになり、人柄がよく、成果を出せる大人に育てようとしているのだ。子どもが片づけを拒否して、私が叱るのは、何も片づけを手伝ってほしいからではない。子どもにさせるより、自分で片づけたほうがよっぽど早い。自分が散らかしたことに責任を持って対処できる人になるよう、教えているのだ。

今散らかしたレゴだけでなく、将来の自分が起こしてしまう、避けようのないトラブルも同じだ。

これは、フランス流育児で信奉されている、教育としてのしつけ哲学だ（『フランスの子どもは夜泣きをしない――パリ発「子育て」の秘密』に感謝）。

しつけは罰を与えることではない。確かに、罰の要素はあるが、罰が目的ではなく、よりよい人間に育てるためにある。

これを足場に、データを見よう。エビデンスに基づく子育て支援プログラムは数多くある。「1・2・3マジック」「インクレディブル・イヤーズ」「トリプルP 前向き子育てプログラム」などだ。多くの学校（深刻な問題行動を起こす子どもが通う学校を含む）でも、「問題行動へのポジティブな介入と支援」プログラムを実施している。どれも目標と構成は似ている。

子どもは「怒っている理由」を説明できない

おおむね、どのプログラムでも強調されている重要なポイントがある。まず、**子どもは大人ではなく、子どもに話して聞かせても行動を改善することはまずできない**と認識することだ。

4歳児は、博物館でシャツを脱いだときに、公共の場ではシャツを着ているものだと理屈で説明しても応じない。裏を返せば、子どもに大人の理屈が通用すると期待してはいけない。したがって、たとえば夫が博物館でシャツを脱ぎ出し、それがいけない理由を説明してもやめなかったら、あなたは怒るだろうが、子どもには同じように怒ってはいけないのだ。

どのプログラムも、怒ってはいけないと強調している。どならない、怒りをエスカレートさせない、そして絶対に叩いてはいけない。

親が怒りをコントロールすることが、子育てプログラムの最初のポイントだ。

言うのは簡単だが、これが本当に難しい場面はたくさんある。練習が必要だ。どの親も怒りたくはないが、いろいろな瞬間についカッとなる経験は誰にでもある。

トドラーのしつけは、実は親のしつけなのだ。ひと呼吸おこう。いつだったか私は子どもたちにこう言ったことがある。「ママは今すごく怒っているの。しばらくトイレで気持ちを落ち着かせてくる」（トイレだけが鍵のかかる場所だったから）。実際にそうして、子どもだけでなく、自分もコントロールできると思えるまで、出てこなかった。

この「子どもは大人ではない」論を発展させれば、**小さな子どもがかんしゃくを起こしているときには、その理由をあれこれ考えるのは時間の無駄**だといえるだろう。

どうしてこんなに怒っているのだろうと突き詰めたくなる誘惑は強い。子どもに何が問題なのかをきちんと言わせようとしてしまう。話せるようになった子どもでも、それはできないだろう。たぶん、わからないからだ。

かんしゃくはどんな理由でも起きる。しつけによって、かんしゃくという行動をさせないようにするのが目標だ。子どもは、かんしゃくで自分の問題を伝えられないと気づけば、別の、もっと生産的な方法で伝えようと頭を使うことができる。

「アメとムチ」を一貫して使い続ける

第2のポイントは、明快な「アメとムチ」のシステムを作り、そのルールに常時一貫して従うことだ。

たとえば、1・2・3マジックでは、問題行動があれば1回目、2回目、とカウントする。3回目をカウントしたら、決められた結果（5分間、自室などでじっとさせるタイムアウトや、おもちゃを取り上げるなど）が待っている仕組みだ。

最後のポイントは、「一貫性」だ。**どのプログラムを採用するにせよ、一貫して使い続けることだ**。3回カウントでタイムアウトと決めたら、例外なくタイムアウトにする。たとえスーパーにいてもだ（『1・2・3マジック』の本では、店の隅に行かせるか、「タイムアウトマット」を持参してそこにいさせることを提案している）。

その延長で、**親は何かをダメと言ったら、それを通さないといけない**。デザートを食べたがる子どもに一旦ダメと言ったら、いくらぐずっても折れてはいけない。いいわよと言ってしまったら、そこから子どもは何を学ぶのだろうか。「ぐずればうまくいく。またやろう！」となるだろう。

同様に、**実行できない脅しはしてはいけない。**

たとえば飛行機で、子どもが前の座席を蹴り続けたとしよう。「次にやったら、飛行機に置いていくから」と言うのはいい脅しではない。そんなことはしないからだ。試しにまた蹴ってみて、置き去りにされないとわかったら、子どもは覚えておくだろう。

車で旅行中に親がよく言う脅しも同じだ。「きょうだいげんかをやめないと、車で引き返すよ！」と言うのなら、本当に引き返す覚悟をしておいたほうがいい。

しつけは「2歳」から効く

しつけプログラムは大きな子どもにも有効だが、2歳から使える。

本では、タイムアウトの具体的なガイドラインが示されている（たとえば、小さい子には短めにする、かんしゃくが終わってから始めるなど）。もっと小さな子に役立つポイントもいくつか示されている。たとえば、子どもにはかんしゃくで欲しいものを手に入れさせない、などだ。

しつけプログラムに効果があるというエビデンスは、数多くのランダム化比較試験に基づいている。

一例を挙げれば、2003年の『ジャーナル・オブ・チャイルド・アンド・アドレセント・サイキアトリー』誌に掲載された論文で、222の家族による1・2・3マジック方式の評価が報告された[1]。どの親も子どもの行動をコントロールしきれずに支援を求めていたが、医学的な問題とは診断されていなかった。つまり、よくある扱いの難しい行動をする子どもたちだった。

介入はかなり緩やかだった。親は1・2・3マジックについての2時間のミーティングに3回参加し、ビデオを視聴し、個別の問題点に関する資料を渡された。1か月後、4回目のミーティングで強化が行われた。

実験グループ（介入群）は測定された変数すべてで向上が見られた。両親の子育ての評価尺度の得点が高くなった（たとえば「お子さんに対して怒りや反感を感じますか？」といった質問から計算される）。また、子どもの行動も様々な尺度で得点が上がった。

さらに、親は子どもの行動が改善し、素直になり、自分のストレスも軽減したと報告した。絶大な効果があったとはいえない（介入の程度が限られているので、大々的な効果は期待しづらい）が、親が気づき、子どもとの過ごし方に影響するほど大きな効果があったと指摘された。

お尻叩きは「マイナス」だらけ

1・2・3マジックについては、小規模だが長期間の追跡調査でも同様の効果が得られ、プログラムの効果は2年後でも見られたと主張されている。[2]

エビデンスがあるのは、1・2・3マジックだけではない。イギリスとアイルランドを始めとする多くの研究で、「インクレディブル・イヤーズ」方式でも同様の効果があったことが報告されている。子育て手法の改善や、子どもの問題行動の低減、親のストレスの軽減などが見られた。[3]

この種のあらゆるプログラムのエビデンスをまとめたレビューでも、どの研究でも同じような知見が一貫して得られたことが示されている。つまり、子育て支援プログラムは効果があるようだ。[4]

それでは、こうしたプログラムを使うべきだろうか。

1つの答えは、どういうしつけの代わりに使うつもりかということだ。

たとえばの話で、罰としての「お尻叩き」を取り上げる。**エビデンスではお尻叩きは短**

期でも長期でも、マイナスの影響を及ぼすことがわかっている（後述）。お尻叩きの代わりを探すなら、子育て支援プログラムのどれかを選んで試してみる価値はある。もし、子育てに疲れて、イライラして、子どもが好きでなくなったのなら、やはり試す価値はある。

こう考えると、こうしたプログラムはねんねトレーニングと同じなのだ。多くのメリットは、少ないストレス、子どもとの関係改善など、親にとってのメリットだ。

今実践している子育てで問題がないなら、それでいい。そうでなければ、試してみる価値があるかもしれない。

しつけは「本当に悪いこと」をしたときだけする

どのプログラムも、問題行動（ぐずる、けんか、かんしゃく、口答え）を抑え、食卓でちゃんと座っている、朝の支度ができるなど、協力的な行動を広く促すことを主眼としている。

もっとうるさい行動はどうだろう。たとえば、同じ歌を続けて50回も続けて歌うなど。それはがまんするしかないかもしれない。子育て支援プログラムでは、しつけは本当に悪い行動だけを対象とするべきで、単にうるさいだけの行動は対象ではない。少なくとも私が読んだ本では、耳栓をするようにアドバイスしていた。**大きな子どもは、親が嫌がることは、よけいにしがち**だということも言っておこう。

最後に、お尻叩きについて触れておかなければならない。時代とともにこのお仕置きはあまり行われなくなってきたが、アメリカの家庭の多く（推定で少なくとも半分）[5]は子どもが悪いことをしたとき、今もお尻叩きなどの軽い体罰を行っている。学校によってはまだ体罰を実施しているところもある。

私は、本書でも、自身の子育てでも、徹頭徹尾エビデンスに基づき、データに道を示してもらおうとしている。だが、体罰に関しては自分の先入観に正直でいたい。お尻叩きは有効でないと思う。**データからも、これがいいことだと考えさせられることは一切なかった**。データの印象は、実際いいものではない。だが、バイアスのかかった立場で分析していることは明記しておこうと思う。

お尻叩きの研究のほとんどは、行動と学校の成績への影響を主眼としている。お尻叩きは子どもの後の問題行動につながるのだろうか。学校の成績は下がるのか。

この問題にデータで答えるのが難しい理由が2つある。まず、**お尻叩きをする親は、しない親と違う**。お尻叩きと相関する因子の多くは、別の原因による悪影響とも相関しているので、お尻叩きと後の結果との調整前の相関関係だけを見ると、デメリットを過大評価することになる。

第2に、お尻叩きをする親のグループ内でも、手に負えない子どものほうがよけいにお尻を叩かれている可能性がある。たとえば、3歳時点でお尻叩きを測定し、5歳時点での成果を調べたとしよう。データでは、3歳時点でのお尻叩きは5歳での問題行動の増加を暗示している可能性がある（実際に示している）。だが、3歳での問題行動が、お尻叩きと後の問題行動の両方につながったのかもしれない。これは不可能とはいえないものの、扱いづらい問題だ。

「体罰」を支持するデータは1つもない

この問題に関して最も周到に実施された研究では、幼児期の子どもを追跡し、結果につながる可能性のあるすべての経路を調べる試みをしている。その一例が『チャイルド・ディベロップメント』誌の論文で、サンプルは少なくとも1歳から5歳まで観察した4000人近い子どもだ。[6]

子どもが1歳、3歳、5歳時のお尻叩きのデータと、それぞれの時点での行動のデータが検討された。可能性のある経路の調整は十分に行うようにした。たとえば、1歳でのお尻叩きと5歳での問題行動を相関させると、次にたとえば3歳時にお尻叩きを制御すればこの相関関係はなくなるかどうかを検討したのだ。

著者らは、**お尻叩きが実際に長期的な悪影響を及ぼし、とくに問題行動に影響する**と主張した。**1歳でのお尻叩きは3歳での問題行動を助長し、3歳でのお尻叩きは5歳での問題行動を助長した**。こうした結果は、早期の行動を制御しても変わらなかった。3歳でのお尻叩きは、その時点で問題行動を制御しても、5歳での問題行動に関連している。

ほかの研究では、お尻叩きをする家族としない家族を、一部の特徴（収入や学歴）で照合し、お尻叩きが問題行動を悪化させるという結果を得た[7]。レビュー論文でも同様に、行動への、小さいものの持続するマイナスの影響を認めている[8]。

中には、お尻叩きがかなり長期的な問題（過度の飲酒、自殺未遂）と関連しているとする論文もあるが、お尻叩きをされた子どもとそうでない子どもの家庭環境の違いを考慮すると、説得力のある主張とは言いがたい[9]。

この結果に相応するように、**お尻叩きが行動を改善するというエビデンスはまったくない**。これはほかの体罰にも当てはまる。**体罰には、悪影響のエビデンスがあり、好影響のエビデンスはない**。

子どもにはイライラさせられるし、確かに罰が必要なときもある。だが罰は、どうすれば成果を出す大人になるかを教えるための、体系化したしつけの一環でなければならない。悪いことをすると、認められていた特典を失うとか、楽しいことができなくなると学習すると、大人になっても役に立つ。

子どもは、悪いことをすると、自分より強い人間にぶたれるということを学ぶ必要はない。

結論

- 様々な子育て支援プログラムが、子どもの行動を改善することが明らかになっている。どれも賞罰を一貫させることと親の感情的な怒りを防ぐことが主眼だ。
  - ・「1・2・3マジック」や「トリプルP 前向き子育てプログラム」など。
- お尻叩きが行動を改善することは実証されていない。むしろ短期的、さらには成人後の行動の悪化と関連性がある。

18章

幼児教育

するとしないで全然違う

フィンは2歳でプロビデンスの自宅近くの幼稚園［プリスクール、アメリカでは5歳まで］に通い始めた。素敵な先生がいて、楽しいことがたくさんある素晴らしい園だった。パペットとスペイン語で話す先生や、遊べる園庭、「ミス・スザンヌのお話の時間」もあった。カリキュラムは充実していた。お友だちと分け合うこと、一緒に遊ぶことを学び、本を好きになることを重視していた。社会的なお勉強は含まれていなかった。

フィンが3歳になる直前、私たちは研究休暇でカリフォルニアに滞在したので、別の幼稚園に転園させた。ここも素晴らしく、フィンはおもちゃのキッチンのある場所ならどこでも満足だから、気に入ってくれた。ただこの園はプロビデンスとは逆に、2歳の子どもに、もっと年上のクラスでやりそうなことをさせているようだった。たとえば、宇宙をテーマにした日は、降園時の親へのメッセージに、「ロケットはどこに行くの？」とフィンに尋ねるように書いてあった（答えは「うちゅう！」だ）。

5歳児から「学習」ができる

生後6か月の子に世界のことや文字、数字などを教えようとしても、もちろん無駄だ。5歳児なら、明らかに意味がある。学齢期になりたての子どもは、ほとんどが文字の書き方、簡単な単語や文の読み方、算数を学習できる。

ここでは触れないが、キンダーガーテン［日本の幼稚園年長組に当たるが、アメリカでは小学校0年生として就学前教育を行う］では学習が多すぎるのではないかとか、フィンランドのように7歳までは読みを教えないほうがいいのではないかといった議論がある。しかし、**5歳の子に教えると、ある程度学習が進むことが多い**。

だが、2～3歳児はどうだろう？　この年齢で学業優秀になる準備ができるのだろうか。ロケットがどこに行くのかを知るのが、息子にとって絶好の機会なのだろうか。知らないと、知っている子ども全員に遅れをとってしまうのだろうか。

こうした問いは、発達心理学の領域であり、子どもの脳の発達については、私の説明など及びもつかない、全体像をとらえた良書が何冊もある。たとえば、『赤ちゃんの脳と心で何が起こっているの？』は、赤ちゃんとトドラーの脳の発達についての名著だ。ここでは、いくつかの問題に絞って説明しよう。

まず、子どもへの**「読み聞かせ」**について。

知っての通り、読み聞かせのメリットは大きな注目を浴びている。たとえば地元ロードアイランド州では、読み聞かせ推進策として、乳幼児の定期健診ごとに州から本がプレゼントされる。テネシー州では毎月子どもに本が送られてくる。理由は何だろう？　エビデンスがあるのだろうか。

第2に、2〜3歳児には、読み聞かせだけでなく、積極的に文字や数字を教えたほうがいいのだろうか。その年齢の子は、実際に自分で読めるようになるのだろうか。

最後に、幼稚園に通う子どもに限った話だが、園の違いに意味があるのだろうか。10章で、保育の質の重要性を述べたが、やさしい先生と安全な環境のほかに、幼児教育の方針を気にかけたほうがいいのか、そもそも方針があったほうがいいのだろうか。

「読み聞かせ」は赤ちゃんから効く

まずは確固とした事実から始めよう。多くの文献で、**乳幼児期に親が読み聞かせをした**

子どものほうが、後の読む力を測るテストの成績がいいことが示されている[1]。だが、これは単に相関関係であり、因果関係ではないことを重視すべきだ。知っての通り、読みのレディネスに影響する因子は数多く存在する。

その1つは経済力だ。生活がぎりぎりで掛け持ちの仕事をしていたら、子どもに読み聞かせをしている時間はないかもしれない。そういう状況の子どもは別の面でも不利であるかもしれない。

もっと説得力のあるデータを得るには、ランダム化比較試験がいい。たとえば、子どもには読み聞かせをするつもりのない人々をサンプルとして、その半分に読み聞かせを推奨するという研究だ。この種の介入は少数で、規模も小さく、学力テストの得点への影響を評価できるほど長期の追跡調査をしていない[2]。

最近の例で、乳児から3歳までの間に、親に「前向きな育児」を推奨する（具体的には読み聞かせ、遊びをする）ビデオ情報プログラムを使った研究がある[3]。ビデオを見た親の子どもの行動に改善が見られ、読み聞かせが行動に与える影響を示唆するエビデンスが示された。

だが、このデータは（まだ）学齢期まで及んでいないので、長期的な影響はわからない。

いる。

「読む力」が伸びる

ランダム化比較試験のエビデンスがないため、研究者は別のデータで研究しようとしている。

2018年の『チャイルド・ディベロップメント』誌に掲載された論文では、同じ家庭内の変数を使っている。[4] 前提として、子どもが1人なら、より多く読み聞かせができると考えたのだ（時間があるので）。第2子が遅く生まれるほど、第1子への読み聞かせ時間は長くなる。第2子が生まれるまでの時間の差で、第1子の達成度を比較しようというアイデアだ。

もちろん、第2子を産む時期の選択は、ランダムではないので、考慮が必要だ。著者らはその点の処理方法を工夫し、同時期に子どもを産むつもりだったが、実際の出産時期は違う女性たちを比較した。

結果から、読み聞かせが子どもの成績に大きなプラスの影響を与えることがわかった。**乳幼児期にたくさん読み聞かせをされた子どものほうが、学校で読解の成績がよかったの**だ。

問題視されるのは、この子たちは全般に、より注意を向けられていただけではないかという点だ。可能性としてはあるが、算数のテストに影響が及んでいないことから、著者らは、影響は読む能力に限ったことのようだと主張した。

脳が話を「効率的」に理解しようとする

また、読み聞かせの認知的効果を考えるうえで役立つ、脳画像を巧みに利用したエビデンスも新たに登場している。

一例としては、３歳から５歳の子ども19人を、機能的ＭＲＩ（ｆＭＲＩ）で調べた研究がある。[5] 一般に、ｆＭＲＩはＭＲＩ装置を使い、刺激が与えられたときに脳のどの部位が明るくなる（つまり活動している）かを画像で調べることができる。

この研究では、子どもたちをｆＭＲＩ装置に入れ、お話を読み聞かせた。**家庭での読み聞かせが多い子どものほうが、脳内で物語の処理と心象をつかさどるとされる領域の活動が見られた。** 要するに、読み聞かせをされている子どものほうが、物語をより効率的に処理していると思われるのだ。

これが後の読みの能力とどうつながるかは不明で、研究の規模は小さい（ｆＭＲＩの画像撮影は非常に高額なので）。それでも、効果を生むメカニズムについてのエビデンスが提供されている。

読み聞かせながら「質問」する

こうした研究はすべて、読み聞かせはおそらくメリットがあることを示唆している。

さらに読み聞かせ方法のガイドラインを提供している論文もある。とくに、**対話式の読**

み聞かせのメリットが大きいことがわかっている。[6] ただ本を読むだけでなく、次のように、子どもに自由に答えさせる質問をしたほうが効果的だ。

「鳥のお母さんはどこにいると思う？」

「子どもたちがパパの上で飛び跳ねたら、パパは痛いと思う？」

「帽子をかぶった変な猫は今どんな気持ちだと思う？」

子どもは読める？

読み聞かせはしよう。子どもに質問するのもできる。では、もっと踏み込んだほうがいいのだろうか。幼稚園児に読むことを教えるべきなのか。そもそもそれは可能なのだろうか。

人によっては「できる」「教えるべきだ」と言うだろう。

親は「読めた」と錯覚しやすい

たとえば、『赤ちゃんに読みを教えましょう』という知育システムは、生後3か月頃から赤ちゃんに教えることができるとしている。[7] 目標達成には、高価なフラッシュカードやDVDなどの教材を使う。ウェブサイトには、疑わしいと思うなら、ユーチューブで

「baby reading」と検索して、成功例を見るよう勧めている。

14章で、赤ちゃんはＤＶＤから学習できないことがわかっている。当然、このシステムでも（ビデオに大きく依存しているので）子どもは読めるようにはならない。**生後９か月から18か月の子どもたちを使ったランダム化比較試験では、このＤＶＤ教材を使ったシステムは赤ちゃんの読む能力に何の効果も及ぼさない**ことがわかった。[8] 研究者の指摘では、親がこの教材で効果があったと言っているにもかかわらず、実験で成功例が出なかったのは、**親はわが子が１歳で文字を読めると錯覚しやすい**ことを示唆しているという。

結論として、赤ちゃんは読むことはできない。

早くから読む「症例」がある

一方で、４〜５歳の子どもには読むことのできる子がいることはわかっている。

この年齢層の子どもに注目した研究は、たとえば４歳児に文字の発音と、その発音を組み合わせると単語になるという考え方を積極的に教えることは可能だと示している[9]［日本語はかな文字１字で１音を表すので、文字を覚えれば文が読めるが、英語はアルファベットを覚えても単語を読めず、後述のフォニックスやサイトワードで読み方を学習する必要がある］。

４歳のわが子に読むことを教えようと思えば、たぶんある程度の進歩は見込めるだろう。そうしたいかどうかは別問題だが、それはデータの問題というより子育ての選択の問題だ。

だが、2〜3歳児となると……。赤ちゃんではないが、5歳でもない。3歳児は話すことができ、ときには親が頼むことを理解できる。読むことが無理とはいわないが、確実ではない。

実をいえば、きわめて早期の読む能力についての文献はあまりない。2歳半、3歳前半など、かなり早期に上手に読めるようになった子どもたちの症例報告は何例かある。[10] 報告にある子どもたちには、天才レベルの力がある。この子たちは3歳で「Mat sat［マットがすわった］」という文を読めるだけではなく、小学校3年生レベルの文を読むことができる。大半の子どもは、ほとんど独力で読む力を身につけたことがはっきりしている。親がつきっきりでC・A・Rの発音を教えたわけではない。

このようにして読むことができるようになった子どもは（基準範囲内で早く読むことができた子どもも同様だ）、フォニックス［文字やスペリングと発音の関係性］よりもサイトワード［単語の発音を暗記］で学んでいる場合が多い。読んでいるときは大部分の単語を、発音よりも文字認識で読む傾向がある。

面白いことに、**読み始めるのが早かった子は、必ずしもスペリングが得意ではない。**

早くから天才的に読み始める子どもの場合、自閉症と関連していることがあるのはいっておくべきだろう。ハイパーレクシア（過読症）は高機能自閉症の子どもに見られることのある特徴だ。文字や数字を読むことはできるが、理解していない。[11]

2〜3歳児に文字の音と、フォニックスの基本を教えられるかどうかについては、単にエビデンスがない。4歳児と同じアプローチで、研究できるだろうか。データには答えがない。

個人の体験談では（体験談はダメと書いたが）、この年齢の子で文字の発音がわかる子はいても、1人で本をまるまる読める子はめったにいない。子どもに「S」の発音を「ススス」と教えて理解させようと思えば、たぶんできるだろう。だからといって、子どもが『ハリー・ポッター』を読めるようになることはまずない。

入学直前に「特別なこと」をしたほうがいい？

2〜3歳の頃から、親は小学校入学を見すえた保育を考え始めるかもしれない。子どもが家で親かナニーと一緒にいる場合は、就学前の時期に週に何日かの幼稚園（プリスクール）を探すことも多い。

幼稚園は、一般に子どもの社会性を向上させることを目標としており、園によっては学校教育に近い教育を始めるところもある。保育園でも、年少・年中のクラスは学校のような秩序だった形式になるところが多い。

では最初の質問から。**幼稚園には入れたほうがいいのだろうか?**

「幼稚園」で小学校への移行がスムーズに

これに関しては、保育園を取り上げた10章からエビデンスを探せる。エビデンスは、生後18か月以降に保育施設に通う時間が長いほうが、年齢がやや上がってからの言語と識字能力に発達が見られるという関連性を示していた。これが幼稚園に通わせたほうがいいという一番のエビデンスだ。

規模が小さく、もっと古いランダム化比較試験で、連邦政府の「ヘッドスタート」のような就学前支援プログラムが就学のレディネスを向上させると示唆するエビデンスも得られている。だがこうした研究は、年齢が4歳など高めで、とくに恵まれない子どもが対象であることが多い。

まとめると、幼稚園以外の日中の保育方法の選択肢にもよるが、エビデンスの重みから、**2~3歳からの幼稚園への通園で、おおむね小学校への移行がしやすくなる**といえるだろう。

「モンテッソーリ」がいい？

では、幼稚園を試してみるとして、どこを選べばいいのだろうか。この問題も、保育園と同様だ。

この年齢での保育園と幼稚園の大きな違いは、保育時間だ。「幼稚園」は半日、「保育園」は全日と考えている人が多い。それでも、この年齢での多くの保育園のプログラムを調べてみれば、午前中は幼稚園的な活動があり、午後はお昼寝と遊びが多いことがわかる。

つまり、保育園の章で紹介した「質」の尺度の多くは幼稚園にも当てはまる。安全な環境か、職員が子どもに積極的に関わっているか、などだ。

幼稚園を考え始めた親がまず尋ねる質問がある。教師が幼児の発達について専門教育を受けているかどうかは重要か。さらに、どこで教育を受けたかは気にしたほうがいいのか。

これについては納得のいくエビデンスはない。幼稚園の教師の質は様々だ（どの幼稚園に行っても気づく）が、教師の受けた教育の質のようなことを扱っている十分なデータはない。

関連して、幼稚園の「教育哲学」を選ぶべきかという質問がある。幼稚園探しで遭遇する幼児教育哲学は主に、モンテッソーリ、レッジョ・エミリア、シュタイナー（ヴァルドフ）の3つだ。

モンテッソーリ教育

モンテッソーリ教育は、独特の教室のしつらえと教材に特徴がある。

小さな子どもでも、指先を使う動きが重視される。モンテッソーリでは、子どもの遊びを「おしごと」というのが一般的だ。小さな子も文字や数字に触れる機会が多く、砂に字を書いたり、ブロックを数えたりといった活動をする。

レッジョ・エミリア方式

レッジョ・エミリア方式は、もっと遊びを重視している。就学前の年齢でも改まって文字や数字に触れる機会は少ないのが特徴だ（私が見学した幼稚園では、3歳児、4歳児のクラスではあえて文字や数字の時間を設けず、教室にも文字のカードを掲示していないと言っていた。少し極端なように思えた）。

シュタイナー教育

シュタイナー教育は、野外活動重視で、レッジョ・エミリアと同様、遊び主体の教育方式だ。遊びとアートから学ぶのが基本方針で、家事（料理、パン作り、ガーデニング）も活動に含まれていることが多い。

モンテッソーリの効果ばかり広まる「カラクリ」

どのメソッドの幼稚園でも、1日の時間割は決まっているので、子どもたちはいつ、何をするのかがわかっている。どこも、小さな子どもが安全な環境で動き回り、ある程度は自発的に行動できることがメリットになると認めている。

ここではそれぞれの幼児教育の全体像を正当に評価することはできない。どのメソッドについても本がたくさん出ているし、個々の園によって、具体的な保育内容はかなり違う。

モンテッソーリの園が最も一貫性がある。ペネロピが3歳のとき、私は駆け足で全国横断の求職活動をしながら、たくさんのモンテッソーリの園を見学したが、教材と時間割はどこもほとんど同じだった。それでも、個々で違いはあり、おそらくスタッフのやる気とスキルが大きく影響しているのだろうと思った。

「レッジョ・エミリア方式」を名乗る園は多いが、導入の程度は、厳密な園、おおざっぱな園、ほんのつけ足しの園と様々だ。

もちろん、すべての幼稚園がこうした教育哲学を実践する園ではない。どれかに全面的にこだわらず、いいとこ取りをしている園は多い。また宗教系の幼稚園もあり、宗教教育がカリキュラムに反映されている。

このなかで、どれかがほかよりもすぐれているのだろうか。幼稚園には明らかに質の差はあるが、**どれかの方式が飛び抜けているというわけではない**。

ここでも、残念ながらエビデンスはあまりない。とりわけ、最適な幼児教育について今、慎重に考えている人たちの参考になるようなものはない。エビデンスがあるのは、ほとんどがモンテッソーリ教育に関するものだ。人気があり、確立されたアプローチだからだ。

一部の研究では、モンテッソーリの幼稚園に通う子どもたちは、それ以外の園に通う子どもの対照群よりも、読みと算数のテストの成績がよかったことが示されている。[12] だが、こうした論文の多くはかなり古い。

「文字」より「遊び」が大事

むしろ、モンテッソーリ以外の幼児教育は、遊びの重要性を強調することが多く、早期に文字を読めることが重要ではないと主張している。

この主張をする人は、フィンランドを引き合いに出すことが多い。有名な話だが、この国では大部分の子どもが国立の幼稚園に通い、読み書きは教えられていない。読むことを習い始めるのは、小学校1年生からだ（現実的には入学前に読める子もいる）。さらにフィンランドは、国際標準テストで非常にいい成績を収めている。アメリカでは早期の識字教育に価値を置きすぎだ、というのが主張の内容だ。

フィンランドがアメリカより成績がいいという事実は、私の意見ではあまり論拠として役に立たない。同じテストでアメリカより成績のよい国はたくさんあるからだ。その中には、アメリカよりずっと幼児教育に厳しいアジアの国々も入っている。

それに、このアプローチの相対的な価値のエビデンスは乏しい。アメリカ以外での2、3の非ランダム化比較試験では、後から読めるようになった子どもでも、数年以内に追いつき、早くから文字を教えることは必ずしも読む力に影響しないと示されている。[13]だがその一方で、就学前の識字を主眼としたヘッドスタートのようなプログラムでは、早いうちの学校の成績を向上させることがわかっている。

ここでいえることは、選択の指針となる具体的なデータはあまりないということだ。さらに研究や意思決定を複雑化させることだが、**どのタイプの幼稚園が最適かといえ**

ば、それは個々の子どもによって違うかもしれない（その可能性は高い）。じっと座っていられない子どもなら、指先を器用に使うことを求める環境では苦労するだろう。だが、一方でそれがその子の役に立つかもしれない。

したがって、幼稚園のタイプごとに平均的な子どもへの効果を推定するような研究から（いくらよい研究でも）自分の子どもに最適な園を知ろうとするのは無駄だろう。

結論

- 乳幼児期から子どもに読み聞かせをする価値があることは、裏づけられている。
- 赤ちゃんは書かれたものを読めるようにならない。2~3歳児にできるかどうかは不明だが、すらすら読めるようになることはまずあまりない。
- 様々な幼児教育の価値についてのエビデンスは限られている。

第4部 家庭生活

最も円満な家族生活を送るエビデンス

本書は、赤ちゃんと幼児についての本だが、**子どもが生まれるといきなり親も生まれる**という事実を書かないわけにいかない。すんなり親になれるわけではない。「親になるには」式の本があるくらいで、友人のフェイスブックで見かける素敵な親子写真のような場面ばかりではないのだ。

親になるのは大変だ。見方によっては、前の世代よりも、今の世代のほうが大変だと思う。以前にはなかったものはたくさんある（使い捨ておむつやアマゾン・プライム）。その一方で、出産が遅くなり、キャリアやライフスタイルがすでに確立していると、親として順応するのは難しくなる。

順応といえば、個人としての順応と、夫婦としての順応の問題がある。生まれてきた赤ちゃんは、私が自分のため、キャリアや自由な時間のために立ててきた計画に、しっくり収まるのだろうか。私たちの結婚生活にうまくなじむのだろうか。

親になり、家族になっていくうえで、データもエビデンスもほとんど役に立たないだろう。みんな違うからだ。この第4部の目的は、アドバイスをすることではない。むしろ、赤ちゃんにとってだけでなく、家族にとってどうするのがいいのかをみんなで話し合うべきだと気づいてもらえればと思う。

大切なのは（おそらく本書の中で最も重要なことだ）、**親もまた人である**ということ。子どもがいるからといって、欲求や、願望、志などを持った人間であることをやめるわけではない。それらの中身はほぼ確実に変わるだろうが、消えてなくなることはない。よき親であることは、あなたという人間をまるごと、全面的に子どもに従属させることではない。子どもに支配されれば、よい親とは正反対の結果になるかもしれない。

本書の第2部で家の外で働く選択について述べたとき、このテーマについて少し触れた。ここでもう一度取り上げ、親になる過程での問題にも少し触れてから、「次の子ども」の考え方も書いておこうと思う。

19章

最良の「夫婦関係」

よき「パートナー」でいつづけるには？

パートナーとの生活に子どもを迎えることで、緊張関係が高まったという人はやはり多いだろう。子どもは「結婚生活をぶちこわす」と、容赦なく言う人もいるだろう。

理由はわかりやすい。あなたも、パートナーも、子どもに最高のものを与えたいと願っている。もっといえば、今までになく、何よりもそう願っている。ただ、その最高のものが何かは、たいていわからない。すると2人の意見が合わないことも出てくる。それは深く根ざした2人の相違であるかもしれないし、単に2人の想像していることが違うのかもしれない。

もちろん、意見の食い違いはそれまでもあったはずだ。だが、全体としては大した食い違いではなく、数も多くない。だが、子どものことで間違えば、一生苦しむ。代償は限りなく高いように思える。

同時に、体力は消耗し、お金もかかり、時間はない。ジェシーと私は、ペネロピが生まれるまでほぼ10年間、つきあい、一緒に暮らしてきた。自分たちの時間を管理して、週末は多少の仕事（彼）と執筆（私）、裁縫（私）、ブランチ、友人との時間に充ててきた。それが突然、週末は授乳とおむつの始末とシャワー騒ぎに追われ、泣き叫ぶ赤ちゃんを連れて友人とのブランチに出かけ、睡眠不足でぼうっとなり、月曜日の朝にはナニーの到着をやきもきしながら待つはめになった。

それはかけがえのない時間で、（そのときでさえ）何を差し出されても手放すつもりはまったくなかったが、こういう状態では、神経がすぐにすり切れ、パートナーとの対立があっという間に悪化するのは確かだ。

夫婦生活は出産後「悪化」する

したがって、論理的にいえば、子どもは結婚生活のストレスになりうるように思える。インターネットを見れば、実際にそう考えている人は絶対に見つかる。たとえば「子どもが生まれたら、夫が嫌いになる（他人がどう言おうと）」というタイトルの記事もある。[1]ただ、こういう記事は例であって、個人的な体験談でしかない。確かに、子どもが生まれてパートナーが大嫌いになった人もいる。もちろん、子どもが生まれる前から嫌いだという人もいる。

子どもが生まれたら、結婚生活は確実に悪化するのだろうか。何か対策はあるのか。[2]

最初の質問の答えは**イエス**だ。平均すると、子どもが生まれた後の結婚生活は確実に悪化する。「夫が嫌いになる」というのは言い過ぎかもしれないが、子どもが生まれた後の夫婦（とくに女性）が以前ほど満足していないのは確かなようだ。

親になることと、結婚生活の満足度との関係を調べた様々な研究にも見られ、古くは1970年代の論文にさかのぼる。**出産前の時期と子どもの学齢期の間で、結婚生活の満足度が低い母親の割合は、12％から30％に徐々に上がっていくが、出産後1年間は急上昇する**。満足度は、孫が生まれるまで元に戻らない。[3]

最近のデータのメタ解析でも同様の結果が出ている。**子どものいない夫婦よりも、子どものいる夫婦のほうが結婚に満足していない**のだ。こうした変化は、子どもが生まれて最初の1年間が最も激しく、その後多少の回復があるものの、完全には元に戻らない。[4]

ある論文は、ご親切にもこう指摘している。「要するに、親になると結婚生活の退潮傾向は加速する……」[5]

指摘しておくべきなのは、**子どもが生まれる前に満足していた人のほうが、回復度が大**

きく、計画妊娠のほうが計画しなかった妊娠よりも影響が少ない傾向が見られることだ。

影響そのものも、非常に大きいわけではない。多くの人は、結局、パートナーといて満足している。少し、その度合いが減っただけだ。

「満足度」が下がる2つの要因

どうしてだろう？　もちろん、わかりにくいことであり、たぶんカップルによって理由は違う。

1つ考えられるのは、単に2人の関係に意識を集中させる時間がないことだろう。子どもが生まれる前は、2人だけの関係だった。一緒に朝寝坊したり、出かけたり、どうでもいいことから世界のことまで何時間でも話しているぜいたくができた。

子どもができたら、これを再現するのはほぼ不可能だ。それに、注意していないと、相手とはほとんど子どもの話しかしていないことに気づく。2人の関係は息切れしてきて、元に戻らなくなる。子どもを介してつながっているが、パートナーとのつながりはなくなったような気がしてくる。

これに気づくだけでもいい。この章では結婚生活の不満に対する解決策について述べたいと思う。

その前に満足度が低下する要因として、研究者が推測した2つの点について見ておこう。

1つ目は**家事分担の不平等**だ。女性は、たとえ外で働いていても、大量の家事を担う傾向がある。2つ目は、**セックスの減少**だ。親になるとセックスの回数が減るが、セックスで人は満足する。

①「家事」が不平等になる

この2点についてエビデンスはあるだろうか。おおよそあるといえる。

まず基本的な事実から始めよう。時間の使い方のデータ（人がいろいろな活動にどのくらいの時間を使っているかを報告したデータ）を見ると、平均で、**女性は男性よりも家事と育児関連の活動により多くの時間を使っている**。それぞれフルタイムで働いている男女を比較しても、日中、子育てと家事と買い物に使う時間は女性のほうが1時間半多い[6]。

女性がこうした活動に使う時間は、時代とともにかなり減っている（洗濯機、食洗機、電子レンジのおかげだ！）が、それでも不平等だ[7]。

特筆すべきなのは、女性のほうが高収入でも、より多くの家事を負担しているということだ。世帯所得の90％を稼いでいてもなお、女性はその世帯の男性とほぼ同量の家事をしている。逆に、世帯所得の90％を稼ぐ男性がする家事量ははるかに少ない[8]。

「女性は家事をするようにできている」理論

1つ面白い質問がある（経済学者にとってだが）。このような平等性の欠如は必然なのだろうか。

ある説では、**多くの家事は分割できないので、1人が大半をせざるを得ず、わずかな潜在的能力の差により、女性が担当することになる**という。たとえば、女性は子どもの頃から料理を教えられることが多いので、大人の女性のほうが当然、料理が得意のはずだといいたいのかもしれない。

これは、「比較優位」という経済学の理論の1つの解釈かもしれないが、この説明には、まず家事を平等に分けることは不可能あるいは非効率だという前提が必要だ。

この前提は事実でないようだ。国別の比較からも経時的な比較からもデータが得られている。たとえばスウェーデンでは、家事はもっと平等に分担されている。[9] 経時的にも、アメリカでさえ平等化は進んでいる。（ある程度だが）伝統的な男女の役割分担から脱しているからだ。

「同性カップル」の家事は平等

またアメリカ国内でも、（数は限られているが）同性カップルのエビデンスがあり、異性カップルよりも平等な家事分担をしていることが示されている。[10] サンプルが小さいので、全面的には信用できないが、示唆に富んでいる。

もちろん、不平等という基本的な事実が、不満足に直結しているのではないが、不平等が女性の不満足と葛藤の原因であると示唆するデータ（これもアンケート調査による）がある。[11] しかも、女性が「セカンドシフト」［仕事と家事育児の二重勤務］に就いていると感じ、男性に享受できるゆとり時間を削られているというエビデンスは、経験談を基にしているが、かなりの量に上るのは確かだ。こうした変化と問題を詳述した本も出ているくらいだ。[12]

②「セックス」が減る

家事が問題の1つであることはわかった。それではセックスについてはどうだろう？ 親になるとセックスが減ることには十分な裏づけがある。[13] とくに産後数か月から1年は急減するが、一般的にも子どもが生まれる前よりも後のほうが回数は減るというデータがある。理由はわかりやすい。時間がなく、疲れていて、ベッドには別の人間（子ども）がいるからだ。

家事時間と同様に、この事実が必ずしも問題になるわけではない。2人ともセックスの回数を減らしたければ、問題ないのだ。多くのカップルにとってはそうはいかないようだが、体験談以上の体系的なデータはあまりない。

確かに、体験談は、パートナーのどちらかは（女性より男性が多い）もっとセックスをしたいと思っており、回数が減ることで2人の関係が難しくなったと感じることを示唆しているようだ。

「家事」が「セックス」を増やす？

突飛かもしれないが、2つの不満の原因はつながっているという憶測が（インターネット上で）ある。男性がもっと家事をしたら、女性はもっとセックスをするだろうか？

意外にもこの関係について学術論文がある。とくにすぐれた文献ではないが、しっかりしたものではある。文献には正反対の研究結果が見られる。男性がもっと家事をすれば、カップルのセックスは少なくなるという研究がある一方で、逆に多くなるという研究もある。[14] 一般に、こうした結果はアンケート調査からのものだ。どの程度家事を分担しているかとセックスの頻度を訊かれた結果だ。

家事とセックスの関係が生じる理由については諸説ある。

「家事を増やすとセックスが減る」派は、皿洗いをする男性は男らしくなく、女性はその気をなくすという。「家事を増やすとセックスが増える」派は、皿洗いをする男性は女性をその気にさせるし、その上、男性が家事をしてくれれば、女性の時間が増え、セックスの時間も増えるという。

私はむしろ、どちらも因果関係がなく、関連を指摘している研究は、変数が不足し不明瞭だと考えたほうがいいと思う。

幸せな結婚生活を送る人はおそらくセックスの回数が多いだろうが、家事もより平等に分担しているだろう。そこからセックスと家事の正の相関関係が導かれるが、これは結婚生活の満足度の問題でしかない。一方、どちらも働いていれば、時間がないからセックスも少なくなるかもしれない。だが、家事分担はより平等にしているだろう。セックスと家事の負の相関関係が導かれるが、仕事の問題でしかない。

こうしたバイアスはどちらの方向にも働くから、何かを知ることはほぼ不可能だ。

パートナーに台所を片づけてもらうのはいいことかもしれないが、その価値は、片づけが終わるということであって、洗剤の泡とお皿を投げ飛ばしてお互いが服を脱ぎ始める気になることではない。

「眠り」が夫婦仲に大いに影響する

子どものせいで結婚生活はダメになるとデータにあるのはわかった。でも孫の誕生でまた幸せいっぱいになるまで待つしかないのだろうか。

解決策ではないが、指摘しておきたいのは、**子どもができるまでは満足していて、計画して妊娠したというカップルのほうが、満足度の低下は小さく、回復も早い**ということだ。

2番目のアドバイスは、本書で繰り返し述べているように、**睡眠が大切だ**ということ。[15] 子どもが眠らないカップルのほうが、結婚生活の満足度の低下が激しい。親の睡眠不足はうつ病（両親とも）の原因となり、それにより結婚生活の満足度も下がる。まともに生活するには睡眠が必要で、睡眠不足は気分に影響する。怒りっぽくなると、パートナーにも当たる。相手も、疲れていると怒りっぽくなる。怒りっぽい同士は、みじめで、険悪になる。

これはどうにかできるだろうか。初めは大変だが、1つの解決策としてねんねトレーニングの章を読んでみてほしい。このトレーニング方法は自分に合わないと思っても、自宅で親の睡眠を改善する方法についてよく考えてみる価値はある。

お互いの「やっていること」を知る

睡眠の影響（と乳児期をなんとか乗り越える）以外には、結婚生活の改善に役立つ方法についてのエビデンスはあまりない。もしあれば、それをテーマにもう1冊本が書けるかもしれない。

小規模のランダム化介入で、ある程度の効果が見られている。1つは「結婚生活診断」だ。[16]年1回、結婚生活について話し合う場を持つというものだ（できれば専門家の同席のもとで、指導を受けたほうがいい）。

うまくいっていると思うことは？　うまくいっていないことは？　具体的に心配なこと、不満なことはある？　こうした点を1つずつチェックしていくと、親密さ（セックス）と結婚生活の満足度が改善するようだ。

理にかなっていると考えられる。中立的な第三者と、系統だてて徹底的に話をすることは役に立つ。

この介入のほかにも、もっと一般的なセラピー（カップルのグループセラピーや、出産前後の継続的なカウンセリングプログラム）は、夫婦関係を改善するというエビデンスがある。[17]大ざっぱにいえば、こうしたセラピーはコミュニケーションの向上と、対立の前向きな解決を主眼にしている。

セラピーに効果があるひとつの理由は、単純に、**相手が家で家族のためにしていることをじっくり考えられる**、ということかもしれない。普段自分のやっていることは十分わかっている。相手のやっていることも、多少はわかるかもしれないが、はっきりとはわかっていないものだ。

わが家でジェシーが担当している家事に「ゴミ出し」がある。家中のゴミを集め、外に出す。月曜日は通りまで運び出すことになっている。私はずっと、これはわりあいに簡単な仕事で、それほど感謝に値しないと思っていた。するとある月曜日に彼は外出してから、こんなメールを送ってきた。

差出人：ジェシー
宛先：エミリー
件名：ゴミ出しの手順

①ゴミ容器を出す
・ゴミ容器内のゴミ袋を縛る
・ゴミ容器を転がして通りに出す。リサイクル用容器の場所を残しておく
・リサイクル用容器を転がして通りに出す
・2つの容器の間にスペースを残し、清掃員が別々に持ち上げられるようにしておく

②ゴミ容器を戻す
・ゴミ容器を所定の場所に転がして戻す
・リサイクル用容器を先に、ガレージに近いほうに置く
・次にゴミ容器を置く
・ゴミ容器とリサイクル用容器内に珪藻土を敷く
・新しいゴミ袋（シューズクロークに収納）をゴミ容器内に広げる（リサイクル用容器には不要）

これでめでたく完了！

彼はコバエ対策として（虫は悩みの種だが、私はゴミ袋をきちんと縛り忘れるなど、虫を呼んでしまう傾向がある）、数段階のステップからなるシステムを作っていて、その中には湿気対策と虫除け対策の「珪藻土」も含まれている。

そもそも私はゴミ出しをやりたくなかったのだが、このメールのおかげで、月曜日に彼が99％やってくれるのがよけいありがたく感じられた。

結論

- 子どもの誕生後、結婚生活の満足度は、おおむね下がる。
- 誕生前に夫婦が満足していて、妊娠を計画していると、満足度の低下は小さく、短期間になる。
- 家事労働の不平等な分担とセックス回数の減少は、結婚生活におそらく同じ影響を及ぼしているが、どの程度かはわからない。
- 出産カウンセリングと「結婚生活診断」セラピーは、満足度を高めることを示唆する小規模のエビデンスがある。

20章 次の子ども

いつ産むのがベスト？

分娩室を出た途端に次の赤ちゃんを産む気になった、と話してくれた人たちがいる。一方で、何年も経ってようやく重い腰を上げたという人がいれば、もう子どもはいらないという人もいる。次の出産の時期を厳密に、生まれる月まで計画する人もいれば、なりゆきまかせの人もいる。

この章のテーマは、次の子どもを産むかどうかの選択と、産むと決めた場合の時期の選択についてだ。子どもの数には「最適」な人数があるのだろうか。理想的な間隔はあるのだろうか。

ネタバレをしておくと、科学的根拠のある答えはない。選択肢によってどんな影響があるかを検討するよりも、自分の家庭にとってうまくいくことは何かという一番重要なことを考えるほうが何よりも大事だといえそうだ。

「出産時期」はコントロールできる？

たとえば、あなたが38歳で初めて子どもを授かり、全部で3人子どもがほしいなら、かなり急がないといけないだろう。あなたが医者で、研修医の間に子どもを産もうと計画しているなら、時期は決まってくる。

もちろん、何事も変化するし、思いどおりの時期に妊娠するとは限らない。母は産休がなかったので、弟の出産がクリスマス休暇になるよう計画したが、生まれたのは1月11日だった。

ときには人生の荒波が干渉してくることもある。私はきょうだいを4歳違いではなく、3歳違いにしようと思っていた。ところが、ちょうど第2子を作るタイミングで、仕事上で予想外の大きな挫折を経験した。感情的に、1人の子育てだけで手いっぱいになり、次の子を作ることは考えられなくなった。そこで少し待つことにした。

子どもを何人持つかは、もっと個人的な問題だ。家族としては1人でもうお終いと思っているのか。もう1人ほしいのか。もちろん、2人目がなかなかできないこともあれば、うっかりできてしまうこともある。

要するに、**それぞれの家庭の好みがあるので、データは口を出せない**のだ。ただ、子どもの数と、出産の間隔については、データを調べることができる。

「子どもの数」のデータからわかること

「国」が豊かになると子どもが減る

経済学者は子どもの数と、「質・量」のトレードオフ関係にとても関心を持っている。後者はゲイリー・ベッカーの大きな影響力を持つ研究から始まった。関心の内容は、親が直面する子どもの数と質の拮抗だ。子どもが増えると、それぞれの子に同じように投資することができなくなり、「質が下がる」ことになる。

「質」とは、学校の成績のようなことを意味することが多い。親の「投資」は、子どもの教育や、ＩＱなどに向けられる。経済学者だって子育てについて分析的な議論ができるのだ。

これに関しては、多くの著作が「人口転換」理論に注目している。**国は発展に伴い、出生率が高い状態（6〜8人）から低い状態（2〜3人）へ移行する**という考え方だ。つまり、国が豊かになると、人は子どもの数よりも質を重視したくなり、出生率が低下するということだ。

基本的な量と質のトレードオフ論では、子どもが増えると、人的資本は劣化する（学歴が低くなり、もしかするとＩＱも下がるかもしれない）ことが暗示される。

だがこれは単なる仮説だ。データはどうだろうか。

「弟・妹」はＩＱがわずかに下がる

本書で取り上げることではたいていそうだが、これも実験するのは難しい。子どもが多い親は、子どもの少ない親とタイプが異なるからだ。

だが、「想定外」の出産を利用した研究がある。双子の誕生を、家族の人数は増えたが、もともと望んでいた子どもの数には影響していないとみなしたのだ。[1]

この種の一番すぐれた研究から得られた結果は、子どもの数が学歴やＩＱに与える影響はおおむねかなり少ないことを示している。[2]

だが、生まれた順番に意味があることは明らかになった。**先に生まれた兄姉よりも、後から生まれた弟妹のほうがＩＱテストの成績は（わずかに）低く、学歴も劣る傾向があるのだ**。これは下の子にかける親の時間と資金が少なくなるのが原因かもしれない。

だが、子どもの数が原因ではない。３人きょうだいの長子と２人きょうだいの長子では、違いはないようだ。[3]

「ひとりっ子」でも社会性は心配なし

ほかによくいろいろな人（経済学者以外）から質問があるのは、ひとりっ子に弊害があるのかどうかだ。社会性に問題はないのだろうか。

これも、家庭ごとに差異があるので、研究は難しい。エビデンスがある範囲でいえば、この懸念には何の根拠もないと思われる。

あるレビュー論文では、この問題に関する140件の研究をまとめ、**ひとりっ子のほうが「学問へのモチベーション」が高いというエビデンスがあったものの、外向性のような性格の差はなかった**としている。[4] 学問へのモチベーションについても、ひとりっ子であるかどうかより、出生順のほうが関係するかもしれない。きょうだいの有無は関係なく、最初に生まれた子どもの得点が高いのだ。

こうしたわずかなデータでは、子どもの数は重要ではないと自信を持って言いづらい。きょうだいとの関係（ひとりっ子を選択しなければ）から決まることは多いだろう（いいことも、悪いことも）。だが、データから、どの選択がいいとはまったくいえない。

出産のベストな間隔

さて、子どもをもう1人作ろうと決めたら、いつがいいのかというデータはあるのだろうか。

またしても、大したデータはない。「最適な出産の間隔」についての研究に限れば、次の2点が注目されている。

①出産の間隔と赤ちゃんの健康の関係
②出産の間隔と、学校の成績やＩＱなどの長期的な成果との関係

議論の多くでは、よくある出産間隔（2～4年）と非常に短い間隔（1年半未満）あるいは非常に長い間隔（5年を超える）を区別している。だが、研究の成果に関係なく、これはデータ上難しい問題だ。短い間隔も、長い間隔も珍しいからだ。

2人の子どもを立て続けに産みたいと計画する人はいるが、最初の子の出産から1年以内に次の子どもを産もうと計画する人は比較的少ない。

計画外の出産は、間隔の問題は別にしても、計画出産と違った結果を生むかもしれない。

逆に、きょうだいの年齢差が開きすぎるのも、そうあることではない。確かではないが、おそらく、間隔が長い家庭は不妊問題と闘ってきたのかもしれない。この場合も、赤ちゃんの健康面で問題が生じる可能性がある。

こうした理由から、取り上げるエビデンスはあまり当てにならないかもしれない。

出産6か月以内の妊娠で「早産」リスクUP

赤ちゃんの健康と出産の間隔に関する研究は、出産時に測定できる結果に注目しがちだ。たとえば、早産、出生時の低体重、胎内発育遅延などだ。

これらすべては、相関性の研究で、短い出産間隔と長い出産間隔のどちらとも関連があると示されている。たとえば、カナダの約20万件の出産を調査した2017年の研究では、**出産から6か月以内に妊娠した女性が早産するリスクは83%高くなった**ことがわかった。[5]

こうした重大な影響は、ほかにも早産の再発にテーマを絞ったカリフォルニアとオランダの研究で認められている（早産を経験した女性だけを分析している）。[6]

だが、この影響はどこでも再現されているわけでなく、母親の違いによって生じているかもしれないという疑問がある。この懸念の一部は、スウェーデンの同じ家族内の女性（姉妹やいとこ）を比較した研究により確認されている。家族レベルの違いが結果に影響するという懸念を取り上げた研究だ。

姉妹を比較し、同じ母親から生まれた2人の子どもが、出産間隔によって異なる結果を経験するのかどうかを検討した。母親によって違いがあるのかという懸念に応えるためだ。[7]

このスウェーデンの研究では、違う家族を比較した場合には、やはり短い出産間隔で早産が増えるが、姉妹の比較ではその影響はずっと小さいという結果を得た（80％に対して約20％）。いとこ同士では、その中間くらいだ。姉妹の比較では、短い出産間隔と、出生児の低体重などほかの結果との関連は見られなかった。

どの数字を信じるべきかについては活発な議論があるが、私は姉妹の比較を支持するほうが正しい議論であるように思える。つまり、**出産間隔が非常に短いと、早産のリスクは高まるが、大きなリスクではない**ことが示唆されているのではないか。

このスウェーデンの研究では、非常に長い出産間隔（ここでは出産と次の妊娠までが5年を超えると定義されている）が悪影響と関連することがわかっている。カナダの研究でも同様のエビデンスが得られている。だが、長い出産間隔はまれであり、高齢出産や不妊問題との関連のほうが大きいかもしれない。

ここから、間隔を長くする選択についてあえて学べることがあるかどうかはわからない。

下の子と「年齢」が離れているほうが学力スコアがいい

赤ちゃんの健康は重要だが、短期的だ。出産間隔に関連して、長期的な子どもへの影響はあるのだろうか。短い間隔で生まれた子どもは学力テストの得点が低くなるのだろうか。

出産間隔はある程度選ぶ人が多いから、この分析は難しい。少なくとも1件の研究が、同時に出産をする計画だったが、結局違う時期に（流産などが原因で）出産した女性を比較しようとした[8]。

研究では、年上の子どもについては、弟か妹との年齢差があるほうが、学力テストの得点が高いことがわかった。これは、たとえば小さな頃に親が読み聞かせやそのほかの能力の発達により多くの時間を注いだ結果かもしれない。だが、その効果はかなり小さかった。

下の子どもについては、短い出産間隔と自閉症との関連がときおり取り上げられてきた[9]。複数の研究である程度の関連性が示されているが、異なる家族間の差を調整できてはいない。したがって、このエビデンスは示唆にとどまっている。

全体として、何がわかるのだろうか。

関連があるとしても、個人の好みによる選択を否定するほどの一貫性や大きな関連性はないということだろう。

この件についてとくにこだわりがなければ、私は多くのエビデンスから、出産間隔が非常に短いと、（短期的にも、おそらくは長期的にも）小さなリスクはあると考える。

したがって、**上の子がせめて1歳になるまでは妊娠しないほうがいい**と思える。乳児期の大変さを考えると、そのほうが、親として少しは楽なのではないか。

結論

- 理想的な子どもの数も、出産間隔も、データによる指針はない。
- 出産間隔が非常に短いと、早産や（もしかすると）自閉症の発症率が高くなるリスクがありうる。

21章 最高の「子育てアドバイス」を選ぶとしたら？

母として、経済学者として

ペネロピがもうすぐ3歳で次の子どもを考えていたとき、ジェシーと私は求職中で、2人で同じ大学の教授のポストを探していた。私たちはミシガン州に行き、少し年上の2人の経済学者のお宅に招待された。子どもたちは15歳と18歳だった。

経済学をめぐる会話が尽き、子どもたちの話になった。

「実はね」と1人が言った。「子どもたちが4歳と1歳のとき、お互い顔を見合わせて『早く高校生になってほしい、きっと楽になる』って言っていたんだ。ようやく去年、2人とも高校生になったけれど、何がわかったって、高校生のつきあいに関しては、どんなにささいなことでも、毎晩4時間話し合わないと解決できないってことだよ」

赤ちゃんの子育ての真っ最中には、疲れて先の見通しも立たない中でも、いつかは、子どもも自分でトイレに行き、自分で上着を着て、フォークで食べてくれるという期待があるものだ。

確かに、息子が初めてトイレから出てきて、「自分でおしっこできた」と言ったときは、思わず小躍りした。

だが、これには裏がある。小さな子どもには、おおよそ小さな問題しかない。**子どもが大きくなると、心配の種は、数こそ減るものの重みを増す**。子どもは学校の勉強がちゃんとできているのか。友だちとうまくやっているのか。一番大事なのは、幸せなのか、だ。

私がもらった「最高の助言」

こうした問題が、とくに私のような人間にとって難しい一因は、子どもが大きくなると、問題が多様化し、データ分析の対象になりにくくなることだ。

確かに、アメリカの数学教育で「新数学」が「旧数学」より優れているかというデータは調べられるが、子どもに友だちとの関わりをどう促すかとか、そもそもそれが重要なのか、といった問題は、簡単な実証分析の域を超えている。親は試行錯誤で、できれば子どもたちの意見を聞きながら、それぞれに合ったやり方を模索するしかない（もし4時間話し合わなければならないなら、その時間は取ろう）。

私たちは必死に続けるしかない。1つには、それに応じて得られるものがあまりにも大きいからだ。

子どもが好きなことをがんばっている様子、目を輝かせて新しいことを学んでいる様子、難しいことでもやり抜く様子は、何にも代えがたい。データがなくてもわかることだ。子育ての苦労は決して消えることはないが、たくさんの喜びが待っていることだけは覚えておいてほしい。

まだ幼稚園を考えている頃なら、信じられないかもしれないが、子育てはまだ始まったばかりだ。それでも、分娩室にいたときよりは、確かに多くを学んでいる。大きな進歩だ！

幼児までの子育てにはアドバイスがあふれている。本書もアドバイス（少なくとも、意思決定のプロセス）を満載している。だから、執筆を終えるに当たって考えたのは、「私がもらった最高の子育てアドバイスは何だろう？」だった。

最後にそれを書こう。

「考える」より「信じる」ほうがいい瞬間

ペネロピが2歳のとき、友人たちとフランス旅行を計画した。以前行ったことのある場所だったので、ハチが多いことを知っていた。

そこで2歳健診のとき、リー先生を質問攻めにした。

「私の心配というのは、旅行先にハチが多いことなんです。人里離れたところなので、ペネロピが刺されたらどうすればいいでしょう？　今まで刺されたことはないので、もしアレルギーだったら？　診察に間に合うでしょうか？　念のため、何か持っていったほうがいいのかしら。事前に検査を受けておいたほうがいいですか？　エピペンは必要？」

リー先生は口を閉ざしていた。私をじっと見て、それからとても落ち着いた口ぶりでこう言った。

「そうね、私なら、**それは考えないようにするわ**」

それだけだった。

「考えないようにする」。その通りだった。私は頭の中で、信じられないくらいありえないシナリオをこねくり回していたのだった。

もちろん、起きないことではない。でも、ほかにも起きないとはいえないことは数え切れないくらいある。**子育てでは、ありとあらゆる不測の事態や間違いの可能性を考えることはできない。ときには、なりゆきにまかせることも必要**だ。

確かに、子育ては真剣にするものであるし、子どもにも親にとっても一番いい選択をしたいと思う。それでも、自分はできるだけのことをしている、最善を尽くしていると、ただ信じることが必要な場面はたくさんある。

ハチの心配をするよりも、重要なのは子どもと一緒に楽しく過ごすことだ。

最後に、有効な場合にはデータを使うこと、家族に合った決定をすること、できることをすること、そして（ときには）考えないようにすることを願って、乾杯しよう！

謝辞

はじめに、私の素晴らしいエージェント、スザンヌ・グルックと名編集者のジニー・スミスにありがとうと言いたい。この2人がいなければ、スタートを切ることも、ゴールすることも絶対にできなかった。

アン・ゴドフとペンギン社のチーム全員にも感謝したい。前著のサポートも素晴らしかったが、本著でもまた快くおつきあいいただいた。

アダム・デイビスは、医療編集者として驚くような手腕と忍耐力を発揮してくれた。彼のアドバイスと指導がなければ、この本は完成しなかっただろう。

チャールズ・ウッド、ドーン・リー、ローレン・ウォード、アシュレー・ラーキンからも貴重な医学的解説をいただいた。

エミリア・ルジッカとスヴェン・オスタータグは、最高のグラフィックデザインを提供してくれた。ザナ・チャン、ルビー・スティール、ローレン・トゥー、ジェフリー・コックスはかけがえのないリサーチアシスタントとして、文献調査と事実検証から校正、落丁調べまでを担当してくれた。

本書は構想の段階で、多くの方々から多大なアイデアのヒントをいただいた。ブルックリン・フォーカスグループの、メガン・ワイデル、メリウェザー・シャス、エミリー・バイン、ライアノン・ギューリック、ハンナ・グラッドスタイン、マリサ・ロバートソン＝テクスター、ジャックス・ズモ、サルマ・アブデルヌール、メリッサ・ウェルズ、ローラ・ボール、リーナ・バーガー、エミリー・ホック、ブルック・ルイス、アレクサンドラ・ソワ、バリン・ポーザー、レイチェル・フリードマン、レベッカ・ヤンガーマン、とりわけレスリー・デュヴァルにはお世話になった。そして、ツイッター上のみなさん、フェイスブックのアカデミック・マムズ・グループのみなさん、ありがとう。

草稿を読んでコメントをくださった、エマ・バーント、エリック・バディッシュ、ハイディ・ウィリアムズ、ミシェル・マックロスキー、ケリー・ジョセフ、ジョッシュ・ゴットリーブ、キャロリン・プフリューガー、ダン・ベンジャミン、サマンサ・チャーニー、エミリー・シャピロ、ローラ・ウイアリーにも感謝したい。

自分の体験を教えてくれて、本書で使わせてくれた友人たち、ジェーン・ライズン、ジエンナ・ロビンズ、トリシア・パトリック、ディヴィヤ・マサー、エレナ・ジンチェンコ、ヒラリー・フリードマン、ヘザー・カルーソー、ケイティ・キンズラー、アリックス・モース。いつでもいいことは喜び合い、嫌なことでも打ち明けてくれた。みんな大好き、ありがとう。

多くの同僚と友人も、この本のアイデアから実現まで、様々な段階でサポートしてくれた。ジュディ・シュヴァリエ、アナ・エイザー、デイヴィッド・ウェイル、マット・ノトウィディグド、デイヴ・ナスボーム、ナンシー・ローズ、エイミー・フィンケルスタイン、アンドレイ・シュライファー、ナンシー・ジマーマン、モア・デューズのみなさん、そしてほかにも名前を挙げきれないみなさん。

特別の感謝をマット・ゲンコウに捧げる。もう一冊書きたいという私の望みを真剣に受け止め、実現可能なアイデアかどうかを徹底して話し合い、貴重な編集作業をしてくれた。

意外でも何でもないが、ジェシーが本書で一番気に入ったのは、マットによる一文だった。

私たちはシカゴでも、ロードアイランドでも、素晴らしい小児科医に恵まれた。ドーン・リーとローレン・ウォードの両先生なしには、子育てはずっと厳しかっただろう。また、マーデレ・カステル、レベッカ・シャーリー、サラ・ハドソン、それからモーゼス・

ブラウンとリンカン・リトルスクールの先生など素晴らしい保育者にも恵まれた。

そしていつも私を助けてくれる素晴らしい家族、シャピロ家のジョイス、アーヴィン、エミリー、フェア家とオスター家のスティーヴ、レベッカ、ジョン、アンドレア、そして両親のレイとシャロン、みんなありがとう。ママはこう言うと気にするけれど、でも助けてくれてありがとう。

もちろん、ペネロピとフィンがいなければこの本は生まれなかった。読んでくれたペネロピ、ありがとう。そして2人とも、私がママになるのを助けてくれてありがとう。

ジェシーへ。子育ては大変だけれど、あなたと一緒にできてよかった。私のとんでもない思いつきを支えてくれてありがとう。あなたは素晴らしい夫で、素晴らしい父親。それに、ゴミの処理も素晴らしい。愛してる。

米国最強経済学者にして2児の母が読み解く子どもの育て方ベスト

2021年3月20日　初版発行
2022年5月30日　第4刷発行

著　者　エミリー・オスター
訳　者　堀内久美子
発行人　植木宣隆
発行所　株式会社サンマーク出版
東京都新宿区高田馬場2-16-11
電話　03-5272-3166
印　刷　共同印刷株式会社
製　本　株式会社若林製本工場

ISBN978-4-7631-3843-9　C0030
ホームページ　https://www.sunmark.co.jp

【著　者】

エミリー・オスター（Emily Oster）

米アイビーリーグの名門校、ブラウン大学経済学部教授。経済学者の両親のもとで育つ。ハーバード大学で統計学を学び、経済学の博士号を取得。開発経済学、医療経済学など幅広い分野の研究成果がメディアで注目され、2007年には有名講演者の登壇するＴＥＤカンファレンスでアフリカのエイズ問題を講演。シカゴ大学ブース・スクール・オブ・ビジネス准教授時代の2013年、自身の妊娠出産で検証した客観的なデータをもとに、著書『お医者さんは教えてくれない　妊娠・出産の常識ウソ・ホント』（東洋経済新報社）を刊行、大反響を呼ぶ。夫は同じブラウン大学教授の経済学者ジェシー・シャピロ。２人の子どもと共にロードアイランド州プロビデンスに在住。

【訳　者】

堀内久美子（ほりうち・くみこ）

上智大学外国語学部フランス語学科卒業。主な訳書に『親切は脳に効く』（サンマーク出版）、『モルガン・スタンレー 最強のキャリア戦略』（ＣＣＣメディアハウス）、『何度でも、おかえりを言おう』（ポプラ社）などがある。

原注

1章　最初の3日間

1. Preer G, Pisegna JM, Cook JT, Henri AM, Philipp BL. Delaying the bath and in-hospital breastfeeding rates. *Breastfeed Med* 2013;8(6):485–90.
2. Nako Y, Harigaya A, Tomomasa T, et al. Effects of bathing immediately after birth on early neonatal adaptation and morbidity: A prospective randomized comparative study. *Pediatr Int* 2000;42(5): 517–22.
3. Loring C, Gregory K, Gargan B, et al. Tub bathing improves thermoregulation of the late preterm infant. *J Obstet Gynecol Neonatal Nurs* 2012;41(2):171–79.
4. Weiss HA, Larke N, Halperin D, Schenker I. Complications of circumcision in male neonates, infants and children: A systematic review. *BMC Urol* 2010;10:2.
5. Weiss HA et al. Complications of circumcision in male neonates, infants and children.
6. Van Howe RS. Incidence of meatal stenosis following neonatal circumcision in a primary care setting. *Clin Pediatr (Phila)* 2006;45(1):49–54.
7. Bazmamoun H, Ghorbanpour M, Mousavi-Bahar SH. Lubrication of circumcision site for prevention of meatal stenosis in children younger than 2 years old. *Urol J* 2008;5(4):233–36.
8. Bossio JA, Pukall CF, Steele S. A review of the current state of the male circumcision literature. *J Sex Med* 2014;11(12):2847–64.
9. Singh-Grewal D, Macdessi J, Craig J. Circumcision for the prevention of urinary tract infection in boys: A systematic review of randomised trials and observational studies. *Arch Dis Child* 2005;90(8): 853–58.
10. Sorokan ST, Finlay JC, Jefferies AL. Newborn male circumcision. *Paediatr Child Health* 2015;20(6): 311–20.
11. Bossio JA et al. A review of the current state of the male circumcision literature .
12. Daling JR, Madeleine MM, Johnson LG, et al. Penile cancer: Importance of circumcision, human papillomavirus and smoking in in situ and invasive disease. *Int J Cancer* 2005;116(4):606–16.
13. Taddio A, Katz J, Ilersich AL, Koren G. Effect of neonatal circumcision on pain response during subsequent routine vaccination. *Lancet* 1997;349(9052):599–603.
14. Brady-Fryer B, Wiebe N, Lander JA. Pain relief for neonatal circumcision. *Cochrane Database Syst Rev* 2004;(4):CD004217.
15. Wroblewska-Seniuk KE, Dabrowski P, Szyfter W, Mazela J. Universal newborn hearing screening: Methods and results, obstacles, and benefits. *Pediatr Res* 2017;81(3):415–22.
16. Merten S, Dratva J, Ackermann-Liebrich U. Do baby-friendly hospitals influence breastfeeding duration on a national level? *Pediatrics* 2005;116(5):e702–8.
17. Jaafar SH, Ho JJ, Lee KS. Rooming-in for new mother and infant versus separate care for increasing the duration of breastfeeding. *Cochrane Database Syst Rev* 2016;(8):CD006641.
18. Lipke B, Gilbert G, Shimer H, et al. Newborn safety bundle to prevent falls and promote safe sleep. *MCN Am J Matern Child Nurs* 2018;43(1):32–37.
19. Thach BT. Deaths and near deaths of healthy newborn infants while bed sharing on maternity wards. *J Perinatol* 2014;34(4):275–79.
20. Lipke B et al. Newborn safety bundle to prevent falls.
21. Flaherman VJ, Schaefer EW, Kuzniewicz MW, Li SX, Walsh EM, Paul IM. Early weight loss nomograms for exclusively breastfed newborns. *Pediatrics* 2015;135(1):e16–23.
22. Smith HA, Becker GE. Early additional food and fluids for healthy breastfed full-term infants. *Cochrane Database Syst Rev* 2016;(8):CD006462.
23. Committee on Hyperbilirubinemia. Management of hyperbilirubinemia in the newborn infant 35 or more weeks of gestation. *Pediatrics* 2004;114(1):297–316.
24. Chapman J, Marfurt S, Reid J. Effectiveness of delayed cord clamping in reducing postdelivery complications in preterm infants: A systematic review. *J Perinat Neonatal Nurs* 2016;30(4):372–78.
25. McDonald SJ, Middleton P, Dowswell T, Morris PS. Effect of timing of umbilical cord clamping of term infants on maternal and neonatal outcomes. *Cochrane Database Syst Rev* 2013;(7):CD004074.
26. American Academy of Pediatrics Committee on Fetus and Newborn. Controversies concerning vitamin K and the newborn. *Pediatrics* 2003;112(1 Pt 1):191–92.
27. American Academy of Pediatrics Committee on Fetus and Newborn. Controversies concering vitamin K.

2章　自宅へ

1. Sun KK, Choi KY, Chow YY. Injury by mittens in neonates: A report of an unusual presentation of this easily overlooked problem and literature review. *Pediatr Emerg Care* 2007;23(10):731–34.
2. Gerard CM, Harris KA, Thach BT. Spontaneous arousals in supine infants while swaddled and unswaddled

during rapid eye movement and quiet sleep. *Pediatrics* 2002;110(6):e70.

3. Van Sleuwen BE, Engelberts AC, Boere-Boonekamp MM, Kuis W, Schulpen TW, L'hoir MP. Swaddling: A systematic review. *Pediatrics* 2007;120(4):e1097–106.
4. Ohgi S, Akiyama T, Arisawa K, Shigemori K. Randomised controlled trial of swaddling versus massage in the management of excessive crying in infants with cerebral injuries. *Arch Dis Child* 2004;89(3):212–26.
5. Short MA, Brooks-Brunn JA, Reeves DS, Yeager J, Thorpe JA. The effects of swaddling versus standard positioning on neuromuscular development in very low birth weight infants. *Neonatal Netw* 1996;15(4):25–31.
6. Short MA et al. The effects of swaddling versus standard positioning.
7. Reijneveld SA, Brugman E, Hirasing RA. Excessive infant crying: The impact of varying definitions. *Pediatrics* 2001;108(4):893–97.
8. Biagioli E, Tarasco V, Lingua C, Moja L, Savino F. Pain-relieving agents for infantile colic. *Cochrane Database Syst Rev* 2016;9:CD009999.
9. Sung V, Collett S, De Gooyer T, Hiscock H, Tang M, Wake M. Probiotics to prevent or treat excessive infant crying: Systematic review and meta-analysis. *JAMA Pediatr* 2013;167(12):1150–57.
10. Iacovou M, Ralston RA, Muir J, Walker KZ, Truby H. Dietary management of infantile colic: A systematic review. *Matern Child Health J* 2012;16(6):1319–31.
11. Hill DJ, Hudson IL, Sheffield LJ, Shelton MJ, Menahem S, Hosking CS. A low allergen diet is a significant intervention in infantile colic: Results of a community-based study. *J Allergy Clin Immunol* 1995;96(6 Pt 1):886–92. Iacovou M et al. Dietary management of infantile colic.
12. Hill DJ et al. A low allergen diet is a significant intervention in infantile colic.
13. https://en.wikipedia.org/wiki/Hygiene_hypothesis.
14. Hui C, Neto G, Tsertsvadze A, et al. Diagnosis and management of febrile infants (0–3 months). *Evid Rep Technol Assess (Full Rep)* 2012;(205):1–297. Maniaci V, Dauber A, Weiss S, Nylen E, Becker KL, Bachur R. Procalcitonin in young febrile infants for the detection of serious bacterial infections. *Pediatrics* 2008;122(4):701–10. Kadish HA, Loveridge B, Tobey J, Bolte RG, Corneli HM. Applying outpatient protocols in febrile infants 1–28 days of age: Can the threshold be lowered? *Clin Pediatr (Phila)* 2000;39(2):81–88. Baker MD, Bell LM. Unpredictability of serious bacterial illness in febrile infants from birth to 1 month of age. *Arch Pediatr Adolesc Med* 1999;153(5):508–11. Bachur RG, Harper MB. Predictive model for serious bacterial infections among infants younger than 3 months of age. *Pediatrics* 2001;108(2):311–16.
15. Chua KP, Neuman MI, McWilliams JM, Aronson PL. Association between clinical outcomes and hospital guidelines for cerebrospinal fluid testing in febrile infants aged 29–56 days. *J Pediatr* 2015;167(6):1340–46.e9.

3章　産後のママ

1. Frigerio M, Manodoro S, Bernasconi DP, Verri D, Milani R, Vergani P. Incidence and risk factors of third- and fourth-degree perineal tears in a single Italian scenario. *Eur J Obstet Gynecol Reprod Biol* 2017;221:139–43. Bodner-Adler B, Bodner K, Kaider A, et al. Risk factors for third-degree perineal tears in vaginal delivery, with an analysis of episiotomy types. *J Reprod Med* 2001;46(8):752–56. Ramm O, Woo VG, Hung YY, Chen HC, Ritterman Weintraub ML. Risk factors for the development of obstetric anal sphincter injuries in modern obstetric practice. *Obstet Gynecol* 2018;131(2):290–96.
2. Berens P. Overview of the postpartum period: Physiology, complications, and maternal care. *UpToDate.* 2017年閲覧. https://www.uptodate.com/contents/overview-of-the-postpartum-period-physiology-complications-and-maternal-care.
3. Raul A. Exercise during pregnancy and the postpartum period. *UpToDate.* 2017年閲覧。https://www.uptodate.com/contents/exercise-during-pregnancy-and-the-postpartum-period.
4. Jawed-Wessel S, Sevick E. The impact of pregnancy and childbirth on sexual behaviors: A systematic review. *J Sex Res* 2017;54(4–5):411–23. Lurie S, Aizenberg M, Sulema V, et al. Sexual function after childbirth by the mode of delivery: A prospective study. *Arch Gynecol Obstet* 2013;288(4):785–92.
5. Viguera A. Postpartum unipolar major depression: Epidemiology, clinical features, assessment, and diagnosis. *UpToDate.* 2017年閲覧。https://www.uptodate.com/contents/postpartum-unipolar-major-depression-epidemiology-clinical-features-assessment-and-diagnosis.
6. O'Connor E, Rossom RC, Henninger M, Groom HC, Burda BU. Primary care screening for and treatment of depression in pregnant and postpartum women: Evidence report and systematic review for the US Preventive Services Task Force. *JAMA* 2016;315(4):388–406.
7. Payne J. Postpartum psychosis: Epidemiology, pathogenesis, clinical manifestations, course, assessment, and diagnosis. *UpToDate.* 2017年閲覧。

https://www.uptodate.com/contents /postpartum-psychosis-epidemiology-pathogenesis-clinical-manifestations-course-assessment -and-diagnosis.

4章 「母乳育児」神話

1. La Leche League International. http://www.llli.org/resources. Fit Pregnancy and Baby. *Fit Pregnancy and Baby—Prenatal & Postnatal Guidance on Health, Exercise, Baby Care, Sex & More.* https://www.fitpregnancy.com, https://www.fitpregnancy.com/baby/breastfeeding/20-breastfeeding-benefits-mom-baby.
2. Fomon S. Infant feeding in the 20th century: Formula and beikost. *J Nutr* 2001;131(2):409S–20S.
3. Angelsen N, Vik T, Jacobsen G, Bakketeig L. Breast feeding and cognitive development at age 1 and 5 years. *Arch Dis Child* 2001;85(3):183–88.
4. Der G, Batty GD, Deary IJ. Effect of breast feeding on intelligence in children: Prospective study, sibling pairs analysis, and meta-analysis. *BMJ* 2006;333(7575):945.
5. Der G et al. Effect of breast feeding on intelligence in children.
6. Kramer MS et al. PROBIT.
7. 統計学に関心がある人に向けて言えば、単純に乗算し、効果を大きくするのはそれほど簡単ではなく、介入の種類に関する前提条件がさらに必要となる。そのため、いわゆる「治療意図」としての効果か、介入群と対照群の差のみを報告するのが一般的だ。
8. Quigley M, McGuire W. Formula versus donor breast milk for feeding preterm or low birth weight infants. *Cochrane Database Syst Rev* 2014;(4):CD002971.
9. Bowatte G, Tham R, Allen K, Tan D, Lau M, Dai X, Lodge C. Breastfeeding and childhood acute otitis media: A systematic review and meta-analysis. *Acta Paediatr* 2015;104(467):85–95.
10. Kørvel-Hanquist A, Koch A, Niclasen J, et al. Risk factors of early otitis media in the Danish National Birth Cohort. Torrens C, ed. *PLoS ONE* 2016;11(11):e0166465.
11. Quigley MA, Carson C, Sacker A, Kelly Y. Exclusive breastfeeding duration and infant infection. *Eur J Clin Nutr* 2016;70(12):1420–27.
12. Carpenter R, McGarvey C, Mitchell EA, et al. Bed sharing when parents do not smoke: Is there a risk of SIDS? An individual level analysis of five major case-control studies. *BMJ Open* 2013;3:e002299.
13. Hauck FR, Thompson JMD, Tanabe KO, Moon RY, Mechtild MV. Breastfeeding and reduced risk of sudden infant death syndrome: A meta-analysis. *Pediatrics* 2011;128(1):103–10.
14. Thompson JMD, Tanabe K, Moon RY, et al. Duration of breastfeeding and risk of SIDS: An individual participant data meta-analysis. *Pediatrics* 2017;140(5).
15. Vennemann MM, Bajanowski T, Brinkmann B, Jorch G, Yücesan K, Sauerland C, Mitchell EA. Does breastfeeding reduce the risk of sudden infant death syndrome? *Pediatrics* 2009;123(3):e406–e410.
16. Fleming PJ, Blair PS, Bacon C, et al. Environment of infants during sleep and risk of the sudden infant death syndrome: Results of 1993–5 case-control study for confidential inquiry into stillbirths and deaths in infancy. Confidential enquiry into stillbirths and deaths regional coordinators and researchers. *BMJ* 1996;313(7051):191–95.
17. Kramer MS et al. PROBIT.
18. Martin RM, Patel R, Kramer MS, et al. Effects of promoting longer-term and exclusive breastfeeding on cardiometabolic risk factors at age 11.5 years: A cluster-randomized, controlled trial. *Circulation* 2014;129(3):321–29.
19. Colen CG, Ramey DM. Is breast truly best? Estimating the effects of breastfeeding on long-term child health and wellbeing in the United States using sibling comparisons. *Soc Sci Med* 2014;109: 55–65. Nelson MC, Gordon-Larsen P, Adair LS. Are adolescents who were breast-fed less likely to be overweight? Analyses of sibling pairs to reduce confounding. *Epidemiology* 2005;16(2):247–53.
20. Owen CG, Martin RM, Whincup PH, Davey-Smith G, Gillman MW, Cook DG. The effect of breastfeeding on mean body mass index throughout life: A quantitative review of published and unpublished observational evidence. *Am J Clin Nutr* 2005;82(6):1298–307.
21. Kindgren E, Fredrikson M, Ludvigsson J. Early feeding and risk of juvenile idiopathic arthritis: A case control study in a prospective birth cohort. *Pediatr Rheumatol Online J* 2017;15:46. Rosenberg AM. Evaluation of associations between breast feeding and subsequent development of juvenile rheumatoid arthritis. *J Rheumatol* 1996;23(6):1080–82. Silfverdal SA, Bodin L, Olcén P. Protective effect of breastfeeding: An ecologic study of Haemophilus influenzae meningitis and breastfeeding in a Swedish population. *Int J Epidemiol* 1999;28(1):152–56. Lamberti LM, Zakarija-Grkovi I, Fischer Walker CL, et al. Breastfeeding for reducing the risk of pneumonia morbidity and mortality in children under two: A systematic literature review and meta-analysis. *BMC Public Health* 2013;13(Suppl 3):S18. Li R, Dee D, Li C-M, Hoffman HJ, Grummer-Strawn LM. Breast- feeding and risk of infections at 6 years. *Pediatrics* 2014;134(Suppl 1):S13–S20. Niewiadomski O, Studd C, Wilson J, et al. Influence of food and lifestyle

on the risk of developing inflammatory bowel disease. *Intern Med J* 2016;46(6):669–76. Hansen TS, Jess T, Vind I, et al. Environmental factors in inflammatory bowel disease: A case-control study based on a Danish inception cohort. *J Crohns Colitis* 2011;5(6):577–84.

22. 1型糖尿病は、小児期に発症することが多く、インシュリンの注射が必要となる。2017年、北欧の研究者が2か国の豊富なデータをもとに、母乳栄養でない子どものほうがこの病気を発症しやすいとする研究を発表した (Lund-Blix NA, Dydensborg Sander S, Størdal K, et al. Infant feeding and risk of type 1 diabetes in two large Scandinavian birth cohorts. *Diabetes Care* 2017;40[7]:920–27)。この研究のきっかけは、同様の結果を示した一連の小規模な症例対照研究だった (論文の文献を参照)。厳密にいえば、著者らは「一度も母乳を与えようとしなかった」母親の子どものほうが、少しでも母乳を飲んだ子どもよりも1型糖尿病を発症する可能性が高いと示している。
質のよいデータと大規模なサンプルの研究であるが、私はこの結論には懐疑的だ。主な問題は、母乳をまったく与えなかったというサンプルがかなり異例であるということだ（そういう選択をする女性は1～2％に過ぎない)。こうした女性は、母乳育児をする女性と多くの点で差があり（本人が糖尿病になりやすい点も含む)、データの質はよくても、どの点で違うのかはわかりようがない。異例な選択であれば、その選択に至った原因が懸念される。

研究者の結論は正しいかもしれないが、確実にするにはより多くのデータが必要だ（まったく母乳を与えない選択がより多い状況のデータであれば理想的だ)。

小児がんは、小児期のガンで最も多いタイプで、母乳栄養でないこととの関連が仮説として取り上げられている。SIDSと同様に発症はまれなので、症例対照研究を用いることが多い（小児がん患者の家族と、ガンの診断を受けていない子どもの対照群を集める)。2015年の多くの小規模研究をまとめた大規模なレビュー論文は、総合すると母乳栄養の子どもはガンのリスクが有意に低減することが示されていると主張した (Amitay EL, Keinan-Boker L. Breastfeeding and childhood leukemia incidence: A meta-analysis and systematic review. *JAMA Pediatr* 2015;169[6]:e151025)。

だが、他の研究者も指摘しているように、この結論は脆弱だ (Ojha RP, Asdahl PH. Breastfeeding and childhood leukemia incidence duplicate data inadvertently included in the meta-analysis and consideration of possible confounders. *JAMA Pediatr* 2015;169[11]:1070)。主な分析（主要な結論の根拠になっている）では、小児がんの子どもとそうでない子どもの違いは、ガンの診断以外何も考慮されていない。だが、2つのグループではほかの多くの因子も異なっている。母親の年齢差を考慮しただけでも、影響は小さくなり、統計的に有意ではなくなる。他の違いを調整すれば、さらに説得力を失うかもしれない。

23. Der G, Batty GD, Deary IJ. Effect of breast feeding on intelligence in children: Prospective study, sibling pairs analysis, and meta-analysis. *BMJ* 2006;333(7575):945.
24. 具体的には、研究とは無関係の評価者の結果を見ると、言語IQに差は見られない。研究関係者による評価時にのみ結果が得られている。この違いは評価者のバイアスを示唆している。
25. Der G, Batty GD, Deary IJ. Results from the PROBIT breastfeeding trial may have been overinterpreted. *Arch Gen Psychiatry* 2008;65(12):1456–57.
26. Krause KM, Lovelady CA, Peterson BL, Chowdhury N, Østbye T. Effect of breast-feeding on weight retention at 3 and 6 months postpartum: Data from the North Carolina WIC Programme. *Public Health Nutr* 2010;13(12):2019–26.
27. Woolhouse H, James J, Gartland D, McDonald E, Brown SJ. Maternal depressive symptoms at three months postpartum and breastfeeding rates at six months postpartum: Implications for primary care in a prospective cohort study of primiparous women in Australia. *Women Birth* 2016;29(4): 381–87.
28. Crandall CJ, Liu J, Cauley J, et al. Associations of parity, breastfeeding, and fractures in the Women's Health Observational Study. *Obstet Gynecol* 2017;130(1):171–80.

5章　母乳で育てるハウツー

1. Sharma A. Efficacy of early skin-to-skin contact on the rate of exclusive breastfeeding in term neonates: A randomized controlled trial. *Afr Health Sci* 2016;16(3):790–97.
2. Moore ER, Bergman N, Anderson GC, Medley N. Early skin-to-skin contact for mothers and their healthy newborn infants. *Cochrane Database Syst Rev* 2016;11:CD003519.
3. Balogun OO, O'Sullivan EJ, McFadden A, et al. Interventions for promoting the initiation of breastfeeding. *Cochrane Database Syst Rev* 2016;11:CD001688.
4. McKeever P, Stevens B, Miller KL, et al. Home versus hospital breastfeeding support for newborns: A randomized controlled trial. *Birth* 2002;29(4):258–65.

5. Jaafar SH, Ho JJ, Lee KS. Rooming-in for new mother and infant versus separate care for increasing the duration of breastfeeding. *Cochrane. Database Syst Rev* 2016;(8):CD006641.
6. Chow S, Chow R, Popovic M, et al. The use of nipple shields: A review. *Front Public Health* 2015;3:236.
7. Meier PP, Brown LP, Hurst NM, et al. Nipple shields for preterm infants: Effect on milk transfer and duration of breastfeeding. *J Hum Lact* 2000;16(2):106–14.
8. Meier PP et al. Nipple shields for preterm infants.
9. Walsh J, Tunkel D. Diagnosis and treatment of ankyloglossia in newborns and infants: A review. *JAMA Otolaryngol Head Neck Surg* 2017;143(10):1032–39.
10. O'Shea JE, Foster JP, O'Donnell CP, et al. Frenotomy for tongue-tie in newborn infants. *Cochrane Database Syst Rev* 2017;3:CD011065.
11. Dennis CL, Jackson K, Watson J. Interventions for treating painful nipples among breastfeeding women. *Cochrane Database Syst Rev* 2014;(12):CD007366.
12. Mohammadzadeh A, Farhat A, Esmaeily H. The effect of breast milk and lanolin on sore nipples. *Saudi Med J* 2005;26(8):1231–34.
13. Dennis CL et al. Interventions for treating painful nipples.
14. Jaafar SH, Ho JJ, Jahanfar S, Angolkar M. Effect of restricted pacifier use in breastfeeding term infants for increasing duration of breastfeeding. *Cochrane Database Syst Rev* 2016;(8):CD007202.
15. Kramer MS, Barr RG, Dagenais S, Yang H, Jones P, Ciofani L, Jané F. Pacifier use, early weaning, and cry/fuss behavior: A randomized controlled trial. *JAMA* 2001;286(3):322–26.
16. Howard CR, Howard FR, Lanphear B, Eberly S, DeBlieck EA, Oakes D, Lawrence RA. Randomized clinical trial of pacifier use and bottle-feeding or cupfeeding and their effect on breastfeeding. *Pediatrics* 2003;111(3):511–18.
17. この研究は母乳育児でのおしゃぶりの使用も評価している。大部分の評価指標と設定で、早期のおしゃぶりの使用が母乳育児に効果があることは認められなかった。１つの設定で有意な効果が認められたが、効果は小さく、多重仮説検定の調整で消失した。
18. Brownell E, Howard CR, Lawrence RA, Dozier AM. Delayed onset lactogenesis II predicts the cessation of any or exclusive breastfeeding. *J Pediatr* 2012;161(4):608–14.
19. Brownell E et al. Delayed onset lactogenesis II.
20. Brownell E et al. Delayed onset lactogenesis II. Garcia AH, Voortman T, Baena CP, et al. Maternal weight status, diet, and supplement use as determinants of breastfeeding and complementary feeding: A systematic review and meta-analysis. *Nutr Rev* 2016;74(8):490–516. Zhu P, Hao J, Jiang X, Huang K, Tao F. New insight into onset of lactation: Mediating the negative effect of multiple perinatal biopsychosocial stress on breastfeeding duration. *Breastfeed Med* 2013;8:151–58.
21. Ndikom CM, Fawole B, Ilesanmi RE. Extra fluids for breastfeeding mothers for increasing milk production. *Cochrane Database Syst Rev* 2014;(6):CD008758.
22. Bazzano AN, Hofer R, Thibeau S, Gillispie V, Jacobs M, Theall KP. A review of herbal and pharmaceutical galactagogues for breast-feeding. *Ochsner J* 2016;16(4):511–24.
23. Bazzano AN et al. A review of herbal and pharmaceutical galactagogues for breast-feeding. Donovan TJ, Buchanan K. Medications for increasing milk supply in mothers expressing breastmilk for their preterm hospitalised infants. *Cochrane Database Syst Rev* 2012;(3):CD005544.
24. Spencer J. Common problems of breastfeeding and weaning. *UpToDate.* 2017年閲覧。https://www.uptodate.com/contents/common-problems-of-breastfeeding-and-weaning.
25. Mangesi L, Zakarija-Grkovic I. Treatments for breast engorgement during lactation. *Cochrane Database Syst Rev* 2016;(6):CD006946.
26. Butte N, Stuebe A. Maternal nutrition during lactation. *UpToDate.* Accessed 2018. https://www.uptodate.com/contents/maternal-nutrition-during-lactation.
27. Lust KD, Brown J, Thomas W. Maternal intake of cruciferous vegetables and other foods and colic symptoms in exclusively breast-fed infants. *J Acad Nutr Diet* 1996;96(1):46–48.
28. Haastrup MB, Pottegård A, Damkier P. Alcohol and breastfeeding. *Basic Clin Pharmacol Toxicol* 2014;114(2):168–73.
29. Haastrup MB et al. Alcohol and breastfeeding.
30. https://www.beststart.org/resources/alc_reduction/pdf/brstfd_alc_deskref_eng.pdf.
31. Haastrup MB et al. Alcohol and breastfeeding.
32. Be Safe: Have an Alcohol Free Pregnancy. Revised 2012. https://www.toxnet.nlm.nih.gov/newtoxnet/lactmed.htm.
33. Lazaryan M, Shasha Zigelman C, Dagan Z, Berkovitch M. Codeine should not be prescribed for breastfeeding mothers or children under the age of 12. *Acta paediatrica* 2015;104(6):550–56.
34. Lam J, Kelly L, Ciszkowski C, Landsmeer ML, Nauta M, Carleton BC, et al. Central nervous system depression of neonates breastfed by mothers receiving oxycodone for postpartum analgesia. *J Pediatr* 2012;160(1):33–37.
35. Kimmel M, Meltzer-Brody S. Safety of infant exposure to antidepressants and benzodiazepines through

breastfeeding. *UpToDate*. 2018 年閲覧。https://www.uptodate.com/contents/safety-of-infant-exposure-to-antidepressants-and-benzodiazepines-through-breastfeeding.

36. Acuña-Muga J, Ureta-Velasco N, De la Cruz-Bértolo J, et al. Volume of milk obtained in relation to location and circumstances of expression in mothers of very low birth weight infants. *J Hum Lact* 2014;30(1):41–46.

6章　赤ちゃんを寝かせる

1. Horne RS, Ferens D, Watts AM, et al. The prone sleeping position impairs arousability in term infants. *J Pediatr* 2001;138(6):811–16.
2. Dwyer T, Ponsonby AL. Sudden infant death syndrome and prone sleeping position. *Ann Epidemiol* 2009;19(4):245–49.
3. Spock B, Rothenberg M. *Dr. Spock's Baby and Child Care*. New York: Simon and Schuster, 1977.［訳文はベンジャミン・スポック、マイケル・ローゼンバーグ著『最新版 スポック博士の育児書』暮しの手帖社、1997 年から引用］
4. 1990 年代の研究に好例がある (Dwyer T, Ponsonby AL, Newman NM, Gibbons LE. Prospective cohort study of prone sleeping position and sudden infant death syndrome. *Lancet* 1991; 337[8752]:1244–47)。研究者はコホート研究により、ＳＩＤＳの原因を究明しようとした。3110 人の母集団中、23 件のＳＩＤＳ死亡例があり、そのうち 15 件で睡眠時の体位の情報が得られたが、統計学的な結論を出すには十分でなかった。
5. Fleming PJ, Gilbert R, Azaz Y, et al. Interaction between bedding and sleeping position in the sudden infant death syndrome: A population based case-control study. *BMJ* 1990;301(6743):85–89.
6. Ponsonby AL, Dwyer T, Gibbons LE, Cochrane JA, Wang YG. Factors potentiating the risk of sudden infant death syndrome associated with the prone position. *N Engl J Med* 1993;329(6):377–82. Dwyer T et al. Prospective cohort study of prone sleeping position.
7. Engelberts AC, De Jonge GA, Kostense PJ. An analysis of trends in the incidence of sudden infant death in the Netherlands 1969–89. *J Paediatr Child Health* 1991;27(6):329–33.
8. Guntheroth WG, Spiers PS. Sleeping prone and the risk of sudden infant death syndrome. *JAMA* 1992;267(17):2359–62.
9. Willinger M, Hoffman HJ, Wu K, Hou J, Kessler RC, Ward SL, Keens TG, Corwin MJ. Factors associated with the transition to nonprone sleep positions of infants in the United States: The National Infant Sleep Position Study. *JAMA* 1998;280(4):329–35.
10. Branch LG, Kesty K, Krebs E, Wright L, Leger S, David LR. Deformational plagiocephaly and craniosynostosis: Trends in diagnosis and treatment after the "Back to Sleep" campaign. *J Craniofac Surg* 2015;26(1):147–50. Peitsch WK, Keefer CH, Labrie RA, Mulliken JB. Incidence of cranial asymmetry in healthy newborns. *Pediatrics* 2002;110(6):e72.
11. Peitsch WK et al. Incidence of cranial asymmetry in healthy newborns. *Pediatrics* 2002;110(6):e72.
12. Van Wijk RM, Van Vlimmeren LA, Groothuis-Oudshoorn CG, Van der Ploeg CP, Ijzerman MJ, Boere-Boonekamp MM. Helmet therapy in infants with positional skull deformation: Randomised controlled trial. *BMJ* 2014;348:g2741.
13. Carpenter R et al. Bed sharing when parents do not smoke.
14. Vennemann MM, Hense HW, Bajanowski T, et al. Bed sharing and the risk of sudden infant death syndrome: Can we resolve the debate? *J Pediatr* 2012;160(1):44–48.e2.
15. CDC Fact Sheets, "Health Effects of Secondhand Smoke." Updated January 2017. https://www.cdc.gov/tobacco/data_statistics/fact_sheets/secondhand_smoke/health_effects/index.htm.
16. Scragg R, Mitchell EA, Taylor BJ, et al. Bed sharing, smoking, and alcohol in the sudden infant death syndrome. New Zealand Cot Death Study Group. *BMJ* 1993;307(6915):1312–18.
17. Horsley T, Clifford T, Barrowman N, Bennett S, Yazdi F, Sampson M, Moher D, Dingwall O, Schachter H, Côté A. Benefits and harms associated with the practice of bed sharing: A systematic review. *Arch Pediatr Adolesc Med* 2007;161(3):237–45. doi:10.1001/archpedi.161.3.237.
18. Ball HL, Howel D, Bryant A, Best E, Russell C, Ward-Platt M. Bed-sharing by breastfeeding mothers: Who bed-shares and what is the relationship with breastfeeding duration?. *Acta Paediatr* 2016;105(6):628–34.
19. Ball HL, Ward-Platt MP, Howel D, Russell C. Randomised trial of sidecar crib use on breastfeeding duration (NECOT). *Arch Dis Child* 2011;96(7):630–34.
20. Blair PS, Fleming PJ, Smith IJ, et al. Babies sleeping with parents: Case-control study of factors influencing the risk of the sudden infant death syndrome. *BMJ* 1999;319(7223):1457–62.
21. Carpenter RG, Irgens LM, Blair PS, et al. Sudden unexplained infant death in 20 regions in Europe: Case control study. *Lancet* 2004;363(9404):185–91.
22. Tappin D, Ecob R, Brooke H. Bedsharing, roomsharing, and sudden infant death syndrome in Scotland: A case-control study. *J Pediatr* 2005;147(1):32–37. Scragg

RK, Mitchell EA, Stewart AW, et al. Infant room-sharing and prone sleep position in sudden infant death syndrome. New Zealand Cot Death Study Group. *Lancet* 1996;347(8993):7–12.

23. Tappin D et al. Bedsharing, roomsharing, and sudden infant death syndrome in Scotland.
24. Tappin D et al. Bedsharing, roomsharing, and sudden infant death syndrome in Scotland. Carpenter RG et al. Sudden unexplained infant death in 20 regions in Europe.
25. Scheers NJ, Woodard DW, Thach BT. Crib bumpers continue to cause infant deaths: A need for a new preventive approach. *J Pediatr* 2016;169:93–97.e1.

7章　赤ちゃんのスケジュール

1. Weissbluth M. *Healthy Sleep Habits, Happy Child.* New York: Ballantine Books, 2015.
2. Galland BC, Taylor BJ, Elder DE, Herbison P. Normal sleep patterns in infants and children: A systematic review of observational studies. *Sleep Med Rev* 2012;16(3):213–22.
3. Mindell JA, Leichman ES, Composto J, Lee C, Bhullar B, Walters RM. Development of infant and toddler sleep patterns: Real-world data from a mobile application. *J Sleep Res* 2016;25(5):508–16.

8章　「予防接種」は必ず受けて！

1. CDC. *Measles (Rubeola)* . https://www.cdc.gov/measles/about/history.html.
2. Oster E. Does disease cause vaccination? Disease outbreaks and vaccination response. *J Health Econ* 2017;57:90–101.
3. ウェイクフィールドとワクチン接種率への影響については、セス・ムヌーキンの快著に詳しい(Seth Mnookin *Panic Virus.* New York: Simon & Schuster, 2012)。またブライアン・ディアーも『*British Medical Journal*』でこの問題をまとめたすぐれた記事を書いている (Deer B. Secrets of the MMR scare: How the vaccine crisis was meant to make money. *BMJ* 2011;342:c5258)。
4. Wakefield AJ, Murch SH, Anthony A, Linnell J, Casson DM, Malik M, Berelowitz M, Dhillon AP, Thomson MA, Harvey P, Valentine A, Davies SE, Walker-Smith JA. Retracted: Ileal-lymphoid-nodular hyperplasia, non-specific colitis, and pervasive developmental disorder in children. *Lancet* 1998;351(9103):637–41.
5. Committee to Review Adverse Effects of Vaccines. Adverse effects of vaccines: Evidence and causality. National Academies Press, 2012.
6. 報告書にはインフルエンザワクチンも含まれているが、成人との関連が中心であり、ここでは子どもへの予防接種に絞る。
7. Verity CM, Butler NR, Golding J. Febrile convulsions in a national cohort followed up from birth. I — Prevalence and recurrence in the first five years of life. *Br Med J (Clin Res Ed)* 1985;290(6478): 1307–10.
8. Chen RT, Glasser JW, Rhodes PH, et al. Vaccine Safety Datalink project: A new tool for improving vaccine safety monitoring in the United States. The Vaccine Safety Datalink Team. *Pediatrics* 1997;99(6):765–73.
9. Madsen KM, Hviid A, Vestergaard M, et al. A population-based study of measles, mumps, and rubella vaccination and autism. *N Engl J Med* 2002;347(19):1477–82.
10. Jain A, Marshall J, Buikema A, Bancroft T, Kelly JP, Newschaffer CJ. Autism occurrence by MMR vaccine status among US children with older siblings with and without autism. *JAMA* 2015;313(15): 1534–40.
11. Gadad BS, Li W, Yazdani U, et al. Administration of thimerosal-containing vaccines to infant rhesus macaques does not result in autism-like behavior or neuropathology. *Proc Natl Acad Sci USA* 2015;112(40):12498–503.
12. この関連性を主張する学術論文がときおり登場する。その一例が2014年に『*Translational Neurodegeneration*』誌に掲載されている (Hooker BS. Measles-mumps-rubella vaccination timing and autism among young African American boys: A reanalysis of CDC data. *Transl Neurodegener* 2014;3:16)。この論文では子どもの小規模なサンプルと、症例対照研究のデザインを採用している（自閉症の子どもとそうでない子どもを対照させた）。著者は、生後36か月以前にMMRワクチンを接種すると、とくにアフリカ系アメリカ人の男児に自閉症のリスクが高まると主張した。
この論文は、統計学を誤用した滑稽なほどの悪例だ。著者は全体にワクチンの影響がまったく見られなかったので、小グループ内の影響を探し始めた。これは許される研究手法ではない。まったく関係がなくても、ただの偶然から小グループ内に影響が見つかることはほぼ必ずあるものだ。確固とした関係があるのは、低出生体重のアフリカ系アメリカ人男児のみで、しかもワクチン接種は18か月以前でも、24か月以前でもなく、36か月以前を検討したときのみだと判明している。標本規模に関する情報は報告されていない（これも論文ではありえない）が、全部で5～10人の子どもが根拠になっているようだ。

さらに、論文の著者（ブライアン・フッカー）は有名な反ワクチン活動家で、ウェイクフィールドのように、反ワクチンの主張を熱心に喧伝

している。それは彼の関わる訴訟に有利だからだ。その情報は論文で開示されるべきだが、十分に開示されず、この利害相反と統計上の問題により、論文はウェイクフィールドの論文と同様に撤回された。だが、当然ながら、すでにメディアでは大きな注目を浴び、大きく世間を騒がせた後だった。論文で提示されたワクチンとの関係が完全なデタラメであることを示す、正当に実施された、規模の大きな研究が数多くあるのに、報道で取り上げられないのは残念だ。

13. Omer SB, Pan WKY, Halsey NA, Stokley S, Moulton LH, Navar AM, Pierce M, Salmon DA. Non-medical exemptions to school immunization requirements: Secular trends and association of state policies with pertussis incidence. *JAMA* 2006;296(14):1757–63.
14. Verity CM et al. Febrile convulsions in a national cohort followed up from birth.
15. Pesco P, Bergero P, Fabricius G, Hozbor D. Mathematical modeling of delayed pertussis vaccination in infants. *Vaccine* 2015;33(41):5475–80.

9章　「家」にいる？「仕事」に行く？

1. 以下を参照。http://web.stanford.edu/~mrossin/RossinSlater_maternity_family_leave.pdf.
2. Goldberg WA, Prause J, Lucas-Thompson R, Himsel A. Maternal employment and children's achievement in context: A meta-analysis of four decades of research. *Psychol Bull* 2008;134(1):77–108.
3. Goldberg WA et al. Maternal employment and children's achievement in context.
4. 研究では、経年の学力テストの得点の「変化」を見ると、就労形態は関係しないことも示されており、家庭間の潜在的な差異が問題である可能性が示唆されている。
5. Ruhm CJ. Maternal employment and adolescent development. *Labour Econ* 2008;15(5):958–83.
6. Marantz S, Mansfield A. Maternal employment and the development of sex-role stereotyping in five- to eleven-year-old girls. *Child Dev* 1997;48(2):668–73. McGinn KL, Castro MR, Lingo EL. Mums the word! Cross-national effects of maternal employment on gender inequalities at work and at home. *Harvard Business School* 2015;15(194).
7. Rossin-Slater M. The effects of maternity leave on children's birth and infant health outcomes in the United States. *J Health Econ* 2011;30(2):221–39.
8. Rossin-Slater M. Maternity and Family Leave Policy. *Natl Bureau Econ Res* 2017.
9. Rossin-Slater M. Maternity and Family Leave Policy.
10. Carneiro P, Loken KV, Kjell GS. A flying start? Maternity leave benefits and long-run outcomes of children. *J Pol Econ* 2015;123(2):365–412.
11. 税率が中程度の州を基準に概算している。

10章　お世話は誰がする？

1. NICHD Early Childcare Research Network. Early childcare and children's development prior to school entry: Results from the NICHD Study of Early Childcare. *AERJ* 2002;39(1):133–64.
2. Belsky J, Vandell DL, Burchinal M, et al. Are there long-term effects of early childcare?. *Child Dev* 2007;78(2):681–701.
3. NICHD. Type of childcare and children's development at 54 months. *Early Childhood Res Q* 2004;19(2):203–30.
4. NICHD. Early childcare and children's development prior to school entry.
5. Belsky J et al. Are there long-term effects of early childcare?
6. Broberg AG, Wessels H, Lamb ME, Hwang CP. Effects of day care on the development of cognitive abilities in 8-year-olds: A longitudinal study. *Dev Psychol* 1997;33(1):62–69.
7. Huston AC, Bobbitt KC, Bentley A. Time spent in childcare: How and why does it affect social development? *Dev Psychol* 2015;51(5):621–34.
8. NICHD. The effects of infant childcare on infant-mother attachment security: Results of the NICHD Study of Early Childcare. *Child Dev* 1997;68(5):860–79.
9. Augustine JM, Crosnoe RL, Gordon R. Early childcare and illness among preschoolers. *J Health Soc Behav* 2013;54(3):315–34. Enserink R, Lugnér A, Suijkerbuijk A, Bruijning-Verhagen P, Smit HA, Van Pelt W. Gastrointestinal and respiratory illness in children that do and do not attend child day care centers: A cost-of-illness study. *PLoS ONE* 2014;9(8):e104940. Morrissey TW. Multiple childcare arrangements and common communicable illnesses in children aged 3 to 54 months. *Matern Child Health J* 2013;17(7):1175–84. Bradley RH, Vandell DL. Childcare and the well-being of children. *Arch Pediatr Adolesc Med* 2007;161(7):669–76.
10. Ball TM, Holberg CJ, Aldous MB, Martinez FD, Wright AL. Influence of attendance at day care on the common cold from birth through 13 years of age. *Arch Pediatr Adolesc Med* 2002;156(2):121–26.

11章　寝かしつける

1. Ramos KD, Youngclarke DM. Parenting advice books about child sleep: Cosleeping and crying it out. *Sleep* 2006;29(12):1616–23.

2. Narvaez D. Dangers of "Crying It Out." *Psychology Today.* December 11, 2011. https://www.psychologytoday.com/blog/moral-landscapes/201112/dangers-crying-it-out.
3. このレビューは 52 件の研究の 2500 人以上の子どもを対象とし、どの研究もいずれかの寝かしつけトレーニングを採用している。研究のよし悪しはあるが、「泣かせる寝かしつけ」プログラムに関しては少なくとも 13 件のランダム化比較試験がある。 Mindell JA, Kuhn B, Lewin DS, Meltzer LJ, Sadeh A. Behavioral treatment of bedtime problems and night wakings in infants and young children. *Sleep* 2006;29(10):1263–76.
4. Kerr SM, Jowett SA, Smith LN. Preventing sleep problems in infants: A randomized controlled trial. *J Adv Nurs* 1996;24(5):938–42.
5. Hiscock H, Bayer J, Gold L, Hampton A, Ukoumunne OC, Wake M. Improving infant sleep and maternal mental health: A cluster randomised trial. *Arch Dis Child* 2007;92(11):952–58.
6. Mindell JA et al. Behavioral treatment of bedtime problems and night wakings.
7. Leeson R, Barbour J, Romaniuk D, Warr R. Management of infant sleep problems in a residential unit. *Childcare Health Dev* 1994;20(2):89–100.
8. Eckerberg, B. Treatment of sleep problems in families with young children: Effects of treatment on family well-being. *Acta Pædiatrica* 2004;93:126–34.
9. Mindell JA et al. Behavioral treatment of bedtime problems and night wakings.
10. Gradisar M, Jackson K, Spurrier NJ, et al. Behavioral interventions for infant sleep problems: A randomized controlled trial. *Pediatrics* 2016;137(6).
11. Hiscock H et al. Improving infant sleep and maternal mental health.
12. Price AM, Wake M, Ukoumunne OC, Hiscock H. Five-year follow-up of harms and benefits of behavioral infant sleep intervention: Randomized trial. *Pediatrics* 2012;130(4):643–51.
13. Blunden SL, Thompson KR, Dawson D. Behavioural sleep treatments and night time crying in infants: Challenging the status quo. *Sleep Med Rev* 2011;15(5):327–34.
14. Blunden SL et al. Behavioural sleep treatments and night time crying in infants.
15. Middlemiss W, Granger DA, Goldberg WA, Nathans L. Asynchrony of mother-infant hypothalamic-pituitary-adrenal axis activity following extinction of infant crying responses induced during the transition to sleep. *Early Hum Dev* 2012;88(4):227–32.
16. Kuhn BR, Elliott AJ. Treatment efficacy in behavioral pediatric sleep medicine. *J Psychosom Res* 2003;54(6):587–97.

12章 「おっぱい」を卒業する

1. Du Toit G, Katz Y, Sasieni P, et al. Early consumption of peanuts in infancy is associated with a low prevalence of peanut allergy. *J Allergy Clin Immunol* 2008;122(5):984–91.
2. Du Toit G, Roberts G, Sayre PH, et al. Randomized trial of peanut consumption in infants at risk for peanut allergy. *N Engl J Med* 2015;372(9):803–13.
3. 新旧ガイドラインについての考察は以下を参照。Togias A, Cooper SF, Acebal ML, et al. Addendum guidelines for the prevention of peanut allergy in the United States: Report of the National Institute of Allergy and Infectious Diseases–sponsored expert panel. *J Allergy Clin Immunol* 2017;139(1):29–44.
4. Brown A, Jones SW, Rowan H. Baby-led weaning: The evidence to date. *Curr Nutr Rep* 2017;6(2): 148–56.
5. Taylor RW, Williams SM, Fangupo LJ, et al. Effect of a baby-led approach to complementary feeding on infant growth and overweight: A randomized clinical trial. *JAMA Pediatr* 2017;171(9):838–46.
6. Moorcroft KE, Marshall JL, Mccormick FM. Association between timing of introducing solid foods and obesity in infancy and childhood: A systematic review. *Matern Child Nutr* 2011;7(1):3–26.
7. Rose CM, Birch LL, Savage JS. Dietary patterns in infancy are associated with child diet and weight outcomes at 6 years. *Int J Obes (Lond)* 2017;41(5):783–88.
8. Mennella JA, Trabulsi JC. Complementary foods and flavor experiences: Setting the foundation. *Ann Nutr Metab* 2012;60 (Suppl 2):40–50.
9. Mennella JA, Nicklaus S, Jagolino AL, Yourshaw LM. Variety is the spice of life: Strategies for promoting fruit and vegetable acceptance during infancy. *Physiol Behav* 2008;94(1):29–38. Mennella JA, Trabulsi JC. Complementary foods and flavor experiences.
10. Atkin D. The caloric costs of culture: Evidence from Indian migrants. *Amer Econ Rev* 2016;106(4): 1144–81.
11. Leung AK, Marchand V, Sauve RS. The "picky eater" : The toddler or preschooler who does not eat. *Paediatr Child Health* 2012;17(8):455–60.
12. Fries LR, Martin N, Van der Horst K. Parent-child mealtime interactions associated with toddlers' refusals of novel and familiar foods. *Physiol Behav* 2017;176:93–100.
13. Birch LL, Fisher JO. Development of eating behaviors among children and adolescents. *Pediatrics* 1998;101(3 Pt 2):539–49. Lafraire J, Rioux C, Giboreau A, Picard D. Food rejections in children: Cognitive and social/environmental factors involved in food neophobia and

picky/fussy eating behavior. *Appetite* 2016;96:347–57.

14. Perkin MR, Logan K, Tseng A, Raji B, Ayis S, Peacock J, et al. Randomized trial of introduction of allergenic foods in breast-fed infants. *N Engl J Med* 2016;374(18):1733–43. Natsume O, Kabashima S, Nakazato J, Yamamoto-Hanada K, Narita M, Kondo M, et al. Two-step egg introduction for prevention of egg allergy in high-risk infants with eczema (PETIT): A randomised, double-blind, placebo-controlled trial. *Lancet* 2017;389(10066):276–86. Katz Y, Rajuan N, Goldberg MR, Eisenberg E, Heyman E, Cohen A, Leshno M. Early exposure to cow's milk protein is protective against IgE-mediated cow's milk protein allergy. *J Allergy Clin Immunol* 2010;126(1):77–82.
15. Hopkins D, Emmett P, Steer C, Rogers I, Noble S, Emond A. Infant feeding in the second 6 months of life related to iron status: An observational study. *Arch Dis Child* 2007;92(10):850–54.
16. Pegram PS, Stone SM. Botulism. *UpToDate*. 2017 年閲覧。 http://www.uptodate.com/contents/botulism.
17. Emmerson AJB, Dockery KE, Mughal MZ, Roberts SA, Tower CL, Berry JL. Vitamin D status of white pregnant women and infants at birth and 4 months in North West England: A cohort study. *Matern Child Nutr* 2018;14(1).
18. Greer FR, Marshall S. Bone mineral content, serum vitamin D metabolite concentrations, and ultraviolet B light exposure in infants fed human milk with and without vitamin D2 supplements. *J Pediatr* 1989;114(2):204–12. Naik P, Faridi MMA, Batra P, Madhu SV. Oral supplementation of parturient mothers with vitamin D and its effect on 25OHD status of exclusively breastfed infants at 6 months of age: A double-blind randomized placebo controlled trial. *Breastfeed Med* 2017;12(10):621–28.
19. Naik P et al. Oral supplementation of parturient mothers with vitamin D. Thiele DK, Ralph J, El-Masri M, Anderson CM. Vitamin D3 supplementation during pregnancy and lactation improves vitamin D status of the mother-infant dyad. *J Obstet Gynecol Neonatal Nurs* 2017;46(1):135–47.

13章　歩きはじめの早い遅い

1. Serdarevic F, Van Batenburg-Eddes T, Mous SE, et al. Relation of infant motor development with nonverbal intelligence, language comprehension and neuropsychological functioning in childhood: A population-based study. *Dev Sci* 2016;19(5):790–802.
2. Murray GK, Jones PB, Kuh D, Richards M. Infant developmental milestones and subsequent cognitive function. *Ann Neurol* 2007;62(2):128–36.
3. ここでの考察の大半は以下に拠る。Voigt RG. *Developmental and behavioral pediatrics*. Eds. Macias MM and Myers SM. American Academy of Pediatrics, 2011.
4. Barkoudah E, Glader L. Epidemiology, etiology and prevention of cerebral palsy. *UpToDate*. 2018 年閲覧。https://www.uptodate.com.revproxy.brown.edu/contents/epidemiology-etiology-and-prevention-of-cerebral-palsy.
5. WHO Motor Development Study: Windows of achievement for six gross motor development milestones. *Acta Paediatr Suppl* 2006;450:86–95.
6. WHO Motor Development Study.
7. Pappas D. The common cold in children: Clinical features and diagnosis. *UpToDate*. 2018 年閲覧。https://www.uptodate.com/contents/the-common-cold-in-children-clinical-features-and-diagnosis.
8. Pappas D. The common cold in children.
9. Klein J, Pelton S. Acute otitis media in children: Epidemiology, microbiology, clinical manifestations, and complications. *UpToDate*. 2018 年閲覧。 https://www.uptodate.com/contents/acute-otitis-media-in-children-epidemiology-microbiology-clinical-manifestations-and-complications.

14章　ベイビーアインシュタイン vs テレビの視聴

1. Barr R, Hayne H. Developmental changes in imitation from television during infancy. *Child Dev* 1999;70(5):1067–81.
2. Kuhl PK, Tsao FM, Liu HM. Foreign-language experience in infancy: Effects of short-term exposure and social interaction on phonetic learning. *Proc Natl Acad Sci USA* 2003;100(15):9096–101.
3. DeLoache JS, Chiong C. Babies and baby media. *Am Behav Scientist* 2009;52(8):1115–35.
4. Robb MB, Richert RA, Wartella EA. Just a talking book? Word learning from watching baby videos. *Br J Dev Psychol* 2009;27(Pt 1):27–45.
5. Richert RA, Robb MB, Fender JG, Wartella E. Word learning from baby videos. Arch Pediatr Adolesc Med 2010;164(5):432–37.
6. Rice ML, Woodsmall L. Lessons from television: Children's word learning when viewing. *Child Dev* 1988;59(2):420–29.
7. Bogatz GA, Ball S. *The Second Year of Sesame Street: A Continuing Evaluation*, vol. 1. Princeton, NJ: Educational Testing Service, 1971.
8. Kearney MS, Levine PB. Early childhood education by MOOC: Lessons from Sesame Street. Natl Bureau Econ Res working paper no. 21229, June 2016.

9. Nathanson AI, Aladé F, Sharp ML, Rasmussen EE, Christy K. The relation between television exposure and executive function among preschoolers. *Dev Psychol* 2014;50(5):1497–506.
10. Crespo CJ, Smit E, Troiano RP, Bartlett SJ, Macera CA, Andersen RE. Television watching, energy intake, and obesity in US children: Results from the third National Health and Nutrition Examination Survey, 1988–1994. *Arch Pediatr Adolesc Med* 2001;155(3):360–65.
11. Zimmerman FJ, Christakis DA. Children's television viewing and cognitive outcomes: A longitudinal analysis of national data. *Arch Pediatr Adolesc Med* 2005;159(7):619–25.
12. Gentzkow M, Shapiro JM. Preschool television viewing and adolescent test scores: Historical evidence from the Coleman Study. *Quart J Econ* 2008;123(1):279–323.
13. Handheld screen time linked with speech delays in young children. Abstract presented at American Academy of Pediatrics, PAS meeting, 2017.

15章　言葉の早い遅い

1. Nelson K. *Narratives from the Crib*. Cambridge, MA : Harvard University Press, 2006.
2. "The MacArthur-Bates Communicative Development Inventory: Words and sentences." https://www.region10.org/r10website/assets/File/Mac%20WS_English.pdf. ［日本語版： 小椋たみこ、綿巻徹「日本語マッカーサー乳幼児言語発達質問紙」2004年、京都国際社会福祉センター］
3. http://wordbank.stanford.edu/analyses?name=vocab_norms.
4. Rescorla L, Bascome A, Lampard J, Feeny N. Conversational patterns and later talkers at age three. *Appl Psycholinguist* 2001;22:235–51.
5. Rescorla L. Age 17 language and reading outcomes in late-talking toddlers: Support for a dimensional perspective on language delay. *J Speech Lang Hear Res* 2009;52(1):16–30. Rescorla L. Language and reading outcomes to age 9 in late-talking toddlers. *J Speech Lang Hear Res* 2002;45(2):360–71. Rescorla L, Roberts J, Dahlsgaard K. Late talkers at 2: Outcome at age 3. *J Speech Lang Hear Res* 1997;40(3):556–66.
6. Hammer CS, Morgan P, Farkas G, Hillemeier M, Bitetti D, Maczuga S. Late talkers: A population-based study of risk factors and school readiness consequences. *J Speech Lang Hear Res* 2017;60(3): 607–26.
7. Lee J. Size matters: Early vocabulary as a predictor of language and literacy competence. *Appl Psycholinguist* 2011;32(1):69–92.
8. 論文で示された平均偏差と標準偏差を基にデータ例を生成し、グラフを作成した。
9. Thal DJ et al. Continuity of language abilities: An exploratory study of late and early talking toddlers. *Developmental Neuropsychol* 1997;13(3):239–73.
10. Crain-Thoreson C, Dale PS. Do early talkers become early readers? Linguistic precocity, preschool language, and emergent literacy. *Dev Psychol* 1992;28(3):421.

16章　トイレトレーニング

1. 2014年以降に生まれた子どもは除外した。2014年以降に生まれ、2017年までにトイレトレーニングを終えている子どもは特殊なグループになるからだ。除外することで、（大多数の）子どもがトイレトレーニングを終えていることになる。
2. Blum NJ, Taubman B, Nemeth N. Why is toilet training occurring at older ages? A study of factors associated with later training. *J Pediatr* 2004;145(1):107–11.
3. Blum NJ et al. Why is toilet training occurring at older ages?
4. Gilson D, Butler K. A Brief History of the Disposable Diaper. *Mother Jones*. May/June 2008. https://www.motherjones.com/environment/2008/04/brief-history-disposable-diaper.
5. Blum NJ, Taubman B, Nemeth N. Relationship between age at initiation of toilet training and duration of training: A prospective study. *Pediatrics* 2003;111(4):810–14.
6. Vermandel A, Van Kampen M, Van Gorp C, Wyndaele JJ. How to toilet train healthy children? A review of the literature. *Neurourol Urodyn* 2008;27(3):162–66.
7. Vermandel A et al. How to toilet train healthy children?
8. Greer BD, Neidert PL, Dozier CL. A component analysis of toilet-training procedures recommended for young children. *J Appl Behav Anal* 2016;49(1):69–84.
9. Russell K. Among healthy children, what toilet-training strategy is most effective and prevents fewer adverse events (stool withholding and dysfunctional voiding)?: Part A: Evidence-based answer and summary. *Paediatr Child Health* 2008;13(3):201–2.
10. Flensborg-Madsen T, Mortensen EL. Associations of early developmental milestones with adult intelligence. *Child Dev* 2018;89(2):638–48.
11. Taubman B. Toilet training and toileting refusal for stool only: A prospective study. *Pediatrics* 1997;99(1):54–58.
12. Brooks RC, Copen RM, Cox DJ, Morris J, Borowitz S, Sutphen J. Review of the treatment literature for encopresis, functional constipation, and stool-toileting refusal. *Ann Behav Med* 2000;22(3): 260–67.
13. Taubman B, Blum NJ, Nemeth N. Stool toileting refusal: A prospective intervention targeting parental behavior.

Arch Pediatr Adolesc Med 2003;157(12):1193–96.

14. Taubman B. Toilet training and toileting refusal for stool only.
15. Kliegman R, Nelson WE. *Nelson Textbook of Pediatrics.* Philadelphia: W. B. Saunders Company, 2007.
16. Rugolotto S, Sun M, Boucke L, Calò DG, Tatò L. Toilet training started during the first year of life: A report on elimination signals, stool toileting refusal and completion age. *Minerva Pediatr* 2008;60(1):27–35.

17章　しつける

1. Bradley SJ, Jadaa DA, Brody J, et al. Brief psychoeducational parenting program: An evaluation and 1-year follow-up. *J Am Acad Child Adoleesc Psychiatry* 2003;42(10):1171–78.
2. Porzig-Drummond R, Stevenson RJ, Stevenson C. The 1-2-3 Magic parenting program and its effect on child problem behaviors and dysfunctional parenting: A randomized controlled trial. *Behav Res Ther* 2014;58:52–64.
3. McGilloway S, Bywater T, Ni Mhaille G, Furlong M, Leckey Y, Kelly P, et al. Proving the power of positive parenting: A randomised controlled trial to investigate the effectiveness of the Incredible Years BASIC Parent Training Programme in an Irish context (short-term outcomes). Archways Department of Psychology, NUI Maynooth. 2009.
4. Haroon M. Commentary on "Behavioural and cognitive-behavioural group-based parenting programmes for early-onset conduct problems in children aged 3 to 12 years." *Evid Based Child Health* 2013;8(2):693–94.
5. MacKenzie MJ, Nicklas E, Brooks-Gunn J, Waldfogel J. Who spanks infants and toddlers? Evidence from the fragile families and child well-being study. *Child Youth Serv Rev* 2011;33(8):1364–73.
6. Maguire-Jack K, Gromoske AN, Berger LM. Spanking and child development during the first 5 years of life. *Child Dev* 2012;83(6):1960–77.
7. Gershoff ET, Sattler KMP, Ansari A. Strengthening causal estimates for links between spanking and children's externalizing behavior problems. *Psychol Sci* 2018;29(1):110–20.
8. Ferguson CJ. Spanking, corporal punishment and negative long-term outcomes: A meta-analytic review of longitudinal studies. *Clin Psychol Rev* 2013;33(1):196–208. Gershoff ET, Grogan-Kaylor A. Spanking and child outcomes: Old controversies and new meta-analyses. *J Fam Psychol* 2016;30(4): 453–69.
9. Afifi TO, Ford D, Gershoff ET, et al. Spanking and adult mental health impairment: The case for the designation of spanking as an adverse childhood experience. *Child Abuse Negl* 2017;71:24–31.

18章　幼児教育

1. この論文は、以下を参照。Price J, Kalil A. The effect of parental time investments on children's cognitive achievement: Evidence from natural within-family variation. *Child Dev*, forthcoming.
2. Bus AG, Van IJzendoorn MH, Pelligrini AD. Joint book reading makes for success in learning to read: A meta-analysis on intergenerational transmission of literacy. *Rev Educ Res* 1995;65(1):1–21. Sloat EA, Letourneau NL, Joschko JR, Schryer EA, Colpitts JE. Parent-mediated reading interventions with children up to four years old: A systematic review. *Issues Compr Pediatr Nurs* 2015;38(1):39–56.
3. Mendelsohn AL, Cates CB, Weisleder A, Johnson SB, Seery AM, Canfield CF, et al. Reading aloud, play, and social-emotional development. *Pediatrics* 2018;e20173393.
4. Price J, Kalil A. The effect of parental time investments on children's cognitive achievement.
5. Hutton JS, Horowitz-Kraus T, Mendelsohn AL, Dewitt T, Holland SK. Home reading environment and brain activation in preschool children listening to stories. *Pediatrics* 2015;136(3):466–78.
6. Whitehurst GJ, Falco FL, Lonigan CJ, Fischel JE, DeBaryshe BD, Valdez-Menchaca MC, Caulfield M. Accelerating language development through picture book reading. *Dev Psych* 1988;24(4):552–59.
7. http://www.intellbaby.com/teach-your-baby-to-read.
8. Neuman SB, Kaefer T, Pinkham A, Strouse G. Can babies learn to read? A randomized trial of baby media. *J Educ Psych* 2014;106(3):815–30.
9. Wolf GM. Letter-sound reading: Teaching preschool children print-to-sound processing. *Early Child Educ J* 2016;44(1):11–19.
10. Pennington BF, Johnson C, Welsh MC. Unexpected reading precocity in a normal preschooler: Implications for hyperlexia. *Brain Lang* 1987;30(1):165–80. Fletcher-Flinn CM, Thompson GB. Learning to read with underdeveloped phonemic awareness but lexicalized phonological recoding: A case study of a 3-year-old. *Cognition* 2000;74(2):177–208.
11. Welsh MC, Pennington BF, Rogers S. Word recognition and comprehension skills in hyperlexic children. *Brain Lang* 1987;32(1):76–96.
12. Lillard AS. Preschool children's development in classic Montessori, supplemented Montessori, and conventional programs. *J Sch Psychol* 2012;50(3):379–401. Miller

LB, Bizzell RP. Long-term effects of four preschool programs: Sixth, seventh, and eighth grades. *Child Dev* 1983;54(3):727–41.

13. Suggate SP, Schaughency EA, Reese E. Children learning to read later catch up to children reading earlier. *Early Child Res Q* 2013;28(1):33–48. Elben J, Nicholson T. Does learning the alphabet in kindergarten give children a head start in the first year of school? A comparison of children' s read- ing progress in two first grade classes in state and Montessori schools in Switzerland. *Aust J Learn Diffic* 2017;22(2):95–108.

19 章　最良の「夫婦関係」

1. Dunn J. You will hate your husband after your kid is born. http://www.slate.com/articles/life/family/2017/05/happy_mother_s_day_you_will_hate_your_husband_after_having_a _baby.html.
2. この章では、結婚生活で生じる問題の表層だけを簡単にまとめている。より徹底した、微妙な問題も含めた本の中から一冊挙げておく。http://www.brigidschulte.com/books/overhelmed.
3. Rollins B, Feldman H. Marital satisfaction over the family life cycle. *J Marriage Fam* 1970;32(1):23.
4. Lawrence E, Rothman AD, Cobb RJ, Rothman MT, Bradbury TN. Marital satisfaction across the transition to parenthood. *J Fam Psychol* 2008;22(1):41–50. Twenge JM, Campbell WK, Foster CA. Parenthood and marital satisfaction: A meta-analytic review. *J Marriage Fam* 2003;65:574–83.
5. Lawrence E et al. Marital satisfaction across the transition to parenthood.
6. https://www.bls.gov/news.release/atus2.t01.htm.
7. Archer E, Shook RP, Thomas DM, et al. 45-year trends in women's use of time and household management energy expenditure. *PLoS ONE* 2013;8(2):e56620.
8. Schneider D. Market earnings and household work: New tests of gender performance theory. *J Marriage Fam* 2011;73(4):845–60.
9. Dribe M, Stanfors M. Does parenthood strengthen a traditional household division of labor? Evidence from Sweden. *J Marriage Fam* 2009;71:33–45.
10. Chan RW, Brooks RC, Raboy B, Patterson CJ. Division of labor among lesbian and heterosexual parents: Associations with children's adjustment. *J Fam Psychol* 1998;12(3):402–19. Goldberg AE, Smith JZ, Perry-Jenkins M. The division of labor in lesbian, gay, and heterosexual new adoptive parents. *J Marriage Fam* 2012;74:812–28.
11. Wheatley D, Wu Z. Dual careers, time-use and satisfaction levels: Evidence from the British Household Panel Survey. *Indus Rel J* 2014;45:443–64.
12. http://www.brigidschulte.com/books/overwhelmed.
13. Schneidewind-Skibbe A, Hayes RD, Koochaki PE, Meyer J, Dennerstein L. The frequency of sexual intercourse reported by women: A review of community-based studies and factors limiting their conclusions. *J Sex Med* 2008;5(2):301–35. McDonald E, Woolhouse H, Brown SJ. Consultation about sexual health issues in the year after childbirth: A cohort study. *Birth* 2015;42(4):354–61.
14. Johnson MD, Galambos NL, Anderson JR. Skip the dishes? Not so fast! Sex and housework revisited. *J Fam Psychol* 2016;30(2):203–13.
15. Medina AM, Lederhos CL, Lillis TA. Sleep disruption and decline in marital satisfaction across the transition to parenthood. *Fam Syst Health* 2009;27(2):153–60.
16. Cordova JV, Fleming CJ, Morrill MI, et al. The Marriage Checkup: A randomized controlled trial of annual relationship health checkups. *J Consult Clin Psychol* 2014;82(4):592–604.
17. Cordova JV et al. The Marriage Checkup. Schulz MS, Cowan CP, Cowan PA. Promoting healthy beginnings: A randomized controlled trial of a preventive intervention to preserve marital quality during the transition to parenthood. *J Consult Clin Psychol* 2006;74(1):20–31. Cowan CP, Cowan PA, Barry J. Couples' groups for parents of preschoolers: Ten-year outcomes of a randomized trial. *J Fam Psychol* 2011;25(2):240–50.

20 章　次の子ども

1. これ以外に、子どもの性別を利用するアプローチもよく見られる。家族内で同性の子どもが２人生まれると、３人目に挑戦する可能性が高くなる。そこで、たとえば子どもが男女１人ずつの家族と男児２人の家族を比較すると、男児２人の家族のほうが３人目を生みやすくなり、家族の人数にある程度ランダムなばらつきが生じる。
2. Black SE, Devereux PJ, Salvanes KG. The more the merrier? The effect of family size and birth order on children's education. *Q J Econ* 2005;120(2):669–700; Black SE, Devereux PJ, Salvanes KG. Small family, smart family? Family size and the IQ scores of young men. *J Hum Resourc* 2010;45(1): 33–58.
3. 上記の２番目の論文では、双子が生まれて人数が増えた家族ではＩＱの得点が悪化するが、上の子どもたちの性別が理由で人数が増えた家族では悪化していないことがわかり、人数ではなく、想定外だったことが意味を持つことが示唆される。
4. Polit DF, Falbo T. Only children and personality

development: A quantitative review. *J Marriage Fam* 1987;309–25.

5. Coo H, Brownell MD, Ruth C, Flavin M, Au W, Day AG. Interpregnancy interval and adverse perinatal outcomes: A record-linkage study using the Manitoba Population Research Data Repository. *J Obstet Gynaecol Can* 2017;39(6):420–33.
6. Shachar BZ, Mayo JA, Lyell DJ, et al. Interpregnancy interval after live birth or pregnancy termination and estimated risk of preterm birth: A retrospective cohort study. *BJOG* 2016;123(12):2009–17. Koullali B, Kamphuis EI, Hof MH, et al. The effect of interpregnancy interval on the recurrence rate of spontaneous preterm birth: A retrospective cohort study. *Am J Perinatol* 2017;34(2):174–82.
7. Class QA, Rickert ME, Oberg AS, et al. Within-family analysis of interpregnancy interval and adverse birth outcomes. *Obstet Gynecol* 2017;130(6):1304–11.
8. Buckles KS, Munnich EL. Birth spacing and sibling outcomes. *J Human Res* 2012;47:613–42.
9. Conde-Agudelo A, Rosas-Bermudez A, Norton MH. Birth spacing and risk of autism and other neurodevelopmental disabilities: A systematic review. *Pediatrics* 2016;137(5).